westermann

DIERCKE
SPEZIAL

Weltmeere als Zukunftsraum

Autorin und Autoren:
Sven Burkart
Klaus Claaßen
Thilo Girndt
Wilfried Hoppe
Rainer Starke
Nicole Serafin

unter Mitwirkung der Verlagsredaktion

Ⓩ **Zusatzaufgaben:** Die Aufgaben festigen das vorhandene Wissen und können zusätzlich zu den anderen Aufgaben bearbeitet werden.

* Ein * hinter einem Begriff weist darauf hin, dass sich ein erläuternder Text im Glossar am Ende des Buches befindet.

Titelbild: Fischer in Malaysia

Mit Beiträgen von Georg Stöber

westermann GRUPPE

© 2023 Westermann Bildungsmedien Verlag GmbH, Georg-Westermann-Allee 66, 38104 Braunschweig
www.westermann.de

Druck A[1] / Jahr 2023
Alle Drucke der Serie A sind im Unterricht parallel verwendbar.

Redaktion: Thilo Girndt
Druck und Bindung: Westermann Druck GmbH, Georg-Westermann-Allee 66, 38104 Braunschweig

ISBN 978-3-14-152691-2

Inhaltsverzeichnis

„Nennt mich Ishmael. Als ich vor ein paar Jahren – ohne Belang, wie lange genau her – wenig oder gar kein Geld im Beutel hatte und mich an Land nichts Besonderes reizte, dachte ich, ich wollt ein wenig herumsegeln und den wässrigen Teil der Erde besehen."
Herman Melville: Moby Dick

„Er war ein alter Mann, der allein in einem kleinen Boot im Golfstrom fischte, und er war jetzt vierundachtzig Tage hintereinander hinausgefahren, ohne einen Fisch zu fangen."
Ernest Hemingway: Der alte Mann und das Meer

Die Nebel zerreissen,
Auf einmal wirds helle,
Und Aeolus löset
Das ängstliche Band.
Es säuseln die Winde,
Es rührt sich der Schiffer,
Geschwinde! Geschwinde!
Es theilt sich die Welle,
Es naht sich die Ferne,
Schon seh' ich das Land.
Johann Wolfgang von Goethe: Glückliche Fahrt

Salvador Dali: Frau am Fenster

Ein Wind weht von Süd und zieht mich hinaus auf See.
Mein Kind, sei nicht traurig, tut auch der Abschied weh.
Mein Herz geht an Bord und fort muss die Reise gehen.
Dein Schmerz wird vergehen und schön wird das Wiedersehen.
Mich trägt die Sehnsucht fort in die blaue Ferne,
unter mir Meer und über mir Nacht und Sterne.
Vor mir die Welt, so treibt mich der Wind des Lebens.
Wein nicht, mein Kind, die Tränen, sie sind vergebens. [...]
Wie blau ist das Meer? Wie groß kann der Himmel sein?
Ich schau hoch vom Mastkorb weit in die Welt hinein.
Nach vorn geht mein Blick, zurück darf kein Seemann schauen.
Kap Horn liegt auf Lee, jetzt heißt es auf Gott vertrauen.
Seemann, gib Acht, denn strahlt auch als Gruß des Friedens
hell in die Nacht das leuchtende Kreuz des Südens.
Schroff ist das Riff und schnell geht ein Schiff zugrunde.
Früh oder spät schlägt jedem von uns die Stunde. [...]
Seemannsbraut ist die See
und nur ihr kann er treu sein.
Wenn der Sturmwind sein Lied singt,
dann winkt mir der Großen Freiheit Glück.
Hans Albers: La Paloma

Menschen sind seit jeher fasziniert vom Meer – vom permanenten Rauschen der Brandung und von krachenden Brechern an der Hafenmole, von ein- und auslaufenden Schiffen, von der elementaren Gefahr heftiger Stürme und tosender See, vom Türkis des Wassers tropischer Inseln und dem dunklen Blau des Atlantiks, von der Romantik der Seefahrt und der unendlichen, dunklen Tiefe der Ozeane. Künstler haben diese Leidenschaft in Worten, Bildern und Liedern eingefangen. Und niemand kann sich dem Charme eines Sonnenuntergangs am Strand, der Umtriebigkeit eines Hafens oder Gischt am Bug eines Schiffes entziehen.

Als Gegenstand eines Geographiebuchs sind die Weltmeere hingegen eher ungewöhnlich. Zwar sind Gezeiten, Stürme und die Meere als Klimamotor klassische Themen. Doch sind die Ozeane nun einmal weitgehend unbewohnt, Tanker und Trawler, Containerschiffe und Fähren ausgenommen. Erweitert man den Raum aber um den Übergangsbereich zwischen Land und Meer, ergibt sich ein anderes Bild. Die Küstenzone ist ein weltweit intensiv genutzter Siedlungs-, Wirtschafts- und Erholungsraum. Und so gesellen sich in diesem Buch zu spannenden Themen der physischen Geographie auch zahlreiche aus dem Gebiet der Humangeographie.

Gliederung des Bandes

- Als Einstieg in das Buch werden schlaglichtartig die Chancen der Weltmeere vorgestellt, aber auch die Risiken, denen die Ozeane heute ausgesetzt sind. Es folgen in diesem ersten Kapitel Themen der physischen Geographie. Neben der räumlichen und landschaftlichen Gliederung der Meere werden die Bewegungsphänomene des Wassers (Gezeiten, Wellen, Meeresströmungen) sowie die Küstenbildung und tektonische Prozesse behandelt, die die Gestalt der Meere bis heute verändern. Schließlich wird das Zusammenspiel der Meere mit dem Klimasystem untersucht.
- Das Meer als Wirtschaftsraum ist Gegenstand des zweiten Kapitels. Die wirtschaftliche Nutzung besteht zum einen in Fischerei, zum anderen in Gewinnung von Rohstoffen und Energie im und auf dem Meer.

- Im dritten Kapitel bilden die Schiffahrt und der Tourismus am und auf dem Meer die Schwerpunkte. Anschließend wird die Nutzung des Meeres als Wohnraum mittels Landgewinnung und schwimmender Städte thematisiert.
- Das vierte Kapitel befasst sich schließlich mit der (ökologischen) Bedrohungen verschiedener Lebensräume. Die Hochsee, die Arktis und das Wattenmeer sowie Atolle, Korallenriffe und Mangrovenwälder sind zum Beispiel durch Plastikmüll, Tourismus, übermäßige (land-)wirtschaftliche Nutzung und den Klimawandel gefährdet. Eine Betrachtung über geopolitische Auseinandersetzungen schließt das Buch ab.

Zur Konzeption der Reihe

Das vorliegende Konzept der Reihe Diercke Spezial stellt das selbstständige, problemorientierte Arbeiten und Lernen in den Vordergrund. Erklärende Autorentexte treten in diesem Konzept hingegen weitgehend zurück. Fertige Antworten wird man vergebens suchen. Es wird eine Vielzahl von Materialien wie Grafiken, Karten, Diagramme und Textquellen eingesetzt. So wird nicht nur Fachwissen vermittelt und räumliche Orientierung ermöglicht, sondern auch Methodenkompetenz angebahnt, Kommunikation angeregt und Beurteilungsfähigkeit gefördert.
Die doppelseitigen, aufgabengeleiteten Arbeitsseiten beginnen jeweils mit einer kurzen Einleitung in die Thematik und der Problematisierung. Die Erschließung des Themas ist an die Bearbeitung der Aufgaben gebunden,

die mithilfe der Materialien dann in der Regel individuell oder kooperativ erfolgt. Webcodes führen zum Internetangebot schule.diercke.de bzw. zu den Atlasseiten. Die ersten Doppelseiten eines Kapitels haben zudem die Aufgabe, in das Thema einzuführen und wichtige Fragen aufzuwerfen. Neben normalen thematischen Doppelseiten gibt es Sonderseiten mit Methodentrainings sowie eine Übungsklausur. Schließlich wird auf der jeweils letzten Seite das Kapitel inhaltlich zusammengefasst. Hinweise auf weiterführende Literatur und Internetlinks runden das Angebot ab. Neu eingeführte Fachbegriffe werden im Glossar im Anhang (Hinweis *) erklärt. Mithilfe dieser Konzeption wird angestrebt, dass die Thematik des Bandes selbstständig im Sinne des entdeckenden Lernens erschlossen wird.

1 MEER ALS NATURRAUM

1.1 Chancen der Weltmeere

Seit jeher zieht der Mensch seinen Nutzen aus den Meeren. Phytoplankton produziert die Hälfte des globalen Sauerstoffs, ein Großteil des Regenwassers ist über den Ozeanen verdampft, und als Kohlenstoffsenke hält das Meerwasser das Klima stabil. Die Meere dienen als Nahrungsmittellieferanten, Schifffahrtswege und in letzter Zeit vermehrt auch als Rohstoffquellen. Doch das Potenzial der Ozeane ist noch weitaus größer. Viele Gegenwarts- und Zukunftsprobleme finden Lösungen in innovativen Nutzungen der Weltmeere. Zudem gilt es, bestehende Nutzungen nachhaltiger zu gestalten.

Tanker mit Rotorsegel

Nachhaltige Hochseeschifffahrt

Kein anderes Transportmittel kann so große Warenmengen so günstig über weite Entfernungen transportieren wie ein Frachtschiff. Daher ist die Hochseeschifffahrt die Basis des weltweiten Warenhandels. Aktuell wird an modernen Schiffsantrieben geforscht, um den Verkehr auf den Weltmeeren umwelt- und klimafreundlicher zu machen: Statt Schiffsdiesel und Schweröl sollen alternative Treibstoffe wie Ammoniak, Methanol oder flüssiger Wasserstoff eingesetzt werden. Selbst das Segel kommt als Antriebsunterstützung wieder zum Einsatz.

Meerwasserentsalzungsanlage auf Lanzerote

Süßwasser aus Salzwasser

Gerade in vielen ariden* Gebieten wird der Wassermangel immer gravierender, sowohl als Trinkwasser für die wachsende Bevölkerung als auch für die Bewässerung in der Landwirtschaft. Technisch ausgereift, aber extrem energieintensiv ist die Entsalzung von Meerwasser. In Kombination mit der Verwendung von erneuerbaren Energien wie Fotovoltaik oder Windkraft kann sie zu einer sinnvollen Technologie werden.

Arktischer Ozean

Atlantischer Ozean

Atlantischer Ozean

Indischer Ozean

Antarktischer Ozean

Pazifischer Ozean

45666EX_1 © Westermann

Spilhaus-Projektion

Im Unterschied zu normalen Weltkarten stellt die Spilhaus-Ozean-Weltkarte die gesamte Ozeanfläche der Erde zentral in den Mittelpunkt und ordnet das Land am Kartenrand an.

Seekajakfahren in der Ostsee

Urlaub am Meer – nachhaltig

90 Prozent der Touristen weltweit machen Urlaub am Strand, an Küsten oder auf Schiffen. Dabei geraten Bettenburgen am Meer und dieselfressende Kreuzfahrtriesen langsam aus der Mode. Immer mehr Reiseanbieter und Reisende bemühen sich um einen nachhaltigen Tourismus: Flugreisen vermeiden, CO_2-Verbrauch ausgleichen, Wasser sparen, lokale Wirtschaft unterstützen und Natur sauber halten sind Ansatzpunkte, den Badeurlaub nachhaltiger zu gestalten.

---

1. Fassen Sie stichpunktartig die Chancen der Weltmeere zusammen.
2. Recherchieren Sie weitere Informationen zu einem Beispiel.
3. Erstellen Sie ein Wirkungsnetz, in welcher Beziehung die Chancen der Weltmeere zueinanderstehen.

 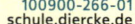 100900-266-01
schule.diercke.de   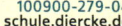 100900-279-04
schule.diercke.de   100900-284-01
schule.diercke.de

Windpark in der Nordsee

Algenfarm in Indonesien

Erneuerbare Energien

Um die globale Energiegewinnung emissionsärmer zu gestalten, muss auch das gewaltige Potenzial der Ozeane genutzt werden. Erneuerbare Technologien kommen dabei im Moment vor allem in Form großer Offshore-Windenergieparks zum Einsatz. Andere Technologien wie Fotovoltaikanlagen, Wellen- und Strömungskraftwerke befinden sich noch in der Entwicklungsphase.

Nahrungsmittel Algen

Die tierischen Lebewesen der Ozeane wurden seit Urzeiten als Nahrungsquelle genutzt. Vor allem die asiatische Küche kennt auch schon lange Algen als Bestandteil schmackhafter Gerichte. In letzter Zeit werden in China und Indonesien im großen Stil in Aquakultur Algen und Seegras produziert, die sehr nährstoffreich sind. Neben der Verwendung als Nahrungsmittel oder als Lebensmittelzusatzstoff werden sie als Futtermittel und in der Kosmetikindustrie eingesetzt. Für ihre Aufzucht werden keine Dünger gebraucht. Außerdem können bei der Algenzucht große Mengen CO_2 gebunden werden.

Schwamm im Karibischen Meer

Pazifischer Ozean

Wirkstoffe aus dem Meer

Im Verlauf der Evolution haben die Ozeane eine unvergleichliche Vielfalt an Lebensformen hervorgebracht. Man schätzt, dass es allein 2,2 Millionen verschiedene Tier-, Pflanzen- und Pilzarten gibt, Mikroorganismen gar nicht mitgerechnet. In dieser Biodiversitiät* steckt die Hoffnung zahlreicher Wirtschaftsbranchen, die sich großen Nutzen aus neuen Wirkstoffen aus den Meeresorganismen versprechen. Marine Wirkstoffe bekämpfen schon heute Krankheiten und bilden die Grundlage zur Entwicklung abbaubarer Ersatzstoffe für Plastik, umweltfreundlicher Klebstoffe und Biofilter sowie Kosmetika und alternativer Treibstoffe. So beruhte das erste AIDS-Medikament auf Inhaltsstoffen aus einer karibischen Schwammart. Neue technische Möglichkeiten haben zuletzt eine Art Goldgräberstimmung unter den Pharma- und Biotech-Unternehmen ausgelöst. Ein UN-Biodiversitäts-Meeresabkommen garantiert seit 2023, dass alle Länder von dem immensen Genpool der Meere profitieren.

Manganknollen auf dem Meeresboden

Neulandgewinnung in Abu Dhabi

Rohstoffgewinnung auf dem Meeresboden

Wie Kartoffeln auf dem Acker liegen metallische Klumpen dicht an dicht auf dem Meeresboden in 3000 bis 6000 m Tiefe, die zum Beispiel in der Clarion-Clipperton-Zone im Nordpazifik im Laufe von Millionen von Jahren entstanden sind. Solche Manganknollen enthalten zahlreiche begehrte Metalle, sodass ein industrieller Abbau sich trotz des großen Aufwands und der damit verbundenen hohen Kosten lohnen könnte. Allerdings vermutet man, dass es dabei zu immensen ökologischen Auswirkungen in der Tiefsee kommen wird.

Lebensraum aus dem Meer

Dicht besiedelten, prosperierenden Küstenstädten und -regionen mangelt es an Wohn- und anderen Nutzflächen. Traditionell wird durch Ablagerung* – mit Buhnen* oder Lahnungen* – oder Abdämmung* an der Nordseeküste Neuland gewonnen. In anderen Regionen erweitert man die Landfläche durch massive Aufschüttung von Sand oder Steinen. In Singapur wurden 135 km³, in Tokio sogar 249 km³ Land aufgeschüttet und gesichert.

1.2 Risiken für die Weltmeere

Seit dem 8. Juni 2008 gibt es den UN-Welttag der Meere (UN World Oceans Day). Unsere Meere sind durch zahlreiche Umweltbelastungen bedroht: Verschmutzungen durch Plastikmüll oder Erdöl, durch überschüssige Dünger oder Siedlungs-, Industrie- und Schiffsabfälle, durch invasive Arten oder Lärm, die Erwärmung der Wassertemperatur durch den Klimawandel, dessen Folge unter anderem auch die Versauerung der Meere ist, und die Überfischung von Meeresgebieten sind nur einige Aspekte, die dem sensiblen Lebensraum nachhaltig schaden. Der UN-Welttag der Meere soll auf diese Gefahren aufmerksam machen. Denn die daraus resultierenden Folgen wirken sich nicht nur auf das marine Leben, sondern auch auf die Lebensbedingungen und das Klima an Land gravierend aus.

Verschmutzung durch Plastikmüll

Eines der zentralen Probleme im 21. Jahrhundert ist die Bekämpfung der Plastikflut, die sich in unseren Weltmeeren angesammelt hat. Seit circa 20 Jahren ist bekannt, dass große Müllteppiche in den Meeren entstehen (M1) und das fragile Ökosystem stark gefährden, da Plastik nicht oder nur sehr langsam biologisch abbaubar ist. Jährlich gelangen mehrere Millionen Tonnen an Plastik ins Meer.

Überfischung

Mit einer wachsenden Weltbevölkerung steigt auch die weltweite Nachfrage nach Fisch. So werden heutzutage vielerorts mehr Fische in den Meeren gefangen, als sich die Bestände von der starken Befischung wieder erholen können. Des Weiteren können anhand von neuen Technologien Fischschwärme viel einfacher lokalisiert und mit Netzen eingefangen werden. Dies hat zur Folge, dass die biologische Vielfalt abnimmt und das Ökosystem zusätzlich durch Beifänge* aus dem Gleichgewicht gerät.

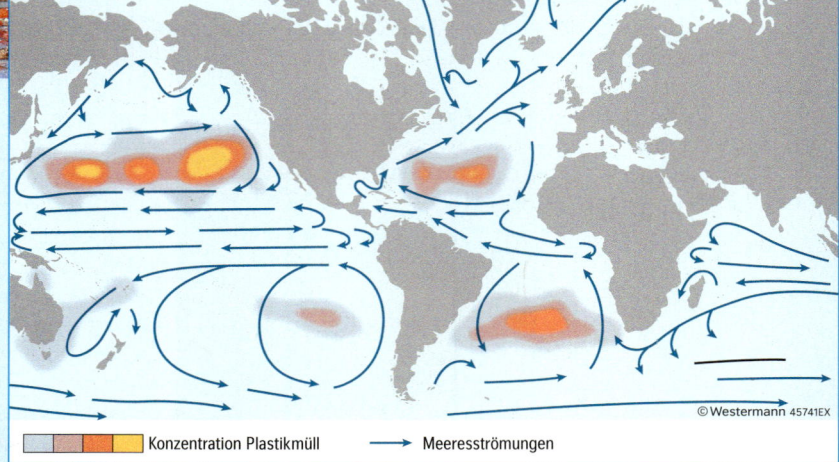

Konzentration Plastikmüll ⟶ Meeresströmungen

© Westermann 45741EX

M1   Plastikstrudel auf den Weltmeeren

Küstenerosion in Bangladesch

Ölpest auf den Philippinen

Meeresspiegelanstieg

Aufgrund der Eisschmelze in Grönland und der Antarktis und der Wassererwärmung der Ozeane steigt der Meeresspiegel immer schneller. Seit 2006 beträgt die globale Anstiegsrate jährlich rund 3,6 Millimeter, mehr als doppelt so viel wie zuvor. Allerdings steigen die Pegel an den Küsten der Welt nicht überall gleich stark. Besonders bedrohlich ist der Anstieg für Menschen in Regionen, die nur wenig höher als der Meeresspiegel liegen (z. B. Pazifikinseln) oder die sehr dicht besiedelt sind (z. B. Bangladesch). Küstenökosysteme wie Korallenriffe, Mangroven oder das Wattenmeer können sich nur in einem bestimmten Rahmen an die steigenden Pegel anpassen.

Ölkatastrophen

Jährlich gelangen circa eine Million Tonnen Rohöl ins Meer. Dies geschieht nicht zwangsläufig aufgrund von Ölkatastrophen, wie etwa im März 2023 vor der philippinischen Insel Mindoro nach dem Sinken des Tankers Emperial Princess mit 800 000 Litern Industrieöl an Bord. Von dem Ölteppich vor der Küste sind mehr als 140 000 Menschen betroffen. Auch infolge von Pipelinelecks, Unfällen auf Ölförderplattformen sowie bei regulären Schiffsbetrieb gelangt Rohöl oder Schiffsdiesel ins Meer.

Mississippimündung

Hurrikan in Florida

Erwärmung der Weltmeere

Unsere Meere sind einem enormen Hitzestress aufgrund des globalen Klimawandels ausgesetzt. Seit Beginn des 20. Jahrhunderts ist die mittlere Oberflächentemperatur um 0,88 °C gestiegen. Die daraus resultierenden Folgen sind bedrohlich. Neben der Ausdehnung der Wassermassen, die folglich zum Anstieg des Meeresspiegels und unmittelbar zu Überschwemmungen von Landmassen führen, kommt es häufiger zu Naturkatastrophen wie beispielsweise Wirbelstürmen. Des Weiteren verringert sich durch die Erwärmung der Sauerstoffgehalt im Meer, worunter die marinen Lebewesen leiden.

Algenblüten und Dead Zones

Der Abfluss von Nährstoffen wie Stickstoff und Phosphor aus Düngern und Abwässern über Flüsse ins Meer – insbesondere in landwirtschaftlich intensiv genutzten, dicht besiedelten Gebieten – hat verheerende Folgen. Das Wachstum von Phytoplankton* und Makroalgen wird angeregt, was zu schädlichen Algenblüten und Eutrophierung* führen kann. Der Abbau der absterbenden Algen verbraucht dann so viel Sauerstoff, dass große, nahezu sauerstofflose Regionen entstehen, in denen kein Leben mehr möglich ist. So bildet sich zum Beispiel im Golf von Mexiko an der Mississippimündung jedes Jahr eine 15 000 km^2 große „Dead Zone".

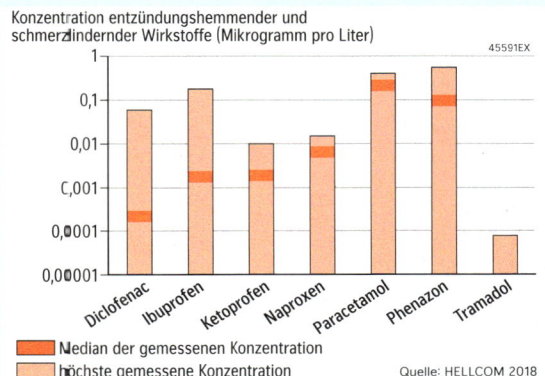
Konzentration entzündungshemmender und schmerzlindernder Wirkstoffe (Mikrogramm pro Liter)

45591EX

Median der gemessenen Konzentration
höchste gemessene Konzentration
Quelle: HELLCOM 2018

M 2 Konzentration entzündungshemmender Wirkstoffe im Meer am Beispiel Ostsee

Rotfeuerfisch vor Zypern

Invasive Arten

Ein neuer Meeresbewohner im Mittelmeer lässt die Alarmglocken der Meeresbiologen schrillen. Der spektakuläre, eigentlich tropische Rotfeuerfisch ist nicht nur extrem giftig, sondern der gefräßige Raubfisch vermehrt sich auch massenhaft und bedroht die angestammten Arten. Das Bedrohungspotenzial invasiver, gebietsfremder Arten ist gerade in den Meeren hoch. Das Beispiel zeigt, dass es hierfür zweier Grundvoraussetzungen bedarf, für die beide der Mensch verantwortlich ist: eine Möglichkeit der Migration, in diesem Fall der Suezkanal, der Rotes Meer und Mittelmeer verbindet, sowie günstige Bedingungen vor Ort, hier die stetig zunehmenden Wassertemperaturen des Mittelmeers.

Umweltbelastung durch Arzneimittel

Pharmazeutika (Arzneimittel) stellen eine weitere Bedrohung der Weltmeere dar. Hauptsächlich werden diese durch den Blutkreislauf des Menschen im Darm aufgenommen. Da sie jedoch so konzipiert werden, dass sie auch die zerstörerische und saure Magenumgebung überstehen und daher sehr widerstandsfähig sind, spricht man auch von persistenten pharmazeutischen Schadstoffen, sobald sie in die Umwelt gelangen. Den Weg in die Meere finden sie auf unterschiedliche Weise: wenn Abwässer zum Beispiel von Krankenhäusern ungeklärt in die Flüsse gelangen, durch arzneimittelhaltiges Futter von Aquakulturanlagen oder durch menschliche und tierische Fäkalien. Weltweit betrachtet sind nicht alle Länder mit fortschrittlichen Kläranlagen ausgestattet, sodass die Arzneimittel im Abwasser ungeklärt durch die Flüsse in die Meere gelangen.

---

1. Fassen Sie die Bedrohung der Weltmeere zusammen (Texte und Materialien dieser Doppelseite, Atlas).
2. Recherchieren Sie weitere Risiken für die Weltmeere und erstellen Sie zu einem der Risiken einen Kurztext.
3. Entwickeln Sie ein mögliches Poster für den UN-Welttag der Meere.

  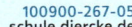

1.3 Lebensraum Meer

Die Ozeane bieten ihren Bewohnern eine Vielzahl unterschiedlichster Lebensräume. Dazu zählen das offene Meer (Pelagial) und der Meeresboden (Benthal), in und auf dem sich je nach Tiefe, Temperatur und anderen Umweltbedingungen ganz verschiedene „Schwimmer" (Nekton) und „Nichtschwimmer" (Plankton) tummeln. Die Biodiversität* ist hoch. 242445 Arten listet das World Register of Marine Species aktuell auf, das es sich zur Aufgabe gemacht hat, alle Arten von Meereslebewesen zu erfassen. Die Vielfalt der Meeresbewohner reicht von mikroskopisch kleinen Algen und Einzellern bis hin zum 200 Tonnen schweren Blauwal. Unzählige Arten gerade der Tiefsee sind aber bis heute noch unbekannt. Auch die Küstenregionen zeigen eine große Spannbreite an Erscheinungsformen und zugehöriger Fauna und Flora.

1. a) Gliedern Sie die marinen Lebensräume (M1, M6).
(Z) b) Ordnen Sie jeder Zone im Meer typische Vertreter der Pflanzen- bzw. Tierwelt zu (M6, Internet).
2. Analysieren Sie die Primärproduktion* der Meere (M4).
3. Vergleichen Sie die Biomasse und Primärproduktion von Land und Meer (M4, M5).
4. Vergleichen Sie die verschiedenen Küstenlebensräume mittels einer Tabelle (M7 – M10).

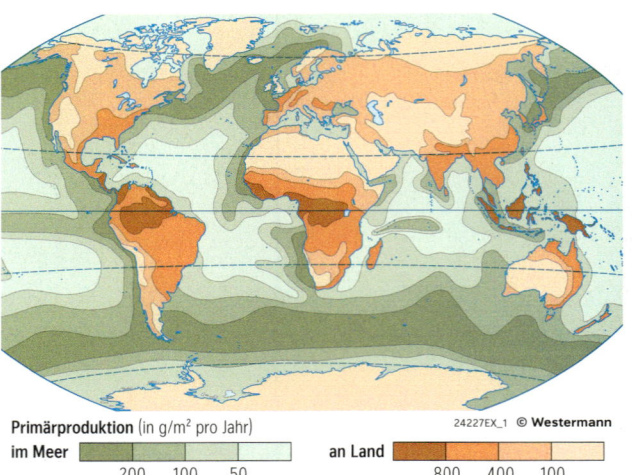

Primärproduktion (in g/m² pro Jahr)

| im Meer | 200 | 100 | 50 | an Land | 800 | 400 | 100 |

24227EX_1 © Westermann

M4 Primärproduktion* von Land- und Meeresökosystemen

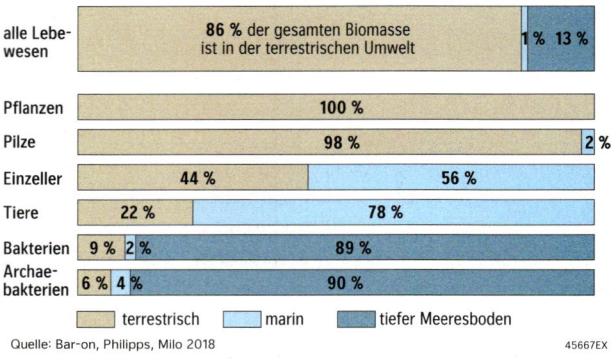

alle Lebewesen	86 % der gesamten Biomasse ist in der terrestrischen Umwelt	1 %	13 %
Pflanzen	100 %		
Pilze	98 %		2 %
Einzeller	44 %	56 %	
Tiere	22 %	78 %	
Bakterien	9 % 2 %	89 %	
Archaebakterien	6 % 4 %	90 %	

terrestrisch   marin   tiefer Meeresboden

Quelle: Bar-on, Philipps, Milo 2018   45667EX

M5 Verteilung der globalen Biomasse auf der Erde

	durchlichtete Zone	Dämmerzone	Mitternachtszone	Tiefsee
Tiefe	0 – 200 m	200 – 1000 m	1000 – 4000 m	ab 4000 m
Beleuchtung	Sonnenlicht, Fotosynthese möglich	zu wenig Sonnenlicht für Fotosynthese	kein Licht, absolute Dunkelheit	
Temperatur	abhängig von Lage auf dem Breitenkreis	4 °C – 8 °C	1 °C – 4 °C	um 0 °C

M1 Tiefenzonen in den Ozeanen

M2 Seetang (Großalgen) an der französischen Bretagne-Küste

M3 Dieser Tiefsee-Beilfisch, der in einer Tiefe bis 600 m lebt, hat Leuchtorgane an der Unterseite seines Körpers.

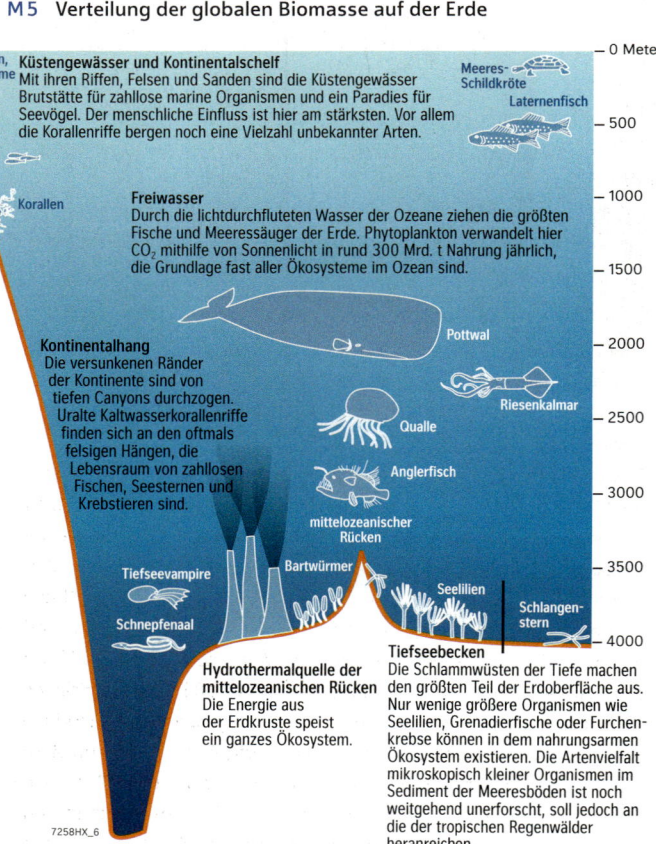

Küstengewässer und Kontinentalschelf
Mit ihren Riffen, Felsen und Sanden sind die Küstengewässer Brutstätte für zahllose marine Organismen und ein Paradies für Seevögel. Der menschliche Einfluss ist hier am stärksten. Vor allem die Korallenriffe bergen noch eine Vielzahl unbekannter Arten.

Freiwasser
Durch die lichtdurchfluteten Wasser der Ozeane ziehen die größten Fische und Meeressäuger der Erde. Phytoplankton verwandelt hier CO_2 mithilfe von Sonnenlicht in rund 300 Mrd. t Nahrung jährlich, die Grundlage fast aller Ökosysteme im Ozean sind.

Kontinentalhang
Die versunkenen Ränder der Kontinente sind von tiefen Canyons durchzogen. Uralte Kaltwasserkorallenriffe finden sich an den oftmals felsigen Hängen, die Lebensraum von zahllosen Fischen, Seesternen und Krebstieren sind.

Hydrothermalquelle der mittelozeanischen Rücken
Die Energie aus der Erdkruste speist ein ganzes Ökosystem.

Tiefseebecken
Die Schlammwüsten der Tiefe machen den größten Teil der Erdoberfläche aus. Nur wenige größere Organismen wie Seelilien, Grenadierfische oder Furchenkrebse können in dem nahrungsarmen Ökosystem existieren. Die Artenvielfalt mikroskopisch kleiner Organismen im Sediment der Meeresböden ist noch weitgehend unerforscht, soll jedoch an die der tropischen Regenwälder heranreichen.

Braunalgen — Muscheln, Schwämme — Meeres-Schildkröte — Laternenfisch — Korallen — Pottwal — Riesenkalmar — Qualle — Anglerfisch — mittelozeanischer Rücken — Tiefseevampire — Bartwürmer — Seelilien — Schlangenstern — Schnepfenaal

0 Meter — 500 — 1000 — 1500 — 2000 — 2500 — 3000 — 3500 — 4000

7258HX_6

M6 Marine Lebensräume

M 7   Austernfischer und Möwen auf Schiermonnikoog (Niederlande)

M 9   Kerbwald vor norwegischer Felsenküste bei Ebbe

Lebensraum Wattenmeer

Das Wattenmeer ist ein Küstenbereich in der gemäßigten Zone, der unter starkem Einfluss der Gezeiten steht und bei Niedrigwasser zweimal täglich trockenfällt. Viele Pflanzen- und Tierarten haben sich dem Wechsel von Ebbe und Flut angepasst. In den mit Prielen* durchzogenen Sand- und Schlickflächen leben Braunalgen, von denen sich Wattschnecken und Muscheln ernähren, sowie sandfressende Wattwürmer, die dem Sand Nährstoffe entziehen. Am Ende der Nahrungskette stehen Seehund, Kegelrobbe und der 1,80 m lange Schweinswal. Mit zwölf Millionen Vögeln pro Jahr ist das Wattenmeer zudem das vogelreichste Gebiet der Erde. Einige Arten leben und brüten hier, andere sind Nahrungsgäste und Durchzügler. Sie rasten auf dem Weg in die Brutgebiete der Arktis und den Winterquartieren an den Küsten West- und Südafrikas. Alpenstrandläufer, Austernfischer, Brandgänse, Ringelgänse und Silbermöwen gelten als die Flying Five unter den vielen Vogelarten des Wattenmeers.

Lebensraum Felsenküste / Kerbwald

In dem Lebensraum Felsenküste, der von blankem Gestein, tonnenschweren Brechern und permanenten Gezeitenwechseln geprägt ist, herrschen harte Lebensbedingungen. Dennoch leben hier zahlreiche spezialisierte Tiere: Miesmuscheln, Austern, Seepocken, Seeigel oder auch Fische wie die Grundel. Viele haben spezielle Eigenschaften entwickelt, um am Fels zu haften oder bei Ebbe Wasser zu speichern. Zudem gibt es in den Felsen eine Vielfalt an geschützten Lebensräumen wie etwa Überhänge, Spalten, Höhlen, flache oder tiefere Tümpel. Hier finden auch etliche Vogelarten wie Möwen, Trottellummen oder Sturmvögel Brutplätze. Oft wachsen im Gezeitenraum vor einer Felsenküste nährstoffreicher kühler oder kalter Meere auf dem Felsuntergrund sogenannte Kerbwälder (Tangwälder). Sie bestehen aus großwüchsigen Braunalgen (bis 40 m lang), die eine Art Unterwasserwald bilden. Die blattartigen Wedel bieten Nahrung und Schutz für zahlreiche Tiere. Neben Fischen leben hier Robben, Seelöwen, Seeotter, Muscheln und Krebse.

M 8   Korallenriff vor Bali (Indonesien)

M 10   Mangrovenwald in Papua-Neuguinea

Lebensraum Korallenriff

Tropische Korallenriffe gelten als die artenreichsten Lebensräume der Welt. Etwa 90 000 Arten sind bislang beschrieben. Steinkorallen bauen über viele Jahrhunderte aus ihren Kalk-Skeletten die Riffstruktur auf. Bei der Kalkbildung, aber auch bei der Ernährung hilft den nicht-mobilen Tieren eine Symbiose mit bestimmten, Fotosynthese treibenden Algen in dem grundsätzlich sehr nährstoffarmen und lichtdurchfluteten Lebensraum, dessen Wassertemperatur 20 °C nur selten unterschreiten darf. Mit insgesamt 600 000 km² Gesamtfläche sind Korallenriffe die größten von Lebewesen geschaffenen Strukturen auf der Erde. In den von den Korallen aufgebauten farbenfrohen Riffen wachsen junge Fische heran. Aber auch Krebse, Muscheln und viele andere Tiere finden Schutz in den Höhlen, Nischen und Spalten des Korallenriffs. Neben den tropischen Korallenriffen gibt es in der Tiefsee auch Kaltwasserriffe.

Lebensraum Mangrovenwald

Die Mangrovenwälder an Küsten und großen Flussmündungen sind das tropische (und subtropische) Pendant zum Wattenmeer. Auch sie liegen in einer Gezeitenzone. Ihr Erscheinungsbild wird bestimmt durch verschiedene baum- oder strauchartige Mangrovenarten, die in salzhaltigem Wasser, bei starken Strömungen und auf überflutetem, schlammigem Untergrund überleben können. Charakteristisch für Mangroven sind ihre Luftwurzeln, die bei Ebbe wie Stelzen aus dem Wasser ragen und die das angespülte Sediment festhalten. Mangroven dienen als Kinderstube von zahlreichen Fisch-, Krebs- und Vogelarten, die in dem dichten Wurzelnetzwerk Schutz suchen. Sogar Affen und Faultiere leben in dem Geäst, während Salzwasserkrokodile und Schlangen im Wasser auf Beute warten. Die dichte Mangrovenvegetation dient aber auch als wichtiger Küstenschutz bei Sturmfluten und Tsunamis.

1.4 Räumliche Gliederung der Ozeane

Genau genommen gibt es nur ein Weltmeer oder einen Ozean, wie die Karte auf Seite 6 zeigt. Es existiert eine große zusammenhängende Wassermasse, die 361900000 km² – also etwa 71 Prozent der „Erd"oberfläche – einnimmt und ein Wasservolumen von etwa 1335 Mio. km³ enthält. Doch die horizontale Gliederung von Ozeanen hat eine lange Tradition, wenn sie auch ganz unterschiedlich ausfallen kann und eine Grenzziehung knifflig ist. Bis heute befahren Seeleute „alle sieben Weltmeere". Die Internationale Hydrographische Organisation hat sich im Jahr 2000 auf fünf Ozeane festgelegt. Daneben können die Weltmeere aber auch vertikal gegliedert werden: von den Küsten der Kontinente über die Kontinentalschelfbereiche bis hin zur Tiefsee.

1. Beschreiben Sie die vertikale Gliederung der Ozeane (M2 – M4).
2. Lokalisieren Sie große Kontinenalschelfe, mittelozeanische Rücken und ausgedehnte Tiefseegräben (M1, Atlas).
3. Ⓩ Erstellen Sie einen Kurzvortrag zu Schwarzen Rauchern, Guyots und submarinen Canyons (Internet).
4. Ⓩ Recherchieren Sie verschiedene „sieben Weltmeere" zu historisch anderen Zeiten (Internet).
5. Erläutern Sie die Abgrenzung der fünf Ozeane (M5, M6).
6. Vergleichen Sie die fünf Ozeane (M5).
7. Nennen Sie Beispiele für Rand-, Mittel- und Binnenmeere (M7).

Kontinentalrand
- Übergang von einem Kontinent in den ozeanischen Bereich
- bestehend aus Koninentalschelf, -hang und -fuß
- aktiver K.r.: an Kontinentalplattengrenze* (mit Tiefseerinne)
- passiver K.r.: ohne Plattengrenzen als Folge von Seafloor-Spreading* und Ablagerung von Sedimenten

Kontinentalschelf (auch Schelf, Kontinentalsockel, Festlandsockel)
- oberer Teil des Kontintalrands
- nur flach abfallend, mittlere Tiefe: 200 m, mittlere Breite: 74 km
- begrenzt von Schorre (Uferzone) und Schelfkante

Kontinentalhang / Kontinentalfuß
- Abhang zu den Tiefseeböden (2000 – 4000 m)
- meist nur geringe Neigung (⌀ 4°), breite Schelfkante - Kontinentalfuß: bis 200 km
- Kontinentalfuß: Übergang zum Tiefseebecken

mittelozeanische Rücken
- vulkanisch aktiver Gebirgszug in der Tiefsee
- Ort der Entstehung von Ozeanboden (siehe Kap. 1.11)

Tiefseebecken
Flachregionen der Tiefsee, unterlegt von ozeanischer Kruste

Tiefseegraben (Tiefseerinne)
- langgestreckte, relativ schmale Vertiefungen des Meeresbodens
- 6000 bis 11000 m tief, 40 bis 180 km breit
- Entstehung in Subduktionszonen*

M3   Vertikale Gliederung der Ozeane

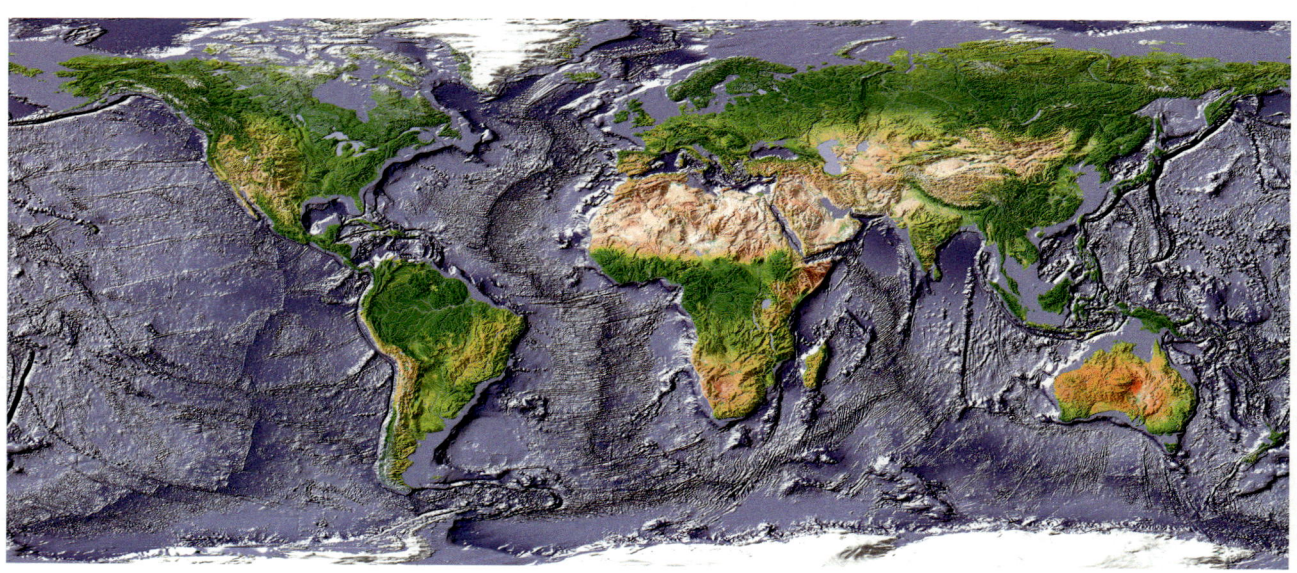

M1   Ozeanrelief der Weltmeere

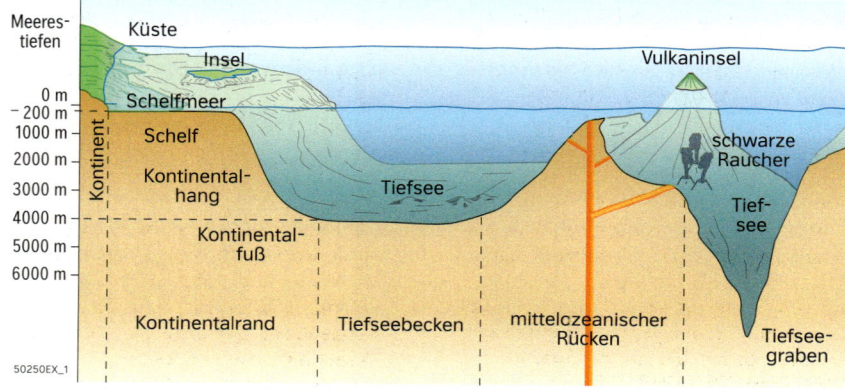

M2   Querschnitt des Ozeanreliefs

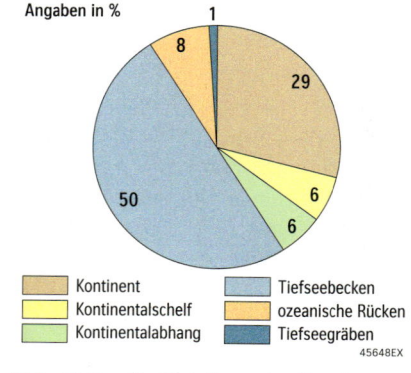

Angaben in %

- Kontinent
- Kontinentalschelf
- Kontinentalabhang
- Tiefseebecken
- ozeanische Rücken
- Tiefseegräben

M4   Weltweite Verteilung des Kontinent- und Ozeanreliefs

M 5   Horizontale Gliederung der Weltmeere

Atlantik, Atlantischer Ozean

- Fläche: 85 133 000 km² (23,5 %)
- Volumen: 310 410 900 km³ (23,3 %)
- durchschnittliche Tiefe: 3646 m
- tiefster Punkt: Puerto-Rico-Graben (9 219 m)
- Küstenlinie: 111 866 km (29,6 %)
- Anrainerstaaten: kontinental: 74, Inselstaaten: 20
- wichtige Nebenmeere: Karibisches Meer, Mittelmeer, Golf von Guinea, Golf von Mexiko, Europäisches Nordmeer, Grönlandsee, Labradorsee, Nordsee, Schwarzes Meer

Pazifik, Pazifischer Ozean

- Fläche: 16 872 300 km² (46,6 %)
- Volumen: 669 880 000 km³ (50,1 %)
- durchschnittliche Tiefe: 3970 m
- tiefster Punkt: Marianengraben (11 022 m)
- Küstenlinie: 135 663 km
- Anrainerstaaten: kontinental: 22, Inselstaaten: 21
- wichtige Nebenmeere: Philippinisches Meer, Korallenmeer, Südchinesisches Meer, Tasmansee, Beringsee, Ochotskisches Meer, Golf von Alaska, Ostchinesisches Meer, Japanisches Meer

Indischer Ozean, Indik

- Fläche: 70 560 000 km² (19,5 %)
- Volumen: 264 000 000 km³ (19,8 %)
- durchschnittliche Tiefe: 3741 m
- tiefster Punkt: Sundagrabengraben (7 290 m)
- Küstenlinie: 66 526 km (17,6 %)
- Anrainerstaaten: kontinental: 29 Inselstaaten: 7
- Wichtige Nebenmeere: Arabisches Meer, Golf von Bengalen, Andamanensee, Lakkadivensee, Straße von Mosambik, Rotes Meer, Golf von Aden, Persischer Golf

Arktischer Ozean, Nordpolarmeer

- Fläche: 15 558 000 km² (4,3 %)
- Volumen: 18 750 000 km³ (1,4 %)
- durchschnittliche Tiefe: 1 205 m
- tiefster Punkt: Molloytief (5 550 m)
- Küstenlinie: 45 389 km (12,0 %)
- Anrainerstaaten: kontinental: 5 Inselstaaten: 1
- Wichtige Nebenmeere: Barentssee, Hudson Bay, Ostsibirische See, Karasee, Laptevsee, Tschuktschensee, Beaufortsee, Baffin Bay, Davisstraße, Weißes Meer

Antarktischer Ozean, Südlicher Ozean, Südpolarmeer

- Fläche: 21 960 000 km² (6,1 %)
- Volumen: 71 800 000 km³ (5,4 %)
- durchschnittliche Tiefe: 3270 m
- tiefster Punkt: Süd-Sandwich-Graben (8 202 m)
- Küstenlinie: 17 968 km (4,8 %)
- Nebenmeere: Amundsensee, Bellingshausensee, Davissee, McMurdo-Sund, Rossmeer, Weddellmeer
- Die Antarktis ist ein staatsfreies Gebiet und untersteht einem besonderen völkerrechtlichen Vertragssystem.

Prozentangaben: Anteil am Weltmeer

Grenzen im Meer zu ziehen, ist nicht leicht. [...] Es hänge immer von der Fragestellung ab, meint [der Ozeanograf Martin Visbeck], was die gezogenen Grenzen bedeuten und bewirken. „Es gibt etliche verschiedene Möglichkeiten, Meere einzuteilen. Biologen machen das nach Tierarten, Klimaforscher nach der Temperatur. Man kann sie auch nach der Ausbreitung von Oberflächenmüll einteilen, der Biodiversität, dem Fischvorkommen oder dem Salzgehalt." Je nach Kriterium, unter dem man die Grenzen zieht, verlaufen sie unterschiedlich.

Woran halten sich Ozeanografen, wenn sie Ordnung in das Chaos des Meeres bringen wollen? „Es gibt nur einen Ozean, der in Regionen eingeteilt wird", sagt Visbeck. „Wir haben die Weltmeere Pazifik, Atlantik und Indik mit ihren Unterregionen plus den Arktischen Ozean und den Südlichen Ozean, der sich südlich der Spitzen von Afrika, Australien und Amerika bis zur Antarktis erstreckt." Pazifik und Atlantik teile man jeweils in Nord- und Südbereiche auf und diese vier wiederum in den Subtropenwirbel und Subpolarwirbel.
Quelle: Julika Meinert: Diese Weltkarte teilt die Ozeane ganz neu ein. Die Welt 17.11.2014

M 6   Quellentext zur horizontalen Gliederung

Nebenmeer

- Meer, das durch Inselketten oder Meeresrücken vom jeweiligen Hauptmeer abgegrenzt ist bzw. durch Festlandteile oder Halbinseln von diesen abgeschnürt wird
- Nebenmeer ist ein Oberbegriff für Randmeere, Binnenmeere und Mittelmeere.

Randmeer

- Nebenmeer, das am Rand der Kontinente liegt und nur unvollständig vom freien Ozean abgegrenzt ist: durch Inseln und weitmaschige Inselketten oder durch Meeresrücken

Mittelmeer

- großes Nebenmeer, das zwischen Kontinenten liegt

Binnenmeer

- Nebenmeer, das mit dem Ozean oder einem anderen Meer nur durch eine schmale Meerenge (Meeresstraße) verbunden ist, bei der das gegenüberliegende Ufer mit bloßem Auge zu erkennen ist
- Der Salzgehalt eines Binnenmeeres oder eines Mittelmeers kann deutlich von dem des benachbarten Ozeans abweichen, da der Zu- und/oder Abfluss von Salzwasser nur über die relativ schmale Meerenge erfolgt, die das Binnenmeer mit dem Weltmeer verbindet (Salzgehalt kann höher (Konzentrationsbecken) oder niedriger (Verdünnungsbecken) sein.)

M 7   Nebenmeere

1.5 Gezeiten: der Rhythmus der Meere

Die Gezeiten sind sich regelmäßig wiederholende Bewegungen des Meerwassers. An der Nordsee lassen sich ungefähr zweimal am Tag Ebbe und Flut beobachten. Dass der Mond mit diesem Phänomen etwas zu tun hat, ist schon lange bekannt. Bereits 190 v. Chr. brachte in Babylon der griechische Astronom Seleukos in der „Theorie der Gezeiten" Ebbe und Flut mit der Bewegung des Mondes sowie der Erde und des Mondes um die Sonne in Zusammenhang. Der Astronom und Mathematiker Johannes Kepler stellte 1609 in der „Astronomia Nova" die Theorie auf, dass alle Materie sich gegenseitig anziehe, so der Mond die Ozeane. Er stellte die Gezeiten in Zusammenhang mit der Bewegung der Gestirne. Wie lauten unsere heutigen Erkenntnisse über die Entstehung der Gezeiten und deren Auswirkungen?

1. Beschreiben Sie die Fotos von Le Mont-Saint-Michel (M 2).
2. Erklären Sie in einem einfachen Modell die Entstehung der Gezeiten (M 5).
3. a) Erläutern Sie den Unterschied zwischen einer Spring- und einer Nipptide (M 5, M 7).
   (Z) b) Erklären Sie die geringere Anziehungskraft der Sonne gegenüber dem Mond (M 5, M 7).
4. Erläutern Sie die mittleren Tidenkurven von Wilhelmshaven (M 3).
5. Erläutern Sie die örtlich verschiedenen Hoch- und Niedrigwasserzeiten an der Nordseeküste (M 4, M 6, M 8).
   (Z) 6. Erklären Sie die Ursache für den extremen Tidenhub der Bay of Fundy oder bei Le Mont-Saint-Michel (M 1, M 2, M 8, Internet).
7. Erläutern Sie die Aussage „Die deutsche Nordseeküste ist stark von den Gezeiten geprägt".

M 2   Le Mont-Saint-Michel (Normandie) bei Ebbe und Flut

Die Gezeiten werden bestimmt durch die Positionen von Erde, Mond und Sonne zueinander sowie durch die Rotation der Erde (M 5). Daneben sind sie wesentlich auch von der Gestalt und Tiefe des Meeres abhängig, ihre Stärke auch von Windrichtung und -stärke. An Küsten kann man erkennen, wie zweimal am Tag das Wasser ansteigt (Flut) und zweimal wieder abfällt (Ebbe). Der jeweils höchste Wasserstand, bei dem der Wechsel vom Ansteigen zum Abfallen stattfindet, wird als Hochwasser bezeichnet. Den jeweils niedrigsten Wasserstand, bei dem der Wechsel vom Abfallen zum Ansteigen stattfindet, nennt man Niedrigwasser.

Die Zeit zwischen zwei aufeinanderfolgenden Hochwassern (oder zwei aufeinanderfolgenden Niedrigwassern) an einem Ort beträgt im Mittel 12 Stunden und 25 Minuten. Neben solchen halbtägigen Gezeiten (z. B. an der Nordseeküste), deren Intervall einem halben (mittleren) Mondtag* entspricht, gibt es aufgrund komplexer Überlagerungsphänomene an anderen Küsten auf der Welt auch ganztägige Gezeiten (nur eine Flut und Ebbe pro Tag) oder gemischte Gezeitenformen.

Die Zeitpunkte von Hoch- und Niedrigwassern sind von Ort zu Ort entlang der Küste verschieden (M 4). Der Höhenunterschied zwischen Hochwasser und Niedrigwasser wird Tidenhub genannt. Auch der Tidenhub ist sehr unterschiedlich. Inmitten großer Ozeane wie des Pazifiks erreicht der Tidenhub nicht einmal einen Meter. Nur in der Nähe von Festlandküsten wird ein starker Tidenhub beobachtet, insbesondere bei trichterförmigen Küstenverläufen. Den Rekord hält die Bay of Fundy im Osten Kanadas mit einer Differenz zwischen Hoch- und Niedrigwasser von bis zu vierzehn Metern. An der deutschen Nordseeküste liegt der Tidenhub zwischen ungefähr einem Meter und über vier Metern, in weiten Teilen der Ostsee und des Mittelmeers im unteren Dezimeterbereich.

M 1   Die Gezeiten

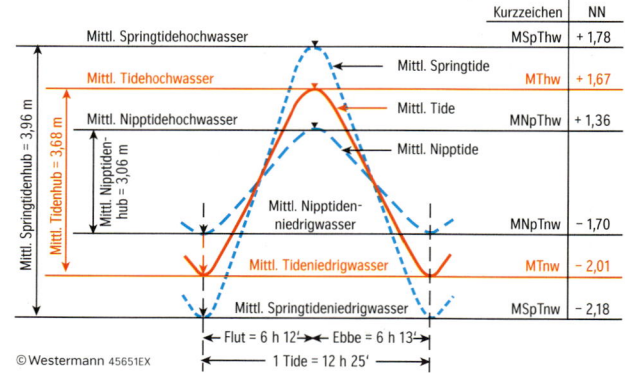

M 3   Mittlere Tidenkurven von Wilhelmshaven

Ort	Koordinaten	HW-Zeit		NW-Zeit	
Helgoland	54°11'N 7°53'E	10:25	22:49	4:44	17:11
Husum	54°28'N 9°01'E		12:23	6:08	18:39
Büsum	54°07'N 8°52'E	11:20	23:48	5:06	17:31
Cuxhaven	53°52'N 8°43'E	11:37		6:01	18:30
Brunsbüttel	53°53'N 9°09'E	0:20	12:42	7:19	19:49
Glückstadt	53°47'N 9°25'E	1:25	13:50	8:10	20:40
Hamburg	53°33'N 9°58'E	2:41	15:08	9:57	22:26
Bremerhaven	53°33'N 8°34'E	11:45		5:32	18:06
Wilhelmshaven	53°31'N 8°09'E	11:20	23:44	5:00	17:34
Norderney	53°42'N 7°09'E	9:48	22:16	3:50	16:20
Borkum	53°33'N 6°45'E	9:27	21:53	3:21	15:48
Emden	53°20'N 7°11'E	10:54	23:17	4:33	17:07

Gezeitenkalender 2023. Bundesamt für Seeschifffahrt und Hydrographie.

M 4   25.12.2023: Hoch- und Niedrigwasserzeiten für die Deutsche Bucht und deren Flussgebiete

Wie die Höhe und die Dauer der Gezeiten im Einzelnen zustande kommen, ist nur mit dem Zusammenwirken der Anziehungskräfte zwischen Erde und Mond sowie zwischen Erde und Sonne zu erklären. [...] Die Gravitationskraft* des Mondes zerrt an der Materie des Planeten. Weil die Stärke dieser Kraft sich mit zunehmendem Abstand verringert, entstehen die Gezeiten. Auf der Seite der Erde, die sich dem Mond zuwendet, ist die Gravitationskraft, die er auf die Erde ausübt, etwas größer als im Erdmittelpunkt. Die Erdkruste gibt diesem Kräfteunterschied kaum nach, aber das Wasser der Ozeane folgt dem Zerren der Mondgravitation – das Wasser bewegt sich zum Mond hin und bildet einen Flutberg. Auf der entgegengesetzten Seite der Erde aber verhält es sich gerade umgekehrt. Dort ist die Anziehung des Mondes etwas geringer als im Erdmittelpunkt. Darum verliert dort das Wasser sozusagen den Boden unter sich und der Meeresspiegel hebt sich an – das Wasser bewegt sich also vom Mond weg und bildet einen zweiten Flutberg. [...] In den Bereichen zwischen den beiden Flutbergen tritt Ebbe, also Niedrigwasser, auf, denn von dort wird das Wasser in die Flutbereiche „weggezogen". [...]
Die Drehung der Erde um sich selbst [ist] äußerst wichtig für die Gezeiten, wie wir sie wahrnehmen – ohne Erddrehung könnten Flut und Ebbe nicht über die Erdoberfläche wandern, sondern wären an einen Ort fixiert. Weil sich aber der Mond in 27,3 Tagen um die Erde dreht, also 27,3 Mal langsamer als die Erde um sich selbst, wandert die Erdoberfläche sozusagen ständig unter den Flutbergen und Ebbetälern in östlicher Richtung davon. Der Flutberg bewegt sich also in westlicher Richtung um die Erde. Die Kombination der Eigenrotation mit der vereinten Drehung von Erde und Mond bewirkt, dass es nicht genau 24 Stunden dauert, bis der gleiche Punkt auf dem Globus wieder dem Mond zugewandt ist und damit einen Flutberg aufweist, sondern etwas länger: 24 Stunden und 50 Minuten. [...]
[Auch die Sonne] beeinflusst durch ihre Gravitationskraft die Gezeiten in ähnlicher Weise wie der Mond – wenn auch weniger stark.[...] Je

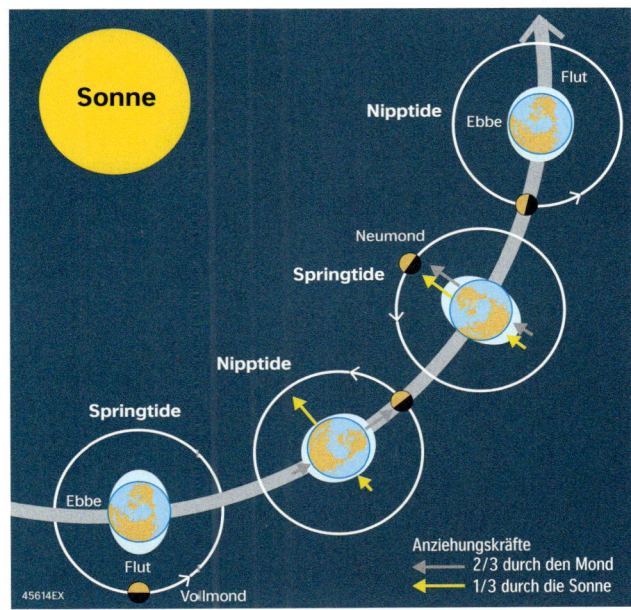

M7 Modell: Spring- und Nipptide

nachdem, wie Sonne, Mond und Erde zueinander positioniert sind, verstärkt die Sonne die Gezeiten oder schwächt sie ab. Besonders wichtig sind die beiden Konstellationen, bei denen alle drei Himmelskörper auf einer Linie stehen, also Neu- und Vollmond. Dann verstärken sich die Gezeitenwirkungen von Sonne und Mond, und es gibt Springtiden mit einem besonders hohen Flutberg und einer besonders niedrigen Ebbe. Bei Halbmond hingegen gleichen sich beide Einflüsse zum Teil aus. Es kommt zu Nipptiden mit nur schwach ausgeprägter Flut und Ebbe.
Quelle: Sven Titz, Hermann-Friedrich Wagner: Die Kräfte der Gezeiten. Welt der Physik 22.3.2007

M5 Quellentext zu physikalischen Grundlagen der Gezeiten

[Aufgrund der Form und Tiefe der Ozeane folgen deren Wassermassen nicht einfach dem Lauf von Mond und Sonne, sondern werden durch deren Anziehungskräfte zum Hin- und Herschwingen innerhalb der Ozeane angeregt. Die Gezeiten kleinerer Randmeere* wie der Nordsee werden so fast ausschließlich durch das Mitschwingen mit den angrenzenden Ozeanen verursacht.] An der Nordseeküste treten die Gezeiten mit zeitlicher Verzögerung ein, weichen aber gleichmäßig voneinander ab. Bei jeder Flut reichen dabei Schwingungswellen des Atlantischen Ozeans bis in das Randmeer der Nordsee. Von den Shetland Inseln verlaufen sie weiter bis an die Ostküste Englands und treffen im Ärmelkanal auf die südlichen Schwingungswellen, erreichen die Deutsche Bucht, die Ostfriesischen Inseln und laufen dann nordwärts entlang der schleswig-holsteinischen und dänischen Nordseeküste, um dann in einer bogenförmigen Bewegung wieder in den Atlantischen Ozean zu kommen. Von der niederländischen Küste bis nach Sylt braucht die Gezeitenwelle etwa 3,5 Stunden. [Der Tidenhub an der deutschen Nordseeküste ist] in der inneren Deutschen Bucht mit 3,5 m am größten. An den Flussmündungen, wie der Weser, steigt der Tidenhub bis auf 4 m [...]. Wo der Tidenhub nur gering ist, haben sich – wie an der dänischen Westküste nördlich der Halbinsel Skallingen – gerade Küstenlinien gebildet. Wo der Tidenhub 1,5 m übersteigt, werden die Gezeitenströme so stark, dass sich kein geschlossener Küstensaum bilden kann. Hier entstand das Wattenmeer mit seinen vorgelagerten Barriereinseln und den dazwischen verlaufenden Gezeitenströmen (Priele, Seegatten). Da sonst nirgendwo auf der Erde der Tidenhub an einer langen Flachmeerküste so hoch ist wie an der südlichen Nordseeküste, fallen bei Ebbe ca. 4700 km² trocken und werden wieder überflutet. Bei Flut strömt das Wasser zunächst in die tiefen Priele als Vorfluter und breitet sich dann über die Watten aus. Bei Ebbe verläuft der Prozess umgekehrt. Das Mittlere Tidehochwasser (MThw) bildet dabei die Grenze zwischen Land und Meer. Oberhalb des MThw beginnen die Salzwiesen, darunter die Watten, deren Oberflächen sich ständig wandeln.
Quelle: Dirk Meier: Weltnaturerbe Wattenmeer. Kulturlandschaft ohne Grenzen. Heide: Boyens 2010, S.20

M6 Quellentext zu den Gezeiten an der Nordsee

M8 Tidenhub in der Nordsee

1.6 Meereswellen, Kaventsmänner und Tsunamis

Ein wesentliches Element, welches die Faszination des Meeres ausmacht, sind die sich im Wasser ausbreitenden Wellen. Sie unterscheiden sich in Wellenhöhe, Wellenlänge und Periodendauer. Allgemein gilt: Je stärker der Wind, desto tiefer der Seegang (die Wellenhöhe). Aber auch Wassertiefe, Oberflächengröße und Strömungen haben Einfluss auf lange, gleichmäßige Atlantikwellen, kabbelige Ostseewellen oder brechende Brandungswellen. Überlagern sich bestimmte Faktoren, entstehen gefährliche, steile Monsterwellen, von deutschen Seeleuten Kaventsmänner genannt. Auch Tsunamis stellen einen besonderen Wellentyp dar.

1. Beschreiben Sie die Entstehung von Meereswellen (M3).
2. Eine auf dem Meer schwimmende Möwe verdeutlicht die Orbitalbewegung von Wellen. Erklären Sie (M4, M5).
3. Vergleichen Sie Wellen in tiefem und flachem Wasser (M1, M5).
4. Stellen Sie die Entstehung eines Tsunamis dar (M7, M8).
5. Erörtern Sie die Auswirkungen des Erdbebens vor der Küste Japans im März 2011 (M6, M11, M12, Atlas).
6. Beurteilen Sie die Gefährdung durch Tsunamis und Monsterwellen (M6 – M12, Atlas).

M2   Surfer in Nordspanien

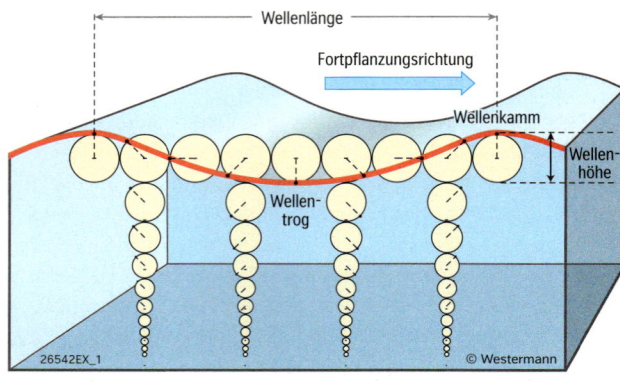

M4   Durchlauf einer Welle: Orbitalbewegung der Partikel

Wenn es Winter wird, spielt sich an der Nordküste Spaniens ein seltsames Spektakel ab: Statt Strandurlaubern tummeln sich die Surfer im Meer. [...] Vor allem im Winter treffen hier Riesenwellen auf die Küste. „Der Wind macht die Wellen", sagt [Surfer und Ozeanograf] Tony Butt. Die Stürme seien in unseren Breitengraden im Winter häufiger als im Sommer. „Meereswellen stehen am Ende einer Kette von Wetterereignissen" [...]. Alles beginnt mit der Sonnenenergie, die in die Atmosphäre eintritt. Sie heizt den Äquator stärker auf als die Pole. Die Luft am Äquator dehnt sich aus, während sie sich an den Polen abkühlt und zusammenzieht. Um diesen Druckunterschied auszugleichen, beginnen sich die Luftmassen in der Atmosphäre zu bewegen. Beeinflusst durch die Landmassen und das Klima bilden sich in der unteren Atmosphäre Tiefdruckgebiete aus. [...] In den Tiefdruckgebieten wehen starke Winde nahe der Erdoberfläche – und damit über dem Meer. Die Winde übertragen ihre Energie auf das Wasser und bringen es in Wallung. „Je weiter der Weg ist, den die Winde über der Wasseroberfläche zurücklegen, desto größer sind auch die Wellen", sagt der Surfer. Daher gebe es im relativ kleinen Mittelmeer auch kaum Wellen. „Wer in Europa surfen will, sollte an die Atlantikküste fahren."
Quelle: Inka Reichert: Meereswellen. Planet Wissen 4.10.2018

M3   Quellentext zu Meereswellen

Vom Wind erzeugte Meereswellen gehören zu einem Typ, der als Oszillationswellen bezeichnet wird, weil die Wellenform sich durch das Wasser bewegt und dabei eine Oszillation, d. h. eine Schwingungsbewegung des Wassers, hervorruft. Bei dieser Bewegung sind die Wellenhöhe der vertikale Abstand zwischen Wellentrog und Wellenkamm und die Wellenlänge die horizontale Distanz von Wellentrog zu Wellentrog oder von Wellenkamm zu Wellenkamm.

In der Oszillationswelle vollführt ein kleines Partikel, z. B. ein Wassertropfen oder ein kleiner schwimmender Gegenstand, mit dem Durchzug jeder Welle eine vertikale Kreisbewegung. Auf dem Wellenkamm bewegen sich die Teilchen vorwärts, im Wellentrog rückwärts. An der Wasseroberfläche ist der Durchmesser dieser auch Orbitalbewegung genannten Kreisbewegung gleich der Wellenhöhe, doch nimmt er zur Tiefe hin rasch ab. Die Wasserteilchen kehren nach dem Durchlaufen der Kreisbewegung an ihren Ausgangspunkt zurück. In idealen Wellen dieses Typs gibt es keine Nettobewegung in die Richtung, in die der Wind weht. [...]

Wenn ein Wellenzug vom Meer her in immer flacheres Wasser gelangt, erreichen die Wellen einen Punkt, an dem die Orbitalbewegung durch Reibung am Boden behindert wird. Nach einer allgemeinen Regel ist diese kritische Tiefe etwa halb so groß wie die Wellenlänge. Während nun die Wellen näher zum Ufer ziehen, verkürzt sich die Wellenlänge, und die Wellenhöhe nimmt zu. Infolgedessen wird die Welle steiler und dadurch instabil. Recht plötzlich bewegt sich dann der Kamm der Welle vorwärts, und die Welle verwandelt sich in einen Brecher, der daraufhin zusammenfällt. Die turbulente Wassermasse schießt nun vorwärts die Strandböschung hinauf als sogenannter Wellenauflauf. [...] Der Wellenrücklauf nimmt in seiner Bewegung Sand und Kies seewärts mit.
Quelle: Alan H. Strahler, Arthur N. Strahler: Physische Geographie. Stuttgart: Ulmer 2009, S.437

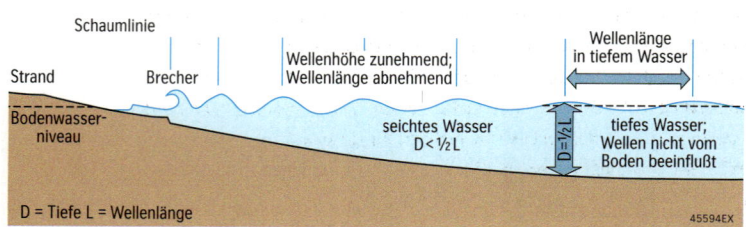

M1   Wellen im tiefen und flachen Wasser

M5   Quellentext zu Wellen im tiefen und flachen Wasser

M 6 Die Stadt Natori (Japan) wird am 11.3.2011 von einem Tsunami getroffen. Auslöser war ein extrem starkes Erdbeben von 9,1 M_w in 32 km Tiefe 72 km vor der Küste Japans. Trotz umfangreicher Schutzmaßnahmen in Japan starben 19 500 Menschen, hunderttausende Häuser wurden zerstört, und es entstand ein Schaden von 300 Mrd. Euro.

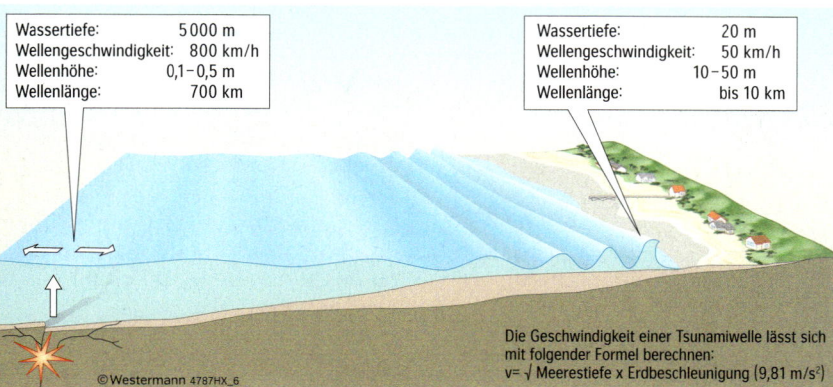

Wassertiefe: 5 000 m
Wellengeschwindigkeit: 800 km/h
Wellenhöhe: 0,1–0,5 m
Wellenlänge: 700 km

Wassertiefe: 20 m
Wellengeschwindigkeit: 50 km/h
Wellenhöhe: 10–50 m
Wellenlänge: bis 10 km

Die Geschwindigkeit einer Tsunamiwelle lässt sich mit folgender Formel berechnen:
$v = \sqrt{\text{Meerestiefe} \times \text{Erdbeschleunigung } (9{,}81 \text{ m/s}^2)}$

M 7 Tsunami

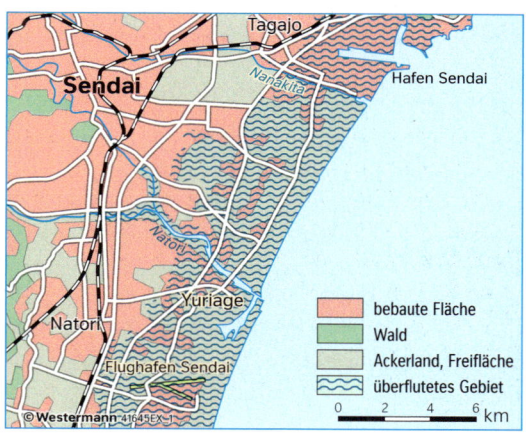

M 11 Überflutung bei Sendai

bebaute Fläche
Wald
Ackerland, Freifläche
überflutetes Gebiet

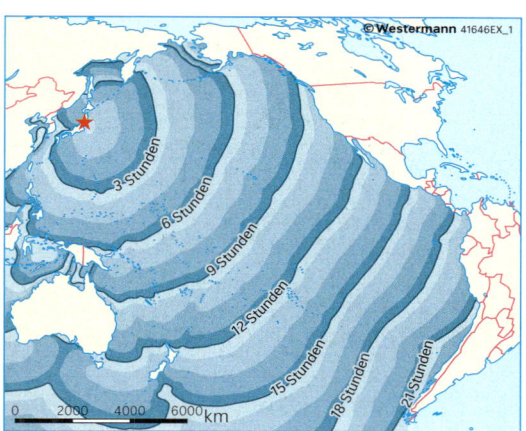

M 12 Epizentrum und Ausbreitung des Tsunami

Ein Tsunami kann durch ein starkes Erdbeben (Seebeben) aufgrund einer tektonischen Verschiebung, einen Vulkanausbruch auf dem Meeresboden oder auch einen Erdabrutsch an der Küste ausgelöst werden. Die häufigste Ursache ist ein Heben bzw. Senken des Meeresbodens in sehr kurzer Zeit um mehrere Meter durch ein Beben. So werden plötzlich große Wassermassen nach oben bzw. unten bewegt. An der Wasseroberfläche entsteht hierdurch ein Wellenkamm bzw. ein Wellentrog, der sich in alle Richtungen ausbreitet. Die Tsunamiwelle besitzt eine extrem hohe Energie. Sie hat eine riesige Wellenlänge von über 100 km, also etwa das Tausendfache einer vom Wind erzeugten Welle; ihre Wellenhöhe ist in tiefem Wasser gering, meist sogar weniger als 1 m, allerdings rasant schnell. Auf Schiffen auf dem offenen Meer ist daher kaum etwas von einem Tsunami zu bemerken. So erging es

M 8 Entstehung eines Tsunami

auch den japanischen Fischern, auf die der Begriff Tsunami („Hafenwelle") zurückgehen soll. Als sie vom Fischen zurückkamen, fanden sie ihren Hafen und ihre Stadt zerstört vor, obwohl sie auf dem Meer keine größere Welle bemerkt hatten. Während bei den durch Wind erzeugten Wellen nur die oberen Schichten des Wassers in Schwingungen versetzt werden, gehen bei Tsunamis die Schwingungen bis in große Tiefen hinab.

Trifft das Wellental zuerst auf die Küste, so entsteht ein riesiger Sog, der Meeresboden wird über große Bereiche freigelegt. Wird die Ursache richtig erkannt, bleibt eine kurze Zeitspanne, sich in höher gelegene Gebiete zu flüchten. Trifft die Welle auf die Küste, türmt sie sich mehrere Meter auf. Die massiven Zerstörungen entstehen durch ein kontinuierliches Nachströmen von Wasser nach der ersten Welle, aber auch durch den späteren Rückfluss des Wassers ins Meer.

Regelmäßig sinken auch große Schiffe, wenn sie auf hoher See auf eine Monsterwelle (engl. *rough* oder *freak wave*) treffen – insbesondere dann, wenn die Welle das Schiff seitlich erwischt. Solche Riesenwellen können bis zu dreimal höher werden als die sie umgebende See. Seit 1995 ein Laser auf einer norwegischen Gasförderplattform erstmals eine fast 26,5 m hohe Welle aufzeichnen konnte, ist die Existenz von solchen physikalisch nur schwer zu erklärenden Monsterwellen bewiesen. Es existieren mehrere Erklärungsmodelle: Wellen können sich gegenseitig verstärken, wenn sie sich treffen oder einander einholen. Wenn die Wellenberge an einem bestimmten Punkt zusammentreffen, kommt es zu einer Überlagerung und die Einzelwellen türmen sich zu einer einzigen Extremwelle auf. Monsterwellen treten häufig an Orten auf, an denen Strömungen aufeinandertreffen, etwa an der Südspitze Südafrikas. Solange noch so wenig über Extremwellen bekannt ist, lassen sie sich nicht vorhersagen.

M 9 Ein Schiff trifft auf eine Monsterwelle

M 10 Monsterwellen

1.7 Küsten: Vielfalt an Formen

Die Küsten, die weltweit eine Länge von fast einer halben Million Kilometer umfassen, sind ein bedeutender Lebensraum der Menschen. Geschätzt leben etwa zwei Drittel der Weltbevölkerung im Küstenraum. Geologisch gesehen sind unsere Küsten sehr jung (ca. 7000 Jahre), da der Meeresspiegel nach der letzten Eiszeit ein 120 m niedrigeres Niveau hatte. Dabei sind vor allem aufgrund der Wirkung von Wellen und Gezeiten, aber auch einer Reihe anderer Faktoren sehr unterschiedliche Küstenformen entstanden, die man am einfachsten in Steil- und Flachküsten unterscheiden kann und die durch Landverlust und -gewinnung geprägt sind.

1. Nennen Sie jeweils Raumbeispiele für folgende Küstenformen: Schären, Fjord, Bodden, Förde, Rias, Delta- und Nehrungsküste (M1, Atlas, Internet).

   Ⓩ b) Erstellen Sie einen Kurzvortrag zu einer Küstenform.

2. Erklären Sie die Differenzierungen bei der Kategorisierung durch Hartmut Valentin (M1, M4).

3. Fassen Sie die Bedeutung von Erosions- und Sedimentationsvorgängen bei der Küstenbildung zusammen (M5).

4. Stellen Sie jeweils ein mit Fachbegriffen bezeichnetes Profil von Steil- und Flachküste zeichnerisch dar (M5).

5. Erläutern Sie die Strandversetzung und Nehrungsbildung (M6–M8).

6. Erörtern Sie die (touristisch motivierten) Strandschutzmaßnahmen (M9).

M2   Lofoten (Norwegen)

	Faktoren
Hydrosphäre	• physikalisch: Wellen, Gezeiten, Strömungen, Meeresspiegelschwankungen • chemisch: Salz-/Kalkgehalt, Wassertemperatur
Lithosphäre	• Aufbau aus Fest- oder Lockergestein • geodynamische Situationen (Hebung, Senkung)
Atmosphäre	• Niederschläge, Starkwinde, Temperaturen
Biosphäre	• Tiere (Korallen, Schnecken) oder Pflanzen (Mangroven, Seetang, Algen), die zerstörend, aufbauend oder stabilisierend wirken
Anthroposphäre	• direkt, indirekt (siehe M9)

M3   An der Formbildung der Küsten wirkende Faktoren

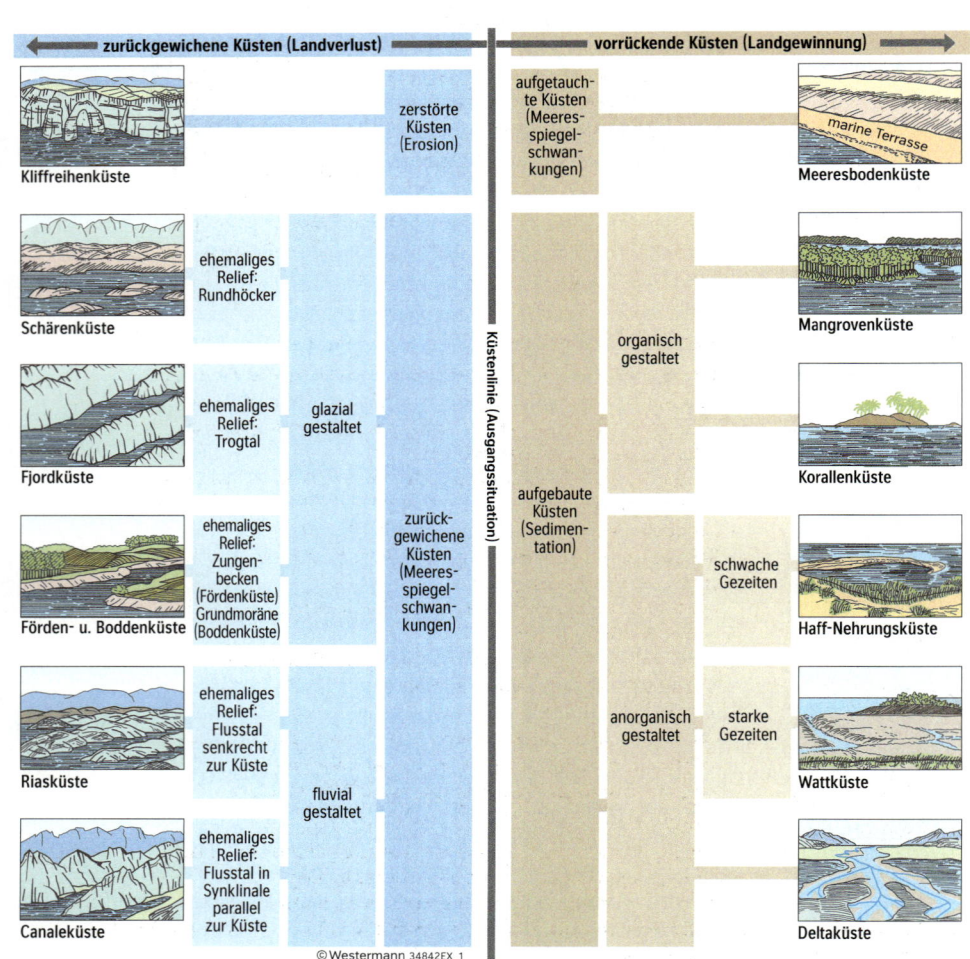

M1   Genetische Küstenklassifikation nach Hartmut Valentin (vereinfacht)

© Westermann 34842EX_1

Aufgrund der Vielgestaltigkeit von Küsten gibt es zahlreiche Versuche, anhand verschiedener Kriterien Küsten zu klassifizieren. Einfache Kategorisierungen erfolgen nach Relief und Erscheinungsbild in Flach- und Steilküsten oder nach Gesteinstyp in Felsenküste und Strand aus Lockermaterial.

Der deutsche Geograph Hartmut Valentin unterscheidet Küstenformen nach ihrer Genese (Entstehung) grundsätzlich in zurückweichende und vorrückende Küsten (M1). Das Zurückweichen ist auf einen steigenden Meeresspiegel, eine tektonische* Absenkung der Landfläche und/oder Erosionsprozesse, das Vorrücken auf einen fallenden Meeresspiegel, eine tektonische Hebung des Festlands und/oder Sedimentationsprozesse zurückzuführen. Bei zurückweichenden Küsten werden auch ehemalige Flusstäler oder durch Gletscher geformte Landschaften überflutet. Sonderformen der vorrückenden Küsten sind durch Pflanzen und Tiere gestaltete Küsten (Mangroven- und Korallenküste).

Auch tektonisch bedingt – an Grabenbrüchen* oder Vulkanen – sind Küsten entstanden. Schließlich lassen sich Küsten danach unterscheiden, ob „neuere" Erosions- oder Ablagerungsprozesse ihre Form gestaltet haben (sekundär) oder vergangene geomorphologische Prozesse noch heute die Form bestimmen (primär, z. B. Fjorde, Riasküste, Deltaküste).

M4   Klassifikation von Küsten

Marine Vorgänge wie die Brandung*, die Gezeiten, Meeresspiegel-schwankungen und Küstenströmungen tragen zur Umgestaltung der Küsten bei. Die Intensität der Erosionsprozesse wird vor allem durch die Beschaffenheit des anstehenden Gesteins bestimmt. Fels leistet mehr Widerstand als Lockersedimente.

Typische Steilküsten zeichnen sich durch ein sehr steil abfallendes Kliff, das allmählich landeinwärts rückverlagert wird, aus. Während die starken Wellen und Gesteinsbruchstücke den Fuß der Felswand attackieren, wobei Brandungshohlkehlen entstehen können, kann es im oberen Teil zu Verwitterungsprozessen kommen. Je nach Festigkeit des Gesteins brechen oder rutschen die instabilen und überhängenden Felsabschnitte mehr oder weniger schnell weg. Manchmal bleiben dabei markante Formen wie Pfeiler, Bögen oder Nasen stehen. Die Abtragun-gen (Abrasionen) werden auf das Meer hinausgetragen und bilden dort eine Abrasionsplattform. Auch Steilküsten können einen vorgelagerten Strand haben, der aus Kies oder gröberen Steinen besteht.

Die Flachküste senkt sich allmählich zum Meer ab. Die auf ihr auslau-fenden Wellen schwemmen Sand und Geröll an, sodass ein Strand entsteht. Dieser kann aus feinstem Sand, Kies oder auch größeren Steinen bestehen, abhängig von der Energie der Wellen und den örtlichen Gesteinsvorkommen. Durch Winderosion des trockenen Sandes entstehen die für Flachstrände typischen Dünen. Als Schorre wird die Brandungsfläche bezeichnet, auf der die einlaufenden Wellen

M 5   Steil- und Flachküste

Steilküste

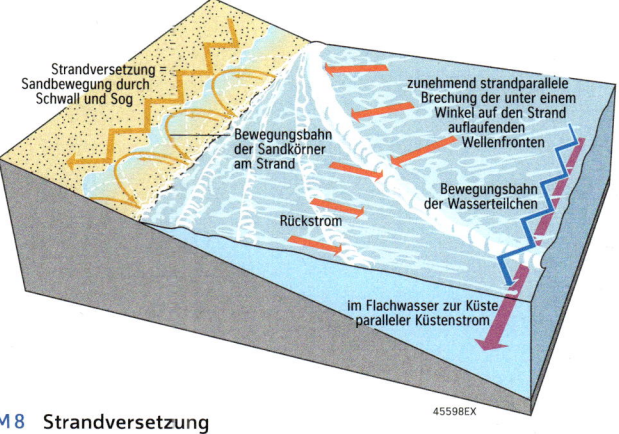
Flachküste

durch Bodenreibung abgebremst werden. Im Zusammenspiel von auflaufendem und rückflutendem Wasser entstehen hier parallel zur Küste Sandriffe, die bei Ebbe als Sandbänke an die Oberfläche treten.

[Der Strand und damit die Küstenlinie] verändern sich durch küstenpa-rallele Sandtransporte. Sie beruhen auf dem Bewegungsverhalten des einzelnen Sandkorns. Sog und Schwall des Wassers werden vom schräg auf die Küsten auflaufenden Wind angetrieben. Meist wirkt zusätzlich eine küstenparallele Strömung. Die Brandungswellen laufen schräg zum Strand auf und jedes mitgerissene Korn legt einen Bogen zurück [...] Die Resultierende dieser „Zickzacklinie" ergibt eine den Strand entlang gerichtete Seitwärtsbewegung des Materials, die stark von Windrichtung und Küstenverlauf abhängt. Hält diese Bewegung der Brandungswellen zusammen mit der Küstenströmung lange genug an, wird das Material kilometerweit am Strand entlanggeführt. Auch Gezeitenströmungen können beteiligt sein. Das Material wird im Stillwasser (z.B. im Lee von Küstenvorsprüngen) sedimentiert oder wenn die Strömung infolge einer Überlagerung mit anderen Strömungen erlahmt. [...]

Wo küstenparallele Sandtransporte vorherrschen und Formen vom Sand-haken bis zur Lagune und schließlich bis zum Strandsee entstehen, wird von Ausgleichsküste gesprochen.

Quelle: Hartmut Leser: Geomorphologie. Braunschweig: Westermann 2009, S. 303–304

M 6   Quellentext zur Strandversetzung

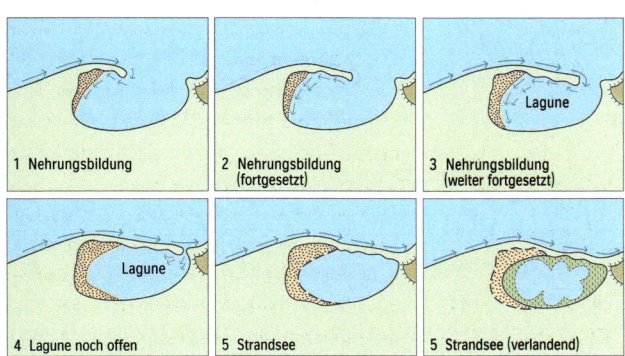

→ Hauptströmung küstenparallel, mit Sedimentfracht (z.B. Sand)
⇢ Strömung in der Lagune, mit Feinsedimentfracht (z.B. Feinsand, Schluff und Ton)

© Westermann 45597EX

M 7   Formung durch küstenparallelen Sedimenttransport

Strandversetzung = Sandbewegung durch Schwall und Sog

zunehmend strandparallele Brechung der unter einem Winkel auf den Strand auflaufenden Wellenfronten

Bewegungsbahn der Sandkörner am Strand

Rückstrom

Bewegungsbahn der Wasserteilchen

im Flachwasser zur Küste paralleler Küstenstrom

45598EX

M 8   Strandversetzung

direkt
- Küstenschutz* (auch landwirtschaftliche Nutzung des Hinterlands)
  - passiv: Wellenbrecher, Lahnungsfelder* (Holzpfähle) und Grüppen (Gräben) -> Reduzierung der Brandungsenergie, Bepflanzung von Küstendünen
  - aktiv: Deiche, Entwässerung, Dämme (Anbindung von In-seln), Sperrwerke*
- Landgewinnung. Aufschüttung flacher Buchten
- Bebauung und Versiegelung von Küstenbiotopen
- Schutz von Stränden (Tourismus)
  - Verhinderung von Stranderosion durch Betonmauern, Stein-pflaster, Betonblöcke
  - Verhinderung von Strandversetzung durch Buhnen
  - Sandaufspülungen von Stränden
- wirtschaftliche Nutzung
  - Bau von Häfen. Ausbaggerung von Zufahrtsrinnen, Kanäle
  - Entnahme von Sand und Kies zu Bauzwecken
  - Aquakulturen (z. B. an Mangrovenküsten, Kap. 4.4)

indirekt
- Sedimentfallen in Staudämmen, Ausbaggerung von Flüssen
- anthropogen bedingter Meeresspiegelanstieg
- Wasserschmutzung von Meeren, Ozeanversauerung
- Entnahme von Grundwasser, Erdöl, Erdgas –> Absenkung der Oberflächen

M 9   Menschliche Eingriffe in die Küstenmorphologie (Auswahl)

1.8 Einfluss der Ozeane auf das Klimasystem

Die Ozeane sorgen nicht nur für ein milderes Wetter in Küstengebieten. Das Meer tauscht auch in großem Umfang Wasser mit der Atmosphäre aus und ozeanische Strömungssysteme lassen warmes und kaltes Wasser zirkulieren (siehe Kap. 1.9 und 1.10), wobei weit entfernte Regionen der Erde miteinander verbunden werden. So bestehen zwischen Ozeanen, Kryosphäre* und Atmosphäre intensive Wechselwirkungen, die das Klima beeinflussen. Die Weltmeere spielen eine entscheidende Rolle bei der Regulierung des globalen Klimas und haben die Eigenschaft, das Klimasystem zu stabilisieren, indem sie interne Klimaschwankungen langsamer ablaufen lassen. Dies geschieht vor allem durch ihre Fähigkeit, große Mengen Wärme zu speichern und als Kohlenstoffsenke zu dienen. Damit kompensieren sie bislang auch einen Großteil der Effekte durch die vom Menschen verursachte Zunahme von Treibhausgasemissionen und den dadurch verstärkten Treibhauseffekt. Allerdings sind die Folgen der Klimakrise längst auch in den Meeren sichtbar.

1. Stellen Sie die Rolle der Ozeane im Klimasystem dar (M 2).
2. Der Wärmeinhalt der Ozeane ist ein besserer Indikator für das Fortschreiten des Klimawandels als die steigende Lufttemperatur. Erklären Sie diese Aussage (M 1 – M 4).
3. Erklären Sie die klimawandelbedingte geringere Erhöhung der Meeresoberflächen- gegenüber der Lufttemperatur (M 3).
4. Fassen Sie die Auswirkungen des Klimawandels auf die Ozeane und Kryosphäre zusammen (M 5, M 8, M 11).
(Z) 5. Erläutern Sie die in M 6 dargestellten Daten (M 9, M 10).
6. Je mehr CO_2 in den Ozeanen heute aufgenommen wird, desto weniger kann künftig aufgenommen werden. Erklären Sie dieses Phänomen und seine Folgen (M 9, M 10).
7. Erläutern Sie die Bedeutung der Ozeane im Kohlenstoffkreislauf (M 7).
8. Die Stoff- und Energiekreisläufe der Ozeane im Klimasystem besitzen lange Zeitskalen. Erörtern Sie die Chancen und Risiken dieses Umstands für die Abwendung der Klimakrise.

große Bedeutung der obersten Schicht der Ozeane bei der Umwandlung der Strahlungsenergie der Sonne, die die Atmosphäre durchdringt, in Wärmeenergie (71 % der Erdoberfläche Ozeane)

ständiger Energie-und Wärmeaustausch von Atmosphäre und Ozean, dabei dämpfende Wirkung der Ozeane auf die Atmosphäre. Ursache: nur langsame Erwärmung und Abkühlung der Ozeane durch hohe spezifische Wärmekapazität* von Wasser -> ausgleichende Wirkung auf die Temperaturschwankungen der Atmosphäre im jahreszeitlichen Wechsel, auch Dämpfung des anthropogenen Treibhauseffekts (Speicherung der Wärme im Ozean)

ozeanische Strömungssysteme: Transport erheblicher Mengen von Energie über große Entfernungen, in der Regel von den Haupteinstrahlungsgebieten beiderseits des Äquators in Richtung Pol

Austausch des Treibhausgases Kohlendioxid mit der Atmosphäre, wichtige Kohlenstoffsenke*

Einbindung in den globalen Wasserkreislauf: Austausch von Wasser mit der Atmosphäre, Verdunstung über dem Meer, Niederschläge über Land und Meer

lokale Systeme: Land-Seewindsystem, Monsun

M 2   Rolle der Ozeane im Klimasystem

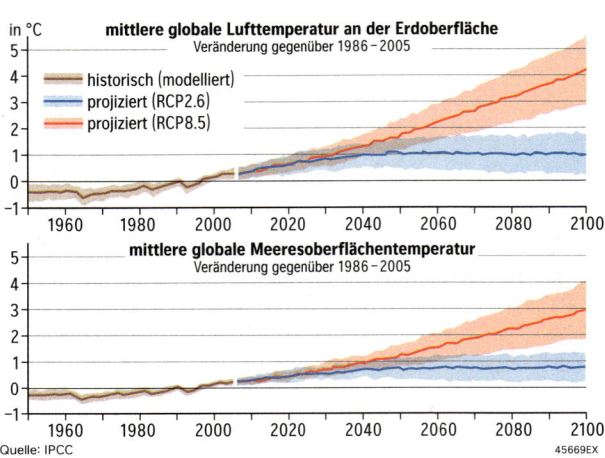

M 3   Änderungen der globalen Lufttemperaturen über dem Meer und Oberflächenwassertemperaturen bei niedrigen (RCP2,6) und hohen Treibhausgasemissionen (RCP8,5) gegenüber dem Referenzwert von 1986 – 2005

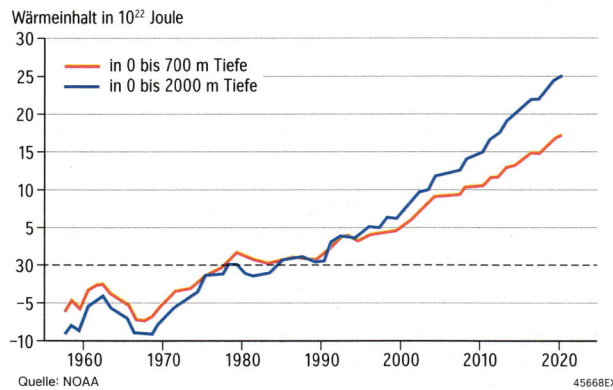

M 4   Globaler Wärmeinhalt (gespeicherte Wärmeenergie) der Meere

Der Ozean erwärmt sich nur sehr langsam und kühlt sich auch nur sehr langsam ab. [...] Der Ozean dämpft daher auch die Erwärmung der Atmosphäre durch den anthropogenen Treibhauseffekt*. Die Zunahme der Treibhausgaskonzentration* hat die im Erdsystem gespeicherte Wärme erhöht. Gewöhnlich wird das an der Erwärmung der Atmosphäre abgelesen. Aber der allergrößte Teil der zusätzlichen Energie [...] geht in den Ozean. [...] Die Wärmeaufnahme durch den Ozean stellt daher einen Puffer bei Klimaänderungen dar und verlangsamt im gegenwärtigen Klimawandel deutlich die Erwärmungsrate der Atmosphäre. [...]

Zwischen 1971 und 2010 hat die Erde durch den Anstieg der Treibhausgaskonzentration eine Energiemenge von 274 ZJ (1 Zettajoule= 10^{21} Joule) gewonnen. 93 % dieser Energiemenge sind im Mittel über den Zeitraum 1971-2010 in den Ozean gegangen. Der obere Ozean (0-700 m) hat 64 %, der tiefere (700 – 2000 m) 29 % aufgenommen. 3 % sind in das Schmelzen von Eis eingegangen, ebenfalls 3 % in die Erwärmung der Landoberfläche der Kontinente und 1 % in die Erwärmung der Atmosphäre. Die Erwärmung bis 2000 m Tiefe des Weltozeans hat zwar zwischen 1955 und 2010 nur 0,09 °C betragen. Würde man jedoch die 24×10^{22} Joule, die diese Erwärmung bewirkt haben, auf die unteren 10 km der Atmosphäre übertragen, würde sich diese Atmosphärenschicht um 36 °C erwärmen. Der erstaunliche Unterschied kommt dadurch zustande, dass die Gesamtmasse des Ozeans die der

Atmosphäre um mehr als das 250-fache übertrifft und die Wärmekapazität* des Meerwassers viermal so groß ist wie die der Luft.

Quelle: Dieter Kasang: Die Erwärmung des Ozeans.Bildungsserver Hamburg

M 1   Quellentext zur Erwärmung der Ozeane

  100900-254-03
schule.diercke.de    100900-267-05
schule.diercke.de   100900-267-06
schule.diercke.de

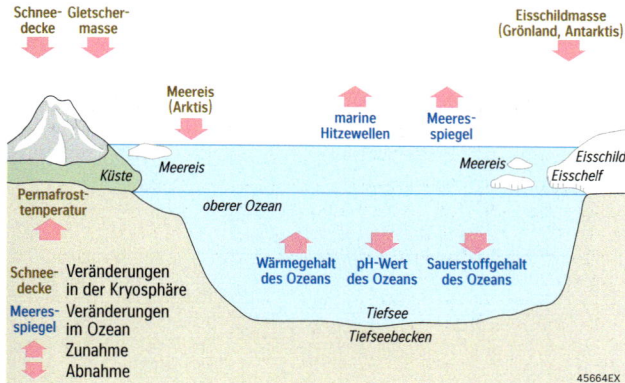

M 5 Auswirkungen des Klimawandels auf Ozeane und Kryosphäre

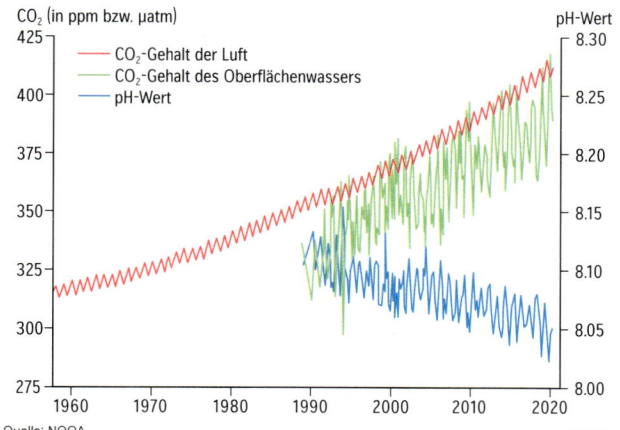

M 6 CO_2-Gehalt von Luft und Meerwasser sowie pH-Wert des Meerwassers an der Station Aloha auf Hawaii

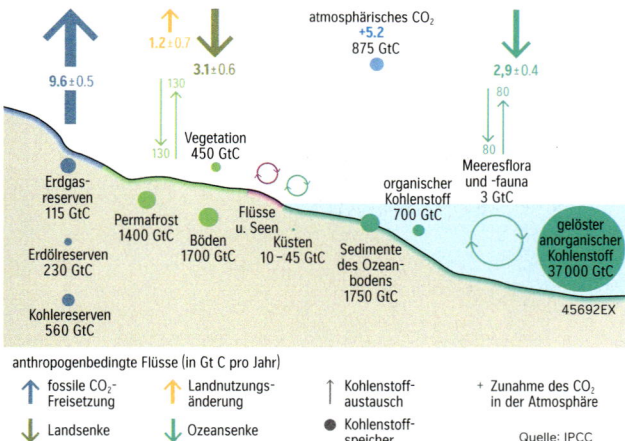

M 7 Menschlicher Einfluss auf den globalen Kohlenstoffkreislauf (durchschnittliche anthropogen bedingte Flüsse für den Zeitraum 2012–2021)

- vermehrtes Auftreten mariner Hitzewellen
- Korallenbleiche, Korallensterben
- Zunahme schädlicher Algenblüten
- Migration kälteliebender Arten Richtung Pole
- Schmelzen von Meereis und angrenzendem Landeis (Erhöhung des Meeresspiegels)
- verstärkte Verdunstung, erhöhte Luftfeuchtigkeit, Zunahme von Starkniederschlägen, Überschwemmungen
- wahrscheinlich Zunahme tropischer Wirbelstürme (Kap. 1.11)
- Verlangsamung der Meeresströmungen (Kap. 1.9)

M 8 Weitere Folgen der Erwärmung der Meere

Die großen Weltmeere sind für das globale Klimasystem als sogenannte „Senken*" im Kohlenstoffkreislauf von zentraler Bedeutung. Jährlich werden [etwa 3 Gt CO_2] von den Ozeanen gespeichert. Schätzungen zufolge wurde bisher insgesamt mehr als ein Drittel aller anthropogenen CO_2-Emissionen aufgenommen. Die Fähigkeit der Ozeane, CO_2 aufzunehmen, ist von der Wassertemperatur abhängig. Kaltes Wasser kann mehr CO_2 aufnehmen als wärmeres. Allerdings besteht eine Sättigungsgrenze: Je höher der CO_2-Gehalt des Wassers, desto weniger kann zusätzlich aufgenommen werden. Wenn CO_2 sich in Meerwasser löst, reagiert es mit Wasser und bildet Kohlensäure (H_2CO_3). Die zunehmende CO_2-Sättigung der Meere hat eine Abnahme des pH-Wertes zur Folge. Man bezeichnet diesen Prozess auch als Versauerung (Das leicht basische Meerwasser wird nicht sauer, sondern nur weniger basisch). Im Vergleich zum vorindustriellen Niveau ist der pH-Wert des Meeresoberflächenwassers bereits um 0,1 Punkte gesunken, was einer Erhöhung des Säuregehalts von 30 Prozent entspricht. [..] Durch die Versauerung haben die im Meer lebenden Organismen, die für ihre Skelettbildung Kalk aus dem Meerwasser verwenden, beispielsweise bestimmte Planktongruppen, Korallen oder Muscheln, weniger Baustoff zur Verfügung, da mit dem abnehmenden pH-Wert der Kalkgehalt sinkt. Zudem müssen sie zur Kalkbildung zunehmend mehr Energie aufwenden, bei einigen Arten löst das saure Wasser Kalkskelette sogar auf. Auch für andere Meerestiere stellt die Versauerung eine Belastung für den komplexen natürlichen Säure-Basen-Haushalt der Körperzellen, des Bluts oder der Hämolymphe dar. [...] Wissenschaftler sehen die Ozeanversauerung aufgrund der potenziellen Konsequenzen für Nahrungsketten und das Meeresökosystem als eine der schwerwiegendsten Folgen erhöhter CO_2-Emissionen an.
Quelle: Sven Harmeling Globaler Klimawandel. Braunschweig: Westermann, S. 43

M 9 Quellentext zur marinen CO_2-Aufnahme und zur Ozeanversauerung

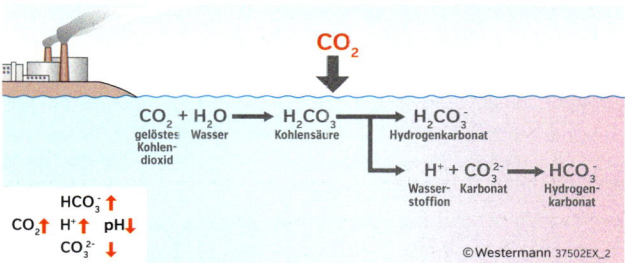

M 10 Bildung von Kohlensäure im Meer

Mit dem Klimawandel verändert sich auch der Austausch von Gasen und Nährstoffen. Die Löslichkeit von Sauerstoff im Wasser nimmt mit steigender Temperatur ab. Das heißt, an der Oberfläche gelangt weniger Sauerstoff in die oberen Schichten. Als Konsequenz kann sich weniger Sauerstoff auch in den tieferen Schichten des Ozeans ausbreiten – der Sauerstoffgehalt im Wasser nimmt also ab. Das warme Oberflächenwasser hat zudem eine geringere Dichte, was zu einer schwächeren Durchmischung der einzelnen Meeresschichten führt. Insbesondere an der Grenzschicht zwischen einzelnen Wasserschichten konzentriert sich organisches Material, das von Mikroorganismen zersetzt wird. Dabei wird Sauerstoff verbraucht und zusätzlich Kohlendioxid produziert. Sauerstoffarme Gebiete breiten sich deshalb zunehmend aus und erreichen auch küstennahe Gebiete. Das führt mit dazu, dass sich die weltweiten Fischbestände verlagern. Die Produktivität der Fischerei, die Nahrung für viele Millionen Menschen liefert, sinkt.
Quelle: Thomas Krautwig: Die Bedeutung der Meere für das Klima. Helmholtz Klimainitiate 6.6.2022

M 11 Quellentext zur Sauerstoffabnahme der Ozeane

1.9 Meeresströmungen

Wie die Atmosphäre sind auch die Ozeane ständig in Bewegung. Die globalen Meeresströmungen an der Oberfläche und in der Tiefe werden dabei von verschiedenen Faktoren angetrieben und beeinflusst. Dabei transportieren sie Energie und damit Wärme von den niederen in die hohen Breiten und nehmen hier Einfluss auf das Klima. So ist das Golfstromsystem für das vergleichsweise milde nord- und mitteleuropäische Klima verantwortlich. Eine klimawandelbedingte Abschwächung dieser gewaltigen Umwälzpumpe im Nordatlantik hätte gravierende Folgen für das Klima, nicht nur in Europa.

1. Nennen Sie die Antriebs- und Beeinflussungsfaktoren von Meeresströmungen (M1 – M7).
2. Beschreiben Sie die vertikale Schichtung des Atlantiks (M3).
3. Charakterisieren Sie die Kuroshio-, Humboldt- und Nordäquatorialströmung (M1, M2).
4. Beschreiben Sie die globale ozeanische Zirkulation (M4, Atlas).
5. Erklären Sie den Begriff „nordatlantische Pumpe"(M7).
6. Erstellen Sie eine Kartenskizze vom Golfstromsystem (M5).
Ⓩ 7. Veranschaulichen Sie die in M5 genannten Zahlen.
8. Eine wichtige Funktion der Meeresströmungen ist der Transport von Kohlendioxid in tiefere Schichten des Ozeans. Erörtern Sie die Funktion im Kontext des Klimawandels (M5 – M7).

Die Oberflächenmeeresströmungen werden im Wesentlichen durch länger anhaltende Winde bei gleicher Windrichtung angetrieben. Der Wind bringt durch Reibung die Wasseroberfläche in Bewegung und zieht die Wasserteilchen der Oberfläche mit sich. Dieser windgetriebene sogenannte Driftstrom nimmt mit zunehmender Tiefe schnell ab und erreicht je nach Windstärke maximal eine Tiefe von 200 m. Je nach geographischer Breite wird die Oberflächenströmung durch die Corioliskraft* abgelenkt, auf der Nordhalbkugel im Uhrzeigersinn, auf der Südhalbkugel in gegenläufiger Richtung. So entstehen kleinere, periodische 20 bis 200 km große Wasserwirbel. Der Verlauf der

M1 Oberflächenmeeresströmungen

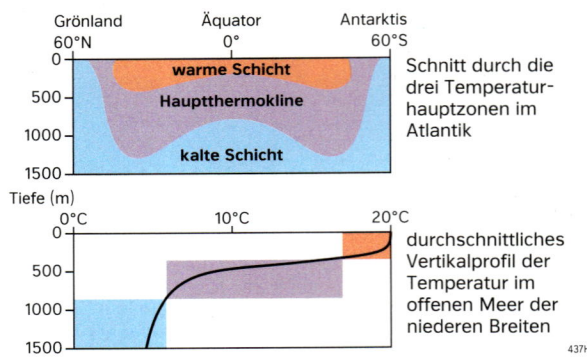

M3 **Vertikale Schichtung des Atlantiks**

Meeresströmungen wird aber auch durch die Form der die Ozeane begrenzenden Landmassen und das unterseeische Relief beeinflusst. Aufgrund der Voraussetzung, dass die Winde länger anhaltend sein müssen, sind die wichtigsten Antreiber der Driftströme aber die Passate* in Äquatornähe und Westwindströmungen in den mittleren Breiten sowie die Monsune. So entstehen großräumige Ozeanwirbel, die sich über ganze Meeresbecken im Nord- und Südatlantik, Nord- und Südpazifik und im Indischen Ozean erstrecken.

In Äquatornähe treten vor allem westwärts gerichtete Strömungen auf (Äquatorialstrom), in höheren geographischen Breiten eine Ostwärtsbewegung (Westwinddrift). An den Westseiten der Ozeane herrschen polwärts gerichtete, warme Meeresströmungen vor. Die Westwinddriften fließen auf die Ostseiten zu und drehen sich dann entweder in Richtung Pol (als warme Strömung) oder in Richtung Äquator (als kalte Strömung). Was vom Wind an der Oberfläche weggedrückt wird, muss durch andere Wassermassen wieder ausgeglichen werden (Kompensationsströme). Da im Bereich der ostwärts gerichteten Passate an den Westküsten der Kontinente Oberflächenwassermassen von den Küsten weggetrieben werden, findet hier ein Aufstieg von kaltem, nährstoffreichem Tiefenwasser statt (Upwelling), etwa im Pazifik vor Peru und Oregon (USA).

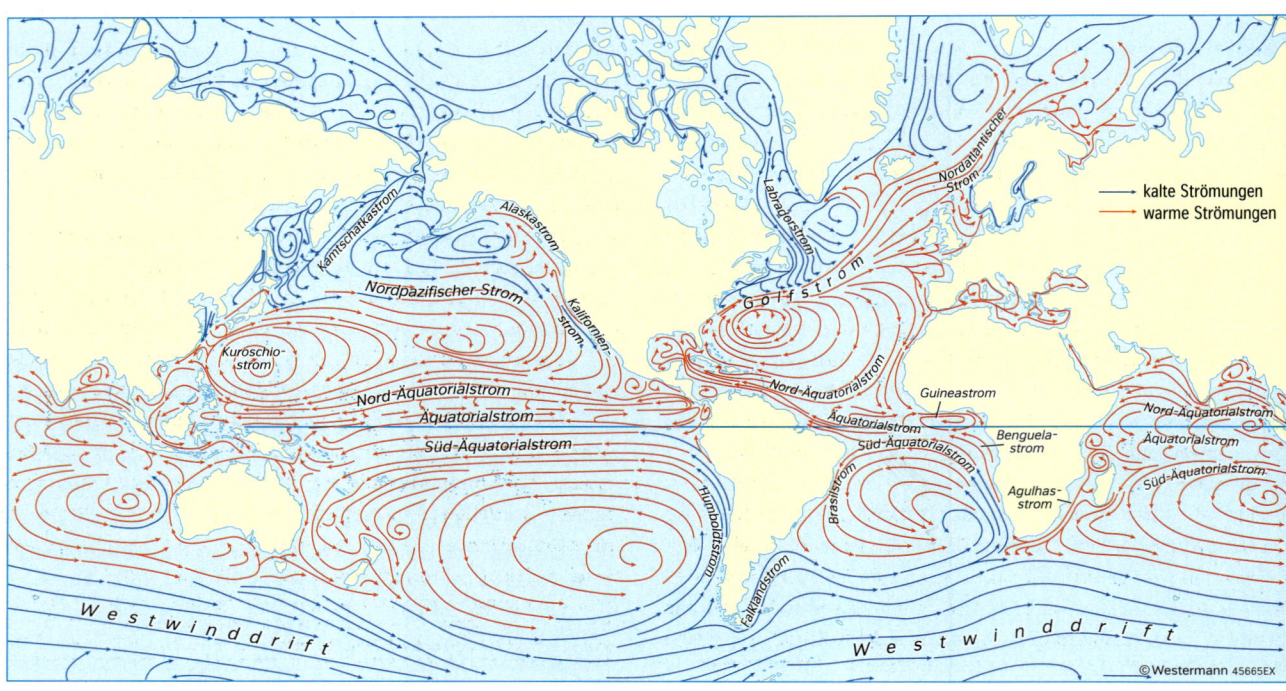

M2 Meeresströmungen an der Oberfläche

 100900-266-02
schule.diercke.de
 100900-099-05
schule.diercke.de

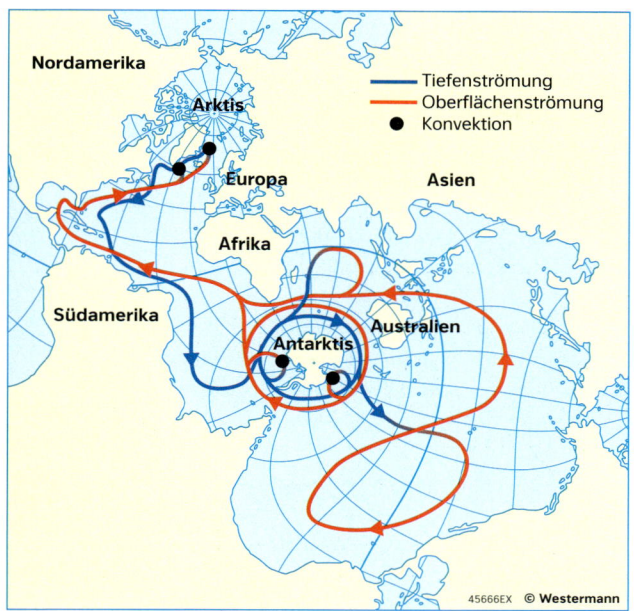

M4 Globale ozeanische Zirkulation

Neben den Oberflächenströmungen gibt es auch alle Weltmeere umspannende Meeresströmungen, die Wassermassen bis in die Tiefsee umwälzen, die globale ozeanische Zirkulation (auch globales Förderband). Sein Antrieb sind Unterschiede in der Dichte des Meerwassers. Kaltes Wasser ist schwerer als warmes und salzreiches Wasser schwerer als salzarmes Wasser. Kaltes und/oder salzreiches Wasser sinkt deshalb ab, warmes und/oder salzarmes steigt auf. So kann sich zum Beispiel bei Winterbeginn warmes Oberflächenwasser durch kalte Luftmassen so weit abkühlen, dass es schwerer wird als die darunter liegenden Wassermassen und absinkt. Es gibt einige Ozeanbereiche in polaren Regionen wie die Labrador- und Grönlandsee, in denen es zu intensiven Absinkvorgängen von Wasser kommt (Konvektion). Im Winter kühlt sich hier relativ warmes, durch Verdunstung salzreiches Oberflächenwasser aus dem Golfstrom ab. Durch Eisbildung erhöht sich der Salzgehalt weiter. Die vertikale Wasserverlagerung ist der Motor des globalen Förderbands, denn das absinkende Wasser „saugt" neues Oberflächenwasser nach, das Tiefenwasser fließt in 2000 bis 3000 m Tiefe nach Süden. Diese thermohaline Zirkulation (altgr. *thermós*: warm, *halinós*: salzig) ist ein weltweites Strömungssystem, in dem ein Drittel des weltweiten Ozeanwassers einbezogen ist. Ein Zyklus kann mehrere Hundert Jahre dauern.

M7 Globale ozeanische/thermohaline Zirkulation

Der „Golfstrom" ist die größte Meeresströmung im Nordatlantik und hat eine zentrale Bedeutung für das Klima in Europa. Eigentlich sollte man vom Golfstromsystem sprechen, denn der eigentliche Golfstrom bezeichnet nur den Teil vor der Ostküste der USA, während der Ast, der Nordeuropa tangiert, Nordatlantikstrom genannt wird.

Das Golfstromsystem besteht aus zwei Ozeanwirbeln: dem nordatlantischen subtropischen Wirbel und der atlantischen meridionalen Umwälzzirkulation (Atlantic meridional overturning circulation, AMOC). Während erster vor allem durch den Wind angetrieben wird, ist der Motor der AMOC die thermohaline Zirkulation (M7).

Verfolgt man das Wasser im Atlantik, das sich aus dem Antillen- und Floridastrom zum Golfstrom vereinigt, entsteht ein komplexes Zirkulationsmuster. Vor Europa spaltet sich der Golfstrom in drei Stromsysteme auf: Ein Teil fließt nach Süden in die Sargassosee östlich Floridas, ein anderer nach Osten in den Kanarenstrom und der dritte fließt weiter nach

M5 Der Golfstrom

Nordwesteuropa als Nordatlantikstrom. Dieser spaltet sich bei Irland weiter auf, wobei ein Teil ins Nordpolarmeer gelangt. Schließlich kommt es an mehreren Stellen zu den in M7 beschriebenen Konvektionsprozessen und das kalte Wasser fließt als Tiefenströmung zurück nach Süden.

Golfstrom und Nordatlantikstrom transportieren je nach Ort und Jahreszeit zwischen 30 und 150 Millionen Kubikmeter pro Sekunde. Die Geschwindigkeit an der Oberfläche beträgt etwa 3,6 km/h. Das Golfstromwasser ist 5 K bis 15 K wärmer als die umgebenden Gewässer. So befördert die Umwälzzirkulation im gesamten Bereich des Atlantiks Energie von Süden nach Norden, bei 24 °N eine Energiemenge von 1,3 Petawatt (1 PW = 10^9 Megawatt) und bei 48° N noch 0,6 PW in den Nordatlantikraum. Dort wird sie zu einem großen Teil an die Atmosphäre abgegeben. Infolge der vorherrschenden Westwinde sorgt das Golfstromsystem für das außerordentlich milde Klima im nordöstlichen Nordwesteuropa (im Winter ca. 10 K wärmer als in Kanada).

Wissenschaftliche Studien [...] deuten darauf hin, dass sich die Nordatlantische Umwälzbewegung (AMOC) in einem sich erwärmenden Klima verlangsamen dürfte, während sich der Golfstrom nicht wesentlich verändern und auch nicht völlig zum Erliegen kommen würde, selbst wenn dies bei der AMOC der Fall wäre. Die meisten Klimamodelle gehen davon aus, dass sich die AMOC im späteren 21. Jahrhundert bei den meisten Emissionsszenarien verlangsamen wird, wobei einige Modelle eine noch frühere Verlangsamung zeigen. Ein Grund dafür ist die Abnahme der Salinität des Ozeanwassers: durch das Schmelzwasser aus Grönland, die Abnahme des arktischen Meereises und die zunehmenden Niederschläge in den wärmeren nördlichen Meeren. Eine Reihe von Messstationen im Atlantik überwacht die AMOC seit 2004, wobei die Möglichkeiten kürzlich erweitert wurden. Die Überwachung der AMOC dauert noch nicht lange genug, um aus den Schwankungen einen Trend abzuleiten und langfristige Veränderungen zu erkennen, die möglicherweise im Gange sind. Andere indirekte Anzeichen können auf eine Verlangsamung der Umwälzung hinweisen – zum Beispiel eine langsamere Erwärmung dort, wo das Oberflächenwasser des Golfstroms absinkt. Klimamodelle zeigen, dass dieser „kalte Fleck" – also eine

unterdurchschnittliche Erwärmung – immer dann auftritt, wenn die AMOC schwächer wird. Sie gehen davon aus, dass sich dies fortsetzen wird. Aus paläoklimatischen Daten geht hervor, dass sich die AMOC in der Vergangenheit erheblich verändert hat, insbesondere beim Übergang von kälteren zu wärmeren Klimazonen, dass sie aber seit 8000 Jahren stabil ist.

Was passiert nun, wenn sich die AMOC in einer sich erwärmenden Welt verlangsamt? Die Atmosphäre passt sich etwas an, indem sie mehr Wärme transportiert und so den Rückgang der von der AMOC transportierten Wärme teilweise ausgleicht. Der „kalte Fleck" führt jedoch dazu, dass sich Teile Europas langsamer erwärmen. Die Modelle deuten darauf hin, dass die Wetterverhältnisse in Grönland und rund um den Atlantik beeinträchtigt werden, mit geringeren Niederschlägen in den mittleren Breiten, veränderten Starkniederschlägen in den Tropen und in Europa und stärkeren Stürmen in der nordatlantischen Zugbahn. Die Verlangsamung dieser Strömung in Verbindung mit der Erdrotation bedeutet, dass der Meeresspiegel entlang Nordamerikas ansteigt, da der Beitrag der AMOC zum Golfstrom abnimmt.

Quelle: B. Fox-Kemper et. al.: Ocean, Cryosphere and Sea Level Change. In Climate Change 2021: The Physical Science Basis. Contribution of Working Group I to the Sixth Assessment Report of the Intergovernmental Panel on Climate Change, S. 1320

M6 Quellentext zum Einfluss des Klimawandels auf das Golfstromsystem

1.10 ENSO: Zirkulationssystem mit Fernwirkungen

Schon im 19. Jahrhundert bemerkten peruanische Fischer in bestimmten Jahren vor ihrer Küste eine Erwärmung des Meereswassers im Winter, die mit einem Rückgang ihrer Fischerträge einherging. Sie nannten das Phänomen „el niño" – „das Christkind". Erst in den 1950er-Jahren erkannten Forscher, dass die großräumige Störung der Meeresströmungen im tropischen Pazifik mit einer gleichzeitigen Störung des Luftströmungssystems über dem Pazifik verbunden ist. In diesem komplexen Zirkulationssystem (ENSO – El Niño Southern Oscillation) sind Atmosphäre und Meeresströmungen gekoppelt. In unregelmäßigen Abständen und in unterschiedlicher Intensität kehrt sich das System vom Normalzustand in den El Niño-Zustand um. Dies ist nicht nur in Südamerika sowie Australien und Südostasien mit extremen Wetterereignissen verbunden, sondern führt auf der ganzen Welt zu Fernwirkungen wie Dürreperioden, Starkregen, extreme Hitze oder Kälte und erhöhte Wirbelsturmaktivitäten.

1. Ordnen Sie die beiden Bilder M3 und M6 in den Kontext von ENSO ein (M1, M2, M4, M5, Atlas).
2. Erläutern Sie die Veränderungen der Zirkulationssysteme beim Übergang zur El Niño-Phase (M1, M2, Atlas).
3. Erklären Sie die in M8 dargestellten Oberflächentemperaturen im Pazifik (M1, M2, Atlas).
4. Analysieren den El Niño-Index (M7).
5. Begründen Sie, inwieweit weltweite Wetterphänomene von 2023/2024 als El Niño-Ereignisse anzusehen sind (M4, M5).
6. Es ist nicht sicher, ob der Klimawandel das El Niño-Phänomen verstärkt. Allerdings ist eindeutig, dass El Niño-Ereignisse klimawandelbedingte Extremwetterlagen weiter verstärken können. Beurteilen Sie diese Aussage (M9, M4, M7).

In Abständen von 3 bis 8 Jahren tritt eine auffällige Störung des Ozeans und der Atmosphäre auf, die im östlichen Pazifik beginnt und deren Auswirkungen auf der gesamten Erde zu spüren sind. [...] Normalerweise fließt der kalte Humboldt- oder Peru-Strom vor der südamerikanischen Küste Richtung Norden und wird auf Höhe des Äquators als südlicher Äquatorialstrom in Richtung Westen abgelenkt. Der Humboldt-Strom wird von aufwärts strömendem kaltem Tiefenwasser gespeist, das Nährstoffe mit sich führt, die als Futter für marine Lebewesen dienen. Mit dem Einsetzen von El Niño wird dieser Auftrieb gestoppt und das kühle durch warmes, nährstoffarmes Wasser aus dem Westen ersetzt, wodurch das reichlich vorhandene marine Leben verloren geht.

In einem El Niño-Jahr findet eine tiefgreifende Änderung des barometrischen Drucks über dem gesamten äquatorialen Bereich bis nach Südostasien statt. Normalerweise herrschen über Nordaustralien, dem Indonesischen Archipel und Neuguinea niedrige Luftdruckverhältnisse, und die wärmsten und größten Mengen an Meerwasser befinden sich dort. Im Dezember, der Phase des Sonnenhöchststandes auf der Südhalbkugel, tritt reichlich Niederschlag auf. Während eines El Niño-Ereignisses wird das System des niedrigen Drucks durch ein schwaches Hochdrucksystem ersetzt, woraus Trockenheit und Dürre resultieren. Bei normalen Verhältnissen wehen starke Passatwinde nach Westen und schieben warmes Meerwasser Richtung Westpazifik vor sich her, wo es sich in der Nähe des äquatorialen Tiefs aufstaut. Die westwärts gerichtete Bewegung bedingt normalerweise den Auftrieb vor der süd-amerikanischen Küste, bei dem das Tiefenwasser aufsteigt, um das

Oberflächenwasser zu ersetzen, welches nach Westen weggeführt wurde. Bei einem El Niño-Ereignis setzen diese Passatwinde* aufgrund der Luftdruckänderung aus. Ein schwacher Westwind setzt manchmal ein, was die normale Windrichtung um 180° dreht. Ohne den Druck der Passatwinde strömt das warme Oberflächenwasser ostwärts, woraufhin die Oberflächentemperaturen und der Meeresspiegel vor den tropischen Küsten Nord- und Südamerikas steigen. Diese bedeutende Veränderung der Meeroberflächentemperatur bei einem El Niño-Ereignis kann weltweit zu Veränderungen des normalen Wetters führen. [...] Ein etwas selteneres Phänomen, welches ebenso in der Lage ist, das globale Wettergeschehen zu ändern, ist La Niña („das Mädchen"), bei dem mehr oder weniger gegensätzliche Verhältnisse herrschen als bei El Niño.

Während eines La Niña-Ereignisses sinken die Oberflächentemperaturen des Meeres im zentralen und westlichen Pazifik auf ein Minimum. Dies geschieht, weil das südpazifische Subtropen-Hoch während des Sonnenhöchststandes besonders stark ausgeprägt ist, woraus besonders starke Südost-Passatwinde resultieren. Dieser starke Wind schiebt eine größere Menge an Oberflächenwasser als üblich westwärts, was den Auftrieb von Tiefenwasser vor den Westküsten verstärkt. [...] [Wissenschaftler verfügen] heute über gute Computermodelle, die auf Basis der Oberflächentemperatur des Meeres, der Lufttemperatur und des Luftdrucks El Niño-Ereignisse relativ präzise einige Monate vor ihrem Auftreten vorhersagen können.
Quelle: Alan H. Strahler, Arthur N. Strahler: Physische Geographie. Stuttgart: Ulmer 2009, S.194-195

M1   Quellentext zum El Niño-Phänomen

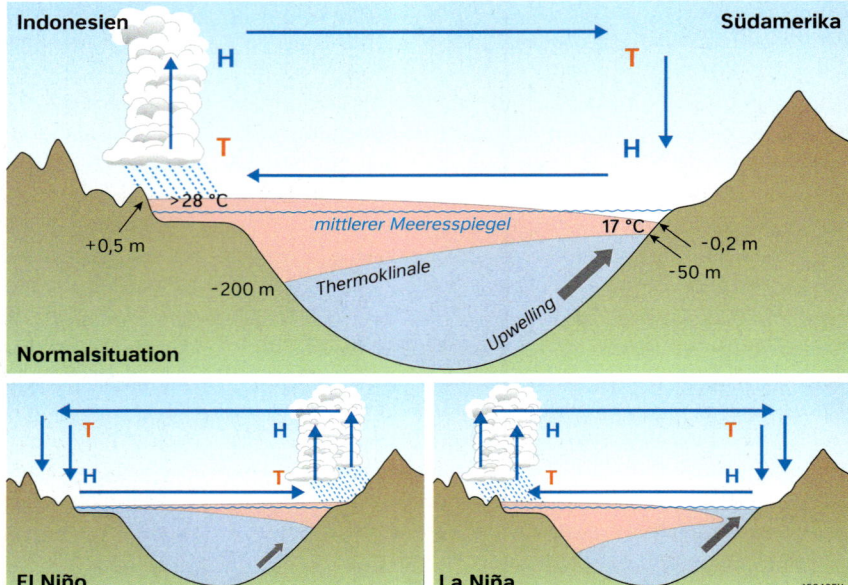

M2   Normal-, El Niño- und La Niña-Zustand im Pazifik

M 3 Überschwemmungen in Asuncion (Paraguay) im Dezember 2015

M 6 Buschbrände in Westaustralien im November 2015

Auswirkungen von El Niño auf den Niederschlag

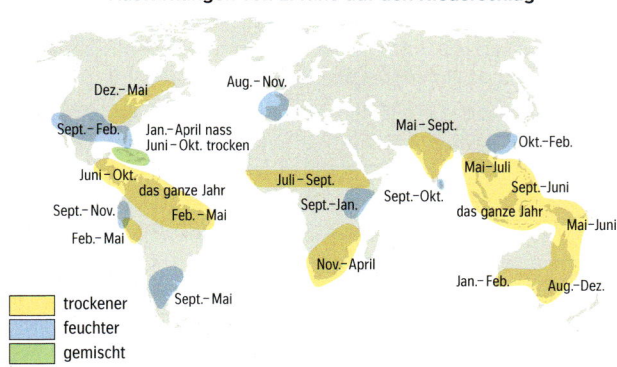

Dez.–Mai
Aug.–Nov.
Sept.–Feb.
Jan.–April nass
Juni–Okt. trocken
Mai–Sept.
Okt.–Feb.
Juni–Okt.
das ganze Jahr
Juli–Sept.
Mai–Juli
Sept.–Juni
Sept.–Nov.
Feb.–Mai
Sept.–Jan.
Sept.–Okt.
das ganze Jahr
Mai–Juni
Feb.–Mai
Nov.–April
Jan.–Feb.
Aug.–Dez.
Sept.–Mai

- [gelb] trockener
- [blau] feuchter
- [grün] gemischt

Auswirkungen von El Niño auf die Temperaturen

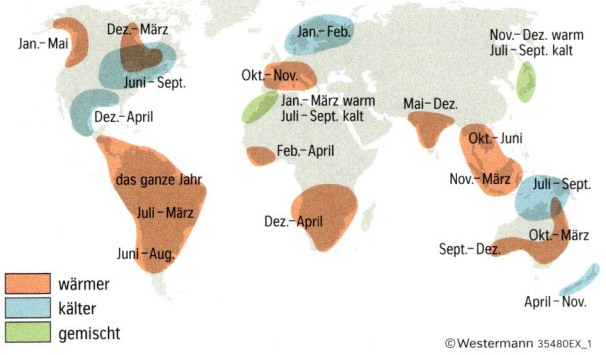

Jan.–Mai
Dez.–März
Jan.–Feb.
Nov.–Dez. warm
Juli–Sept. kalt
Juni–Sept.
Okt.–Nov.
Jan.–März warm
Juli–Sept. kalt
Mai–Dez.
Dez.–April
Feb.–April
Okt.–Juni
das ganze Jahr
Nov.–März
Juli–Sept.
Juli–März
Dez.–April
Juni–Aug.
Okt.–März
Sept.–Dez.
April–Nov.

- [orange] wärmer
- [blau] kälter
- [grün] gemischt

©Westermann 35480EX_1

M 4 Klimatische Auswirkungen von El Niño

ozeanischer El Niño-Index

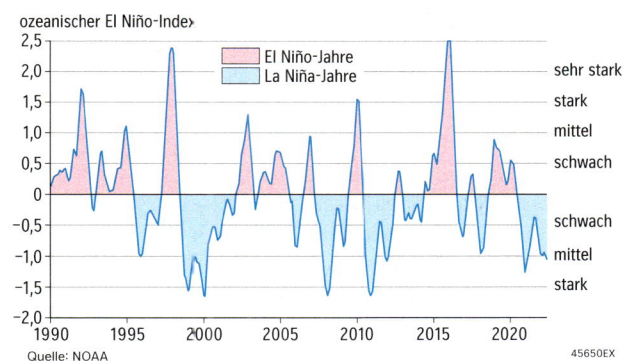

El Niño-Jahre
La Niña-Jahre

sehr stark
stark
mittel
schwach
schwach
mittel
stark

Quelle: NOAA   45650EX

M 7 Ozeanischer El Niño-Index (1990 – 2022)

El-Niño-Bedingungen   **La-Niña-Bedingungen**

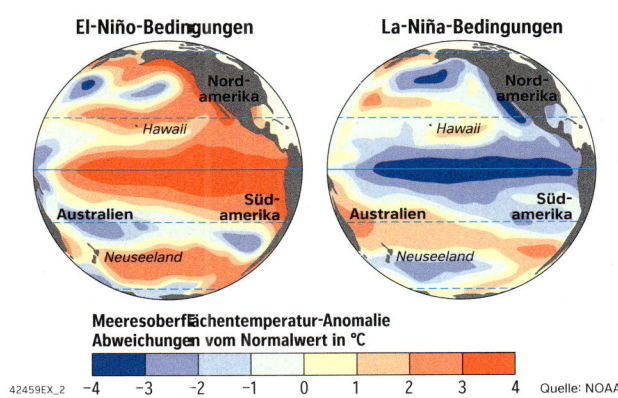

Nordamerika · Hawaii · Australien · Südamerika · Neuseeland

Meeresoberflächentemperatur-Anomalie
Abweichungen vom Normalwert in °C

42459EX_2   −4   −3   −2   −1   0   1   2   3   4   Quelle: NOAA

M 8 Oberflächentemperaturen im Pazifik

Buschfeuer, Waldbrände

- Nord- und Ostaustralien, Neuseeland,
- südliches Afrika
- nordöstliches Südamerika

Dürre, rückäufige Ernteerträge

- Nord- und Ostaustralien, Neuseeland, insulares Südostasien
- südliches Afrika
- nordöstliches Südamerika
- Südasien

schwere Regenfälle, Überschwemmungen, Hangrutschungen

- Ecuador, Südkolumbien, Nordperu, Argentinien
- Nordwest-USA
- Horn von Afrika
- Südostchina

tropische Wirbelstürme

- östlicher Nordpazifik
- Nordatlantik

M 5 Globale Folgen von El Niño

„El Niño und La Niña können durch ihre globalen Auswirkungen Effekte des Klimawandels abschwächen, aber natürlich auch verstärken. Dabei spielt auch der Effekt des Klimawandels auf die ENSO-Region eine Rolle, was zu einer Verstärkung von ENSO-Ereignissen (La Niña und El Niño) führen kann, die dann wiederum Effekte des Klimawandels weltweit verstärken können. Diese Wechselwirkung wird dann gefährlich, wenn sich die Effekte des Klimawandels und von ENSO gegenseitig verstärken."
Daniela Domeisen, Schweizer Klimawissenschaftlerin

„Ein Trend in Häufigkeit und Stärke von [La Niña- und El Niño-Ereignissen] ist seit 1950 nicht zu beobachten. Es gab mehrjährige Perioden, in denen El Niño- beziehungsweise La Niña-Ereignisse überwogen. So überwogen von 1982 bis 1997 El-Niño-Ereignisse, in den 1960er- und 1970er-Jahren dagegen La-Niña-Ereignisse. Es gibt einige Theorien für diese sogenannten dekadischen Schwankungen, eine allgemein akzeptierte ist nicht darunter."
Andreas Fink, deutscher Meteorologe

M 9 Zitate zu ENSO und Klimawandel

1.11 Hurrikans: immer öfter, immer stärker?

Während des Höhepunkts der Hurrikan-Saison über dem nordhemisphärischen Atlantik zwischen August und Oktober verfolgen die Bewohner in der Karibik und den südöstlichen Bundesstaaten der USA die Zugbahnen der tropischen Stürme über dem warmen Wasser des Atlantik mit großer Sorge. Wirbelstürme, die sich über dem Nordatlantik ausgebildet haben, wandern mit der Höhenströmung (Passat) nach Westen und verursachen – je nach Kategorie und den getroffenen Vorsichtsmaßnahmen – unter Umständen immense Schäden. Dafür verantwortlich sind nicht nur die Windstärke, sondern auch Starkregen und die vom Sturm aufgepeitschten und mit großer Stärke gegen das Land gedrückten schweren Hochwasser.

1. Beschreiben Sie die Folgen des Hurrikans Ian (M1 – M4).
2. Erklären Sie die Entstehung eines Hurrikans sowie die räumliche Verbreitung und das zeitliche Auftreten tropischer Wirbelstürme (M5, M9).
3. Begründen Sie das unterschiedliche Schadensausmaß der vier ausgewählten Hurrikans (M1, M2).
4. Analysieren Sie Trends im Auftreten und der Stärke von Hurrikans seit den 1950er-Jahren (M7, M9, M10, M11, M12).
5. Erörtern Sie durch den Klimawandel zukünftig zu erwartende Schäden durch Hurrikans (M4, M6, M8).

Name	Datum	Kategorie[1]	Tote[2]	Schaden
Galveston	Aug. 1900	4	8000	30 Mio. US-$
Katrina	Sep. 2005	4	1207	75 Mrd. US-$
Maria	Sep. 2017	4	2975	90 Mrd. US-$
Ian	Sep. 2022	5	161	112 Mrd. US-$

[1] beim Auftreffen auf Land [2] z. Vgl. Sturmflut Hamburg 1962: 31 Tote

M2   Hurrikans mit katastrophalen Auswirkungen in den USA (Auswahl)

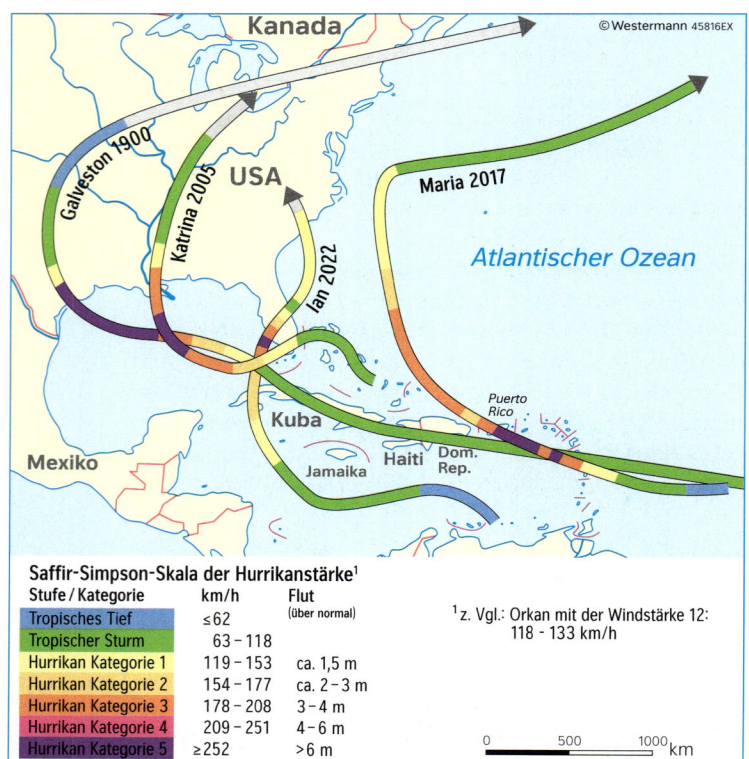

Saffir-Simpson-Skala der Hurrikanstärke[1]

Stufe / Kategorie	km/h	Flut (über normal)
Tropisches Tief	≤62	
Tropischer Sturm	63 – 118	
Hurrikan Kategorie 1	119 – 153	ca. 1,5 m
Hurrikan Kategorie 2	154 – 177	ca. 2 – 3 m
Hurrikan Kategorie 3	178 – 208	3 – 4 m
Hurrikan Kategorie 4	209 – 251	4 – 6 m
Hurrikan Kategorie 5	≥252	>6 m

[1] z. Vgl.: Orkan mit der Windstärke 12: 118 - 133 km/h

M1   Zugbahnen und Kategoriestärken ausgewählter Hurrikans

M3   Schäden durch Hurrikan Ian in Fort Myers (Florida)

„Hurrikan Ian: US-Behörden rufen 2,5 Millionen Menschen zur Evakuierung auf – Kuba ohne Strom"
„Hurrikan trifft mit 260 km/h auf Florida und zieht ein Spur der Verwüstung, meterhohe Überschwemmungen, mindestens 50 Tote, 10000 noch vermisst, 1,2 Millionen Haushalte ohne Strom allein in Florida"
„Mindestens 80 Menschen sind in Florida durch Hurrikan Ian gestorben – die meisten im Bezirk Lee County. Das Verhalten der Behörden wirft Fragen auf. Haben sie es versäumt, die Bewohner in dem besonders von dem Sturm betroffenen Bezirk Lee County zu warnen und zu evakuieren?"
„Ian, ein Sturm zu stark für die Versicherungsbranche. Experten meinen: Versicherer werden Konkurs anmelden, Hausbesitzer werden in Zahlungsverzug geraten und Versicherungsschutz wird in Regionen wie Florida schwieriger zu bekommen sein."

M4   Zeitungsmeldungen zum Hurrikan Ian (2022)

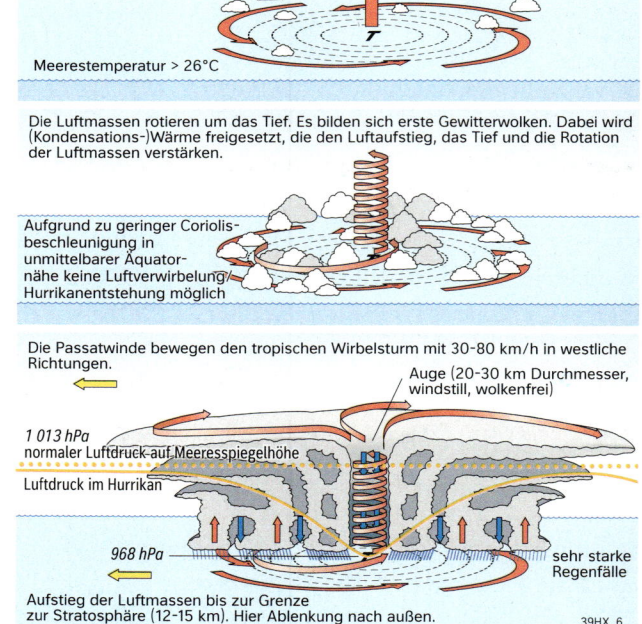

M5   Entstehung eines Hurrikans

Trifft ein Hurrikan auf Land, verliert er aufgrund der Bodenreibung an Windstärke und dreht meist in nordwestliche Richtungen ab. Er kann dabei in den Bereich des Höhenwest-Windbands gelangen und als starker Sturm wiederum den Atlantik, nun Richtung Mitteleuropa, überqueren.

Aufgrund der Entstehung tropischer Wirbelstürme über warmen tropischen Meeren sollte man annehmen können, dass deren Zahl durch die globale Erwärmung angestiegen ist. Tatsächlich werden auch die Weltmeere immer wärmer (S. 20: M3). Im Jahr 2022 war die Oberflächentemperatur der Ozeane um 0,69 °C höher als die über das 20. Jahrhundert gemittelte Durchschnittstemperatur. In den tropischen Weltmeeren werden sogar regelrechte Hitzewellen mit Wassertemperaturen von über 30 °C registriert. Dennoch konnte nicht nur kein eindeutiger Trend zunehmender Wirbelstürme im 20. Jahrhundert festgestellt werden, es ist sogar davon auszugehen, dass im Vergleich zur vorindustriellen Zeit die Zahl tropischer Wirbelstürme rückläufig ist (global: -13 %, Nordatlantik: -28 %, Australien: - 11 %, Südpazifik: - 16 %). Forscher sehen hier einen Zusammenhang zur geringeren Intensität allgemeiner tropischer Zirkulationsmechanismen. Auffällig und entgegen dem weltweiten abnehmenden Trend lässt sich für die nordatlantischen und karibischen Gebiete in den letzten zwei, drei Jahrzehnten allerdings ein Trend zur einer steigenden Zahl von Hurrikans feststellen.

M 6 Hurrikans und Klimawandel

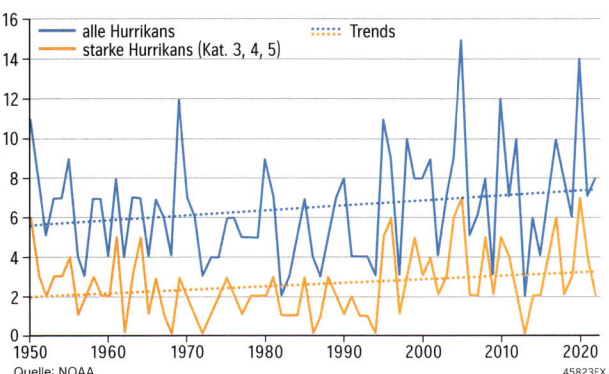

Quelle: NOAA   45823EX

M 7 Zahl der Hurrikans im Nordatlantik(1951 – 2022)

- Aufgrund des Meeresspiegelanstiegs Anstieg der Sturmhochwasser voraussichtlich um etwa 0,4 bis 0,8 Meter
- Folge: deutlich mehr Küstenzerstörung und sehr hohe wirtschaftliche Schäden
- Anstieg der Hurrikans begleitenden Starkniederschläge um 15 %
- Zunahme der Zahl der atlantischen Hurrikans in den Kategorien 4 und 5
- gegebenenfalls rückläufige Entwicklung der Anzahl der tropischen Stürme und Hurrikans im Atlantik

M 8 Folgen eines klimawandelbedingten Temperaturanstiegs von 2° C bis 2100

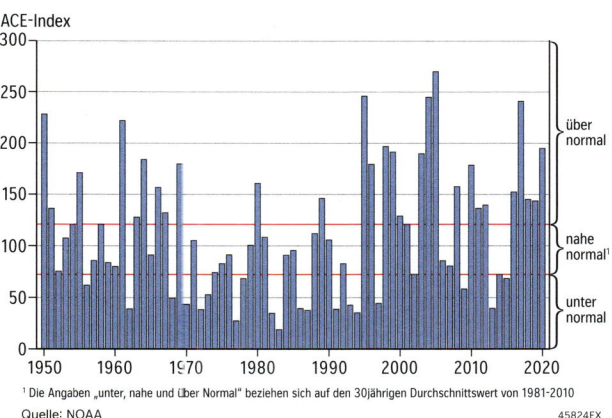

[1] Die Angaben „unter, nahe und über Normal" beziehen sich auf den 30jährigen Durchschnittswert von 1981-2010
Quelle: NOAA   45824EX

M 10 Über eine Saison akkumulierter ACE-Index (1950 – 2022)

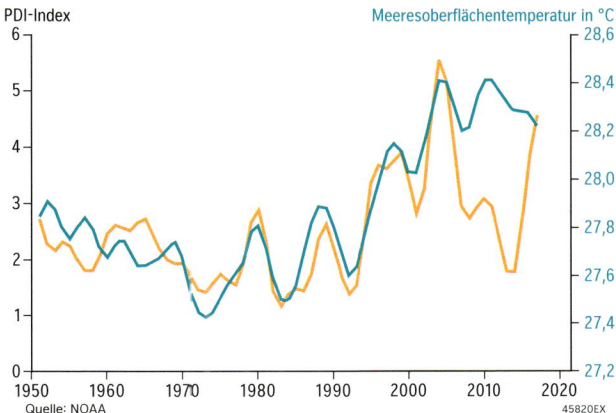

Quelle: NOAA   45820EX

M 11 PDI-Werte der Hurrikan-Saisons im Vergleich zur Meeresoberflächentemperatur des tropischen Nordatlantiks

Neben der Kategorie-Zuweisung entsprechend der Saffir-Simpson-Skala (M1) kann man umfassendere Einschätzungen zur Sturmaktivität von Hurrikans über den Acumulated Cyclone Energy-Index (ACE, M10) oder den Power Dissipation Index (ADI, M11) vornehmen:
Der ACE-Index berücksichtigt neben der Windstärke auch die Sturmdauer. Damit kann über eine gesamte Hurrikan-Saison hinweg die Aktivität von Hurrikans quantifiziert werden, und ein Vergleich verschiedener Jahre wird möglich.
In den PDI fließt die Windgeschwindigkeit als Schätzung der Energieabgabe besonders stark ein, um das zerstörerische Potenzial von Wirbelstürmen bewerten zu können.

M 12 Indices zur Bestimmung der Hurrikanstärke

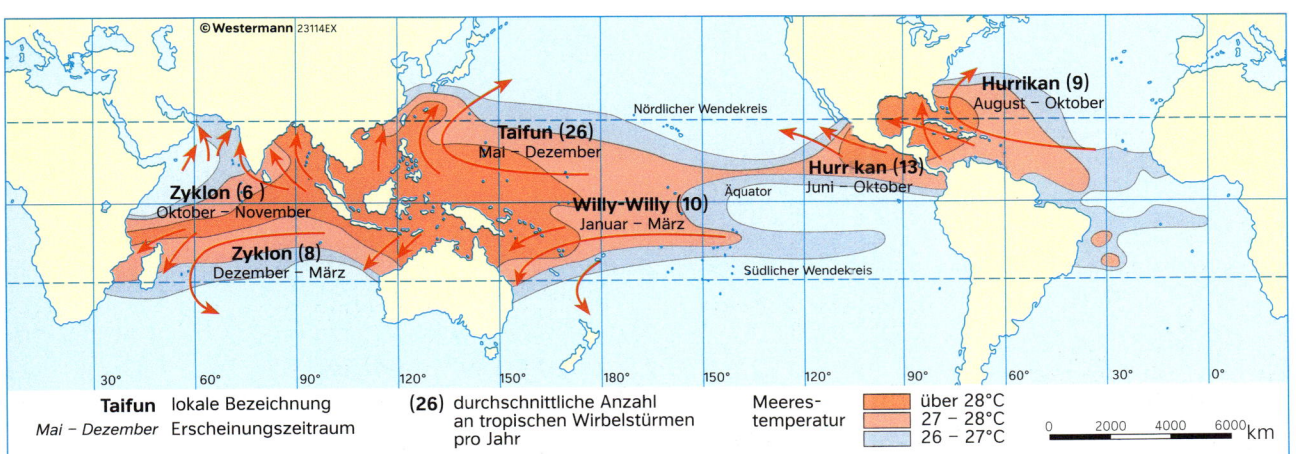

M 9 Verbreitung und Auftreten tropischer Wirbelstürme

1.12 Seafloor-Spreading: die Entstehung der Meere

Die Erforschung des Seafloor-Spreading (Ozeanbodenspreizung) war die Grundlage für die umfassende Theorie der Plattentektonik* mit dem Auseinanderbrechen und dem Zusammenstoßen sowie Untertauchen von Lithosphärenplatten* und den dadurch entstehenden Tiefseegräben und Faltengebirgen. Die Bewegung von Kontinenten und Ozeanen wird sich auch in Zukunft fortsetzen. Es wird erwartet, dass in ein paar Millionen Jahren in Ostafrika ein neuer Ozean entsteht. Der Ostafrikanische Graben gehört zu einem riesigen Grabensystem*, das sich vom Oslofjord über den Rhein- und Rhônegraben, das Tote und Rote Meer bis nach Mosambik in Südostafrika erstreckt.

1. Stellen Sie das Konzept des Seafloor-Spreading dar (M1).
2. Charakterisieren Sie die ozeanische Kruste im Atlantik (M2, M3).
3. Erläutern Sie anhand des Wilson-Zyklus die voraussichtliche Weiterentwicklung des Roten Meeres sowie des Atlantischen und Pazifischen Ozeans (M5, M6).
4. Erklären Sie die Entstehung des Ostafrikanischen Grabens (M7, M8).
5. Erörtern Sie die Entwicklung des Ostafrikanischen Riftsystems zu einem Ozean (M7 – M9).

Die Entstehung der Erde, ihrer Kontinente und Ozeane blieb lange Zeit ein Rätsel. [...] Es gab mehrere unterschiedliche Theorien zur Dynamik und zum Bau der Erde, die allesamt jedoch infrage gestellt oder verworfen wurden. Erst die Erforschung des schwer zugänglichen Meeresbodens nach dem Zweiten Weltkrieg lieferte entscheidende Hinweise zur Mobilität der Erdkruste. Als mithilfe der Sonartechnik, die vor allem in U-Booten eingesetzt wurde, der Ozeanboden vermessen werden konnte, stellte man fest, dass mitten durch den Atlantischen Ozean ein langes untermeerisches, hoch aufragendes Gebirge verläuft: der Mittelatlantische Rücken. Island zum Beispiel ist eine der Spitzen dieses submarinen Gebirges, die aus dem Ozean herausragen.

Bei der Erforschung der Weltmeere wurden weitere mittelozeanische Rücken entdeckt (Länge insgesamt rund 65 000 km). Sie alle weisen wie der Mittelatlantische Rücken ein magnetisches Streifenmuster auf, das spiegelbildlich angeordnet ist. Die deutliche Altersgliederung der Ozeanböden bildete zu Beginn der 1960er-Jahre die Grundlage für das Konzept des Seafloor-Spreading, der Spreizung des Ozeanbodens. Dort, wo aus dem mehrere zehn Kilometer breiten Rift im Bereich der Scheitelzone eines Rückens Magma austritt und zu Lava erstarrt, bildet sich ständig junge ozeanische Kruste, die älteres Material zur Seite verdrängt. Ähnliches geschieht dort, wo die Erde entlang tektonisch aktiver Zonen gedehnt wird, auseinanderreißt und absinkt wie in der Afar-Senke oder im Oberrheinischen Tiefland.
Quelle: Peter Gaffga: Geofaktoren. Diercke Geographie. 2023, S. 18

M1 Quellentext zum Konzept des Seafloor-Spreading

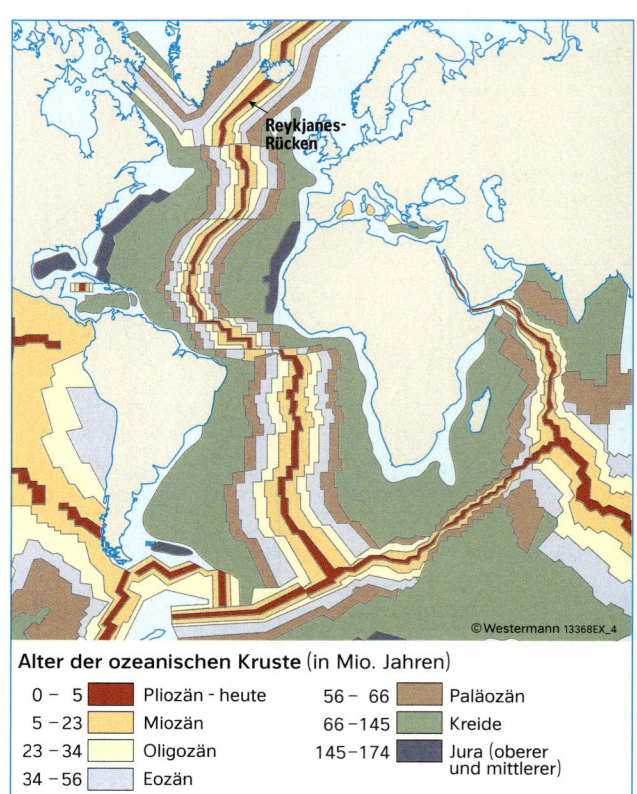

© Westermann 13368EX_4

Alter der ozeanischen Kruste (in Mio. Jahren)

0 – 5	Pliozän - heute	56 – 66	Paläozän
5 – 23	Miozän	66 – 145	Kreide
23 – 34	Oligozän	145 – 174	Jura (oberer und mittlerer)
34 – 56	Eozän		

M3 Alter der ozeanischen Krusten

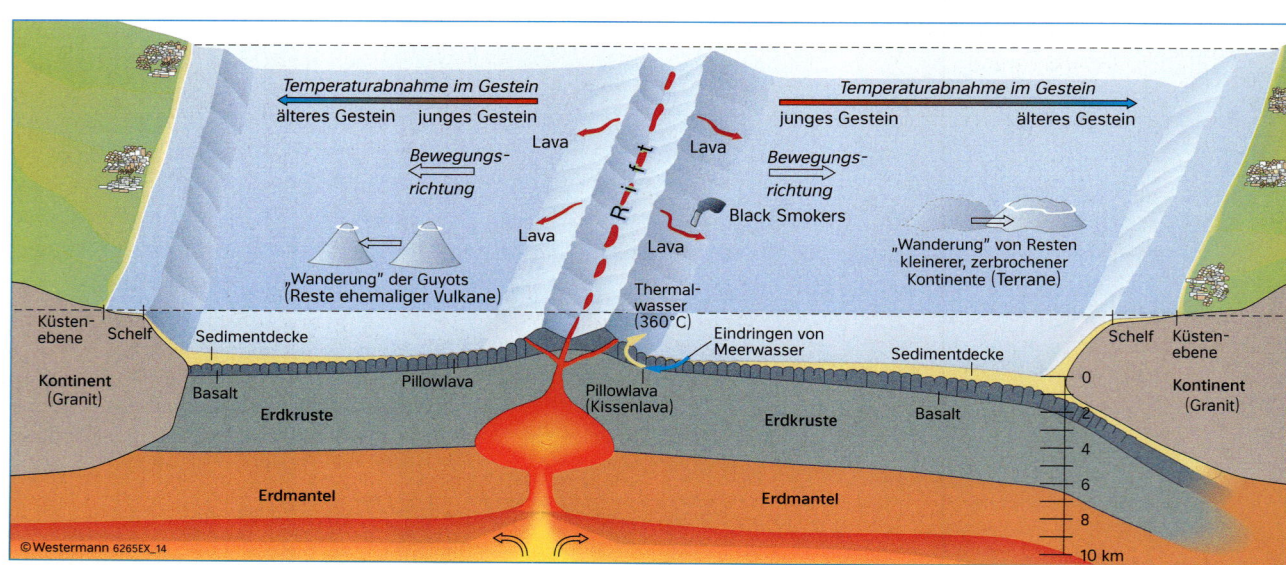

© Westermann 6265EX_14

M2 Schematische Darstellung des Ozeanbodens

 100900-254-03
schule.diercke.de
 100900-256-03
schule.diercke.de

M4 Erdspalt oberhalb des afrikanischen Grabenbruchs in Kenia

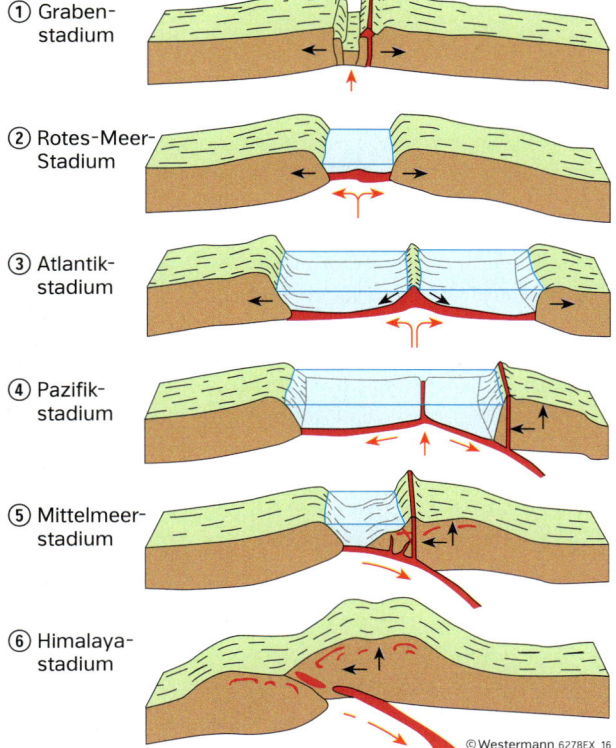

① Graben-
stadium

② Rotes-Meer-
Stadium

③ Atlantik-
stadium

④ Pazifik-
stadium

⑤ Mittelmeer-
stadium

⑥ Himalaya-
stadium

© Westermann 6278EX_16

M5 Entstehen und Verschwinden der Meere (Wilson-Zyklus)

Der afrikanische Kontinent teilt sich entlang des divergierenden Ostafrikanischen Grabensystems, welches sich vom Afar-Dreieck im Norden Äthiopiens bis nach Madagaskar erstreckt, langsam in mehrere große und kleine tektonische Blöcke. Das Auseinanderbrechen Afrikas ist eine anhaltende Fortsetzung der tektonischen Teilung des Superkontinentes Pangäa vor etwa 200 Millionen Jahren. [...]

„Die Rate des derzeitigen Auseinanderbrechens liegt bei Millimetern pro Jahr, so dass es noch Millionen von Jahren dauern wird, bis sich neue Ozeane entlang des Grabensystems* bilden werden", erklärte [die amerikanische Geophysikerin] Sarah Stamps [...]. „Die Ausdehnungsrate der divergierenden Platten und das daraus resultierende Absinken des Grabenbodens ist im nördlichen Grabenbereich am schnellsten, also wird das Wasser des Indischen Ozeans am Golf von Aden dort zuerst in das Grabensystem eindringen."

„Die meisten früheren Studien legten nahe, dass die Ausdehnung des Grabens in engen Zonen um Mikroplatten erfolgt, die sich unabhängig von den umgebenden größeren tektonischen Platten bewegen", so Stamps. Der jüngste GPS-Datensatz von präzisen Oberflächenbewegungen in Ostafrika, Madagaskar und auf mehreren Inseln im Indischen Ozean verdeutlicht nun, dass der Ausdehnungsprozess komplexer und großflächiger ist, als bisher angenommen. [...]

So konnten die Forscher feststellen, dass der Verlauf des Ostafrikanischen Grabensystems deutlich länger ist als bislang angenommen und sich von Ostafrika durch Madagaskar bis weit in den Indischen Ozean erstreckt. Folglich wird auch Madagaskar langfristig auseinanderbrechen, wobei das südliche Madagaskar mit der Lwandle-Mikroplatte – einem kleinen tektonischen Block – ostwärts divergiert, während das zentrale Madagaskar sich westwärts mit der somalischen Platte bewegt. Das Team verwendete neue Oberflächenbewegungsdaten in Kombination mit bereits vorhandenen Geodaten, um verschiedene Bewegungsmöglichkeiten von tektonischen Blöcken in der Region mit Computermodellen zu testen. [...]

„Die genaue Definition der Plattengrenzen und die Beurteilung, ob die Kontinente entlang enger Verformungszonen oder durch weite Zonen diffuser Verformung divergieren, ist entscheidend, um die Natur der Grabenbildung besser zu verstehen", so Stamps. „In dieser Arbeit haben wir mithilfe einer neuen GPS-Geschwindigkeitslösung neu definiert, wie sich der größte Kontinentalriss der Erde konkret ausdehnt".

Quelle: Pia Gaupels: Neue Deformationszone im Ostafrikanischen Grabensystem entdeckt. Geohorizon 25.11.2020

M8 Quellentext zum Ostafrikanischen Graben

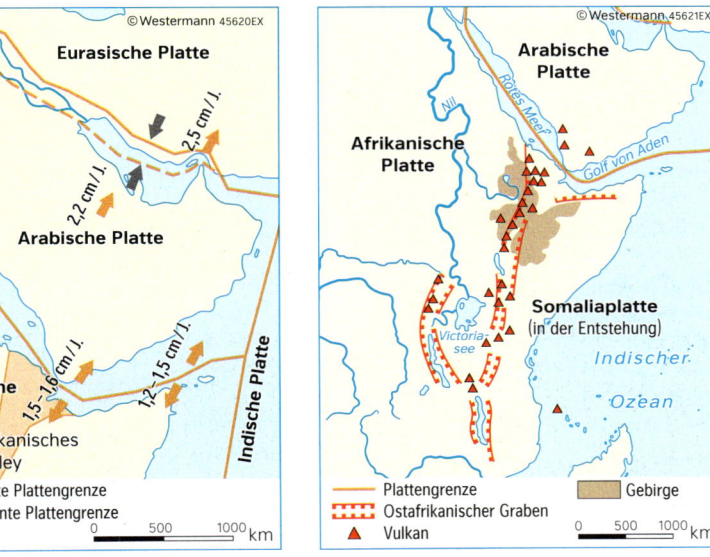

© Westermann 45620EX

Eurasische Platte

2,5 cm / J.

2,2 cm / J.

0,7 – 1,0 cm / J.

Arabische Platte

1,5 – 1,6 cm / J.

1,2 – 1,5 cm / J.

Indische Platte

Afrikanische Platte

Ostafrikanisches Rift Valley

→ divergente Plattengrenze
→ konvergente Plattengrenze

0   500   1000 km

M6 Rotes Meer

© Westermann 45621EX

Arabische Platte

Nil

Rotes Meer

Golf von Aden

Afrikanische Platte

Somaliaplatte (in der Entstehung)

Victoria-see

Indischer Ozean

—— Plattengrenze
▪▪▪ Ostafrikanischer Graben
▲ Vulkan

Gebirge

0   500   1000 km

M7 Ostafrikanischer Grabenbruch

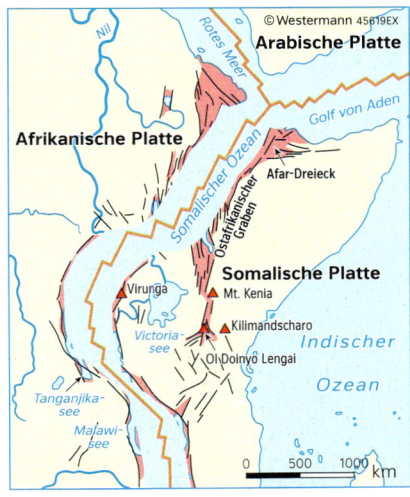

© Westermann 45619EX

Nil

Rotes Meer

Arabische Platte

Golf von Aden

Afrikanische Platte

Somalischer Ozean

Afar-Dreieck

Ostafrikanischer Graben

Virunga

Somalische Platte

Mt. Kenia

Victoria-see

Kilimandscharo

Ol Doinyo Lengai

Tanganjika-see

Indischer Ozean

Malawi-see

0   500   1000 km

M9 Mögliche Entwicklung eines Ozeans aus dem Ostafrikanischen Riftsystem (in ca. 2 – 5 Mio. Jahren)

Zusammenfassung

Die Meere als Natur- und Lebensraum

Die Meere nehmen in etwa 70 Prozent der Erdoberfläche ein, und in den Meeren sind mehr als 1300 km³ Wasser gebunden. Die Länge aller Küsten liegt bei 500 000 km. Zwei Drittel der Menschen weltweit leben in den Küstenräumen.

Horizontal werden die Meere in die fünf Ozeane unterteilt: Atlantischer, Pazifischer, Indischer, Arktischer und Antarktischer Ozean. Vertikal lassen sich die Ozeane in Kontinentalrand, Kontinentalschelf, Kontinentalabhang sowie mittelozeanische Rücken und Tiefseebecken gliedern. Die Erforschung des Meeresbodens erhellte die Entstehung der Meere und Kontinente (Plattentektonik). Grabenbrüche wie das Ostafrikanische Grabensystem öffnen sich zu einem Meer. In den Mittelozeanischen Rücken bildet sich neue Erdoberfläche (Sea-Floor-Spreading).

Die Vielfalt der Meeresbewohner reicht von mikroskopisch kleinen Algen und Einzellern bis zum Blauwal. Das Phyto- und Zooplankton bilden die Grundlage der Nahrungspyramide. Das pflanzliche Plankton baut durch Fotosynthese organisches Material auf, wobei die marine Primärproduktion von der Tiefe und dem Lichtangebot abhängt. Fast 250000 Arten von Meereslebewesen im offenen Meer und auf dem Meeresboden sind bekannt, besonders in der Tiefsee werden beständig weitere Arten aufgefunden. An den Küsten haben sich spezielle Lebensräume mit einer einzigartigen Tier- und Pflanzenwelt entwickelt (z. B. Wattenmeer, Korallenriff, Kerbwald und Mangrovenwald). Wellen und Gezeiten, aber auch die Gletscher der Eiszeiten haben Steil- und Flachküsten, zurückweichende und vorrückende Küsten geformt. So sind eine Vielzahl von Küstenformen entstanden, die durch Eingriffe des Menschen ständig verändert werden (z. B. Küstenschutz, Landgewinnung).

Wellen, Gezeiten und Meeresströmungen

Das Meereswasser ist ständig in Bewegung, auf unterschiedliche Art und Weise. Je stärker der Wind weht, desto höher sind die Meereswellen (Oszillationswellen). Am Strand werden aus ihnen brechende Brandungswellen. Wenn Wellen sich überlagern, können sie sich zu gefährlichen Monsterwellen aufschaukeln. Durch Seebeben hebt und senkt sich der Meeresboden, und auf die Küsten kann eine riesige zerstörerische Tsunamiwelle zurollen.

Die Gezeiten sind regelmäßig wiederkehrende Bewegungen des Meerwassers. Ebbe und Flut werden durch die Anziehungskräfte des Mondes und der Sonne (Spring- und Nipptide) verursacht. Inmitten der Ozeane liegt der Tidenhub bei einem halben Meter, an der Nordseeküste bei einem bis vier Metern und in Ostkanada bei vierzehn Metern.

Die Oberflächenströmungen bis zu einer Tiefe von 200 Metern werden durch lang anhaltende Winde aus gleicher Windrichtung angetrieben (Passat- und Monsunwinde, Westwindströmungen). Warme Wassermassen werden dabei von den niederen in hohe Breiten mit Auswirkungen auf das dortige Klima geführt. So ist der Golfstrom für das milde Klima in Nordwesteuropa verantwortlich. Neben dem Wind treibt die unterschiedliche Dichte von warmem und salzreichem und kaltem und salzarmem Wasser die globale thermohaline Zirkulation an, in deren Folge es zu Absinkprozessen und südwärts gerichteten Tiefenströmungen kommt. Aufgrund der globalen Erwärmung wird mit einer Verlangsamung der Meeresströmungen gerechnet.

Wechselwirkungen zwischen Meer und Klima

Die Ozeane beeinflussen das Klima auf der Erde. Es werden nicht nur große Mengen von Energie über die Meeresströmungen transportiert, sondern das Meer befindet sich über die Verdunstung von Meerwasser auch in einem beständigen Wasseraustausch mit der Atmosphäre und ist so in den globalen Wasserkreislauf eingebunden. Durch die langsame Erwärmung und Abkühlung von Wasser (hohe spezifische Wärmekapazität) dämpfen die Ozeane die Erwärmung der Atmosphäre, verlangsamen Klimaschwankungen und stabilisieren so das Klimasystem. Eine wichtige Rolle spielen die Weltmeere auch als Kohlenstoffsenke, indem sie große Mengen des Treibhausgases CO_2 aufnehmen.

Durch Aufnahme von Energie und CO_2 haben die Ozeane bisher zu einer Abschwächung der globalen Erwärmung beigetragen. Die Folgen des Klimawandels sind aber auch in den Weltmeeren zu beobachten. Die Meereswassererwärmung führt zu einem größeren Wasservolumen und zum Abschmelzen der Gletscher und somit zum Meeresspiegelanstieg. Erhöhte CO_2-Aufnahme und Erwärmung bewirken zudem eine Versauerung und Abnahme der Sauerstoffkonzentration in den Meeren, was beides erhebliche Auswirkungen auf die Tier- und Pflanzenwelt hat.

Da hohe Meerestemperaturen eine Voraussetzung für tropische Wirbelstürme sind, ist mit einer Zunahme der Stärke, eventuell auch der Häufigkeit von Hurrikans (Atlantik und Nordostpazifik), Taifunen (Nordwestpazifik) und Zyklonen (Indik und Südwestpazifik) zu rechnen. Eine besondere Wechselwirkung von Meeresströmungen und atmosphärischer Zirkulation ist die El Niño Southern Oscillation (ENSO). Das im Abstand von drei bis acht Jahren wiederkehrende El Niño-Phänomen führt zu einer Umkehrung der Strömungsverhältnisse im tropischen Pazifik und hat Wetterextreme in Südamerika (Überschwemmungen) sowie Australien und Südostasien (Dürre) zur Folge.

Weiterführende Literatur und Internetlinks

Geographische Rundschau
- Inseln – Beziehungen zwischen Mensch und Umwelt. Heft 12/2022
- Der Ostseeraum. Heft 11/2022
- Der Mittelmeerraum. Heft 11/2021
- Verflechtungsraum Indischer Ozean. Heft 4/2020
- Meere und Ozeane. Heft 4/2019
- Nordsee. Heft 4/2016

World Ocean Review (diverse Themenhefte)
- worldoceanreview.com/de/

Europäischer Meeresatlas
- ec.europa.eu/maritimeaffairs/atlas/maritime_atlas/mindmap_de.html

Meeresatlas. Heinrich-Böll-Stiftung 2017
- www.boell.de/de/meeresatlas

Census of marine life
- www.coml.org

UN Ocean Decade
- ozeandekade.de

GEOMAR Helmholtz Zentrum für Ozeanforschung
- www.geomar.de

Deutsche Stiftung Meeresschutz
- www.stiftung-meeresschutz.org

Gezeitenkalender
- www.bsh.de/DE/DATEN/Vorhersagen/Gezeiten/gezeiten_node.html

Klimawandel / Klima und Ozean
- www.de-ipcc.de
- bildungsserver.hamburg.de/klimawandel

IPCC-Sonderbericht über den Ozean und die Kryosphäre in einem sich wandelnden Klima
- www.de-ipcc.de/252.php
- www.helmholtz-klima.de/aktuelles/die-bedeutung-der-meere-fuer-das-klima

Meeresströmungen
- www.geomar.de/entdecken/ozean-und-klima/exkurse/meeresstroemung
- www.eskp.de/grundlagen/klimawandel/meeresstroemung-935142

ENSO
- www.enso.info
- www.climate.gov/enso

Hurrikan
National Hurricane Center (NOAA)
- coast.noaa.gov/hurricanes

2 MEER ALS WIRTSCHAFTSRAUM

Schlepper positionieren eine mobile Erdölplattform (Hubinsel) im Golf von Mexiko

2.1 Wirtschaftliche Nutzung der Weltmeere

Neben der Schifffahrt und dem Handel (Kapitel 3) werden die Weltmeere auf weitere vielfältige Weise genutzt. Eine lange Geschichte hat die Fischerei – ob auf hoher See, an den Küsten und mittlerweile vermehrt mit Aquakulturen. Fisch ist eine wichtige Nahrungs-, insbesondere Proteinquelle für den Menschen (Kap. 2.2 – 2.5). Das Potenzial der Meere als Rohstoff- und Energielieferant ist noch lange nicht ausgeschöpft. Aktuell von Bedeutung sind die Ausbeutung der Offshore*-Erdöl- und Erdgasvorkommen (Kap. 2.6), zunehmend auch die direkte Energiegewinnung durch Offshore-Windenergieanlagen (Kap. 2.7). Energiegewinnung durch Gezeiten-, Strömungs- und Wellenkraftwerke (Kap. 2.7) oder die Gewinnung von Gashydrat* spielen momentan (noch) eine geringe bis gar keine Rolle. Sand und Kies, Kochsalz und einige mineralische Rohstoffe und Diamanten sind schon heute Rohstoffe, die in Küstennähe gewonnen werden. Technische, finanzielle und ökologische Gründe haben einen Tiefseebergbau im industriellen Maßstab bis jetzt verhindert, obwohl hier große Vorkommen wichtiger Erze gefunden wurden (Kap. 2.8). In etlichen regenarmen Regionen der Welt wird auch der häufigste Rohstoff der Ozeane verwendet: Salzwasser kann durch Meerwasserentsalzungsanlagen energieaufwendig in Süßwasser umgewandelt werden (Kap. 2.9).

M2   Fischkutter vor einem Windpark (Nordfriesland)

Wem gehört das Meer?

Wer welche Ansprüche auf das Meer und seine Ressourcen erheben darf, ist erst seit 40 Jahren völkerrechtlich geregelt. Am 10.12.1982 einigte sich die Staatengemeinschaft auf das Seerechtsübereinkommen der UN (UNCLOS), das 1994 in Kraft trat und das bis heute von mehr als 160 Ländern ratifiziert wurde. Lange Zeit war es ungeschriebenes Gesetz, dass das Meer allen gehörte (*Mare librum*). Seit dem Mittelalter begannen einige Küstenstaaten, ihr Staatsgebiet ganz unterschiedlich auf ihre Küstengewässer oder gar die Weltmeere auszudehnen. Erst im 18. Jahrhundert wurden die Hoheitsgewässer eines Landes auf eine maximale Breite von drei Seemeilen (Geschützreichweite!) festgeschrieben. Im Anschluss weiteten etliche Nationen ihre Verfügungsgewalt über marine Ressourcen aus. Erst seit 1958 bemühten sich die Vereinten Nationen in mehreren Konferenzen um eine einheitliche Regelung, die dann in einem komplexen und umfassenden Vertragswerk zustande kam.

Das Seerechtsübereinkommen legt nicht nur verschiedene Meereszonen fest (M5) und deren Nutzung durch Schifffahrt, Fischerei und Meeresforschung, sondern enthält auch Regularien zum Meeresbodenbergbau und zum Schutz der Meeresumwelt. Außerdem regelt es die Art und Weise, wie Streitigkeiten zwischen Nationen beigelegt werden müssen (Internationaler Seegerichtshof in Hamburg). Die Wirksamkeit des Übereinkommens ist bis heute jedoch vor allem von der Bereitschaft der Staaten abhängig, die Prinzipien zu befolgen, da es nur wenige Sanktionsmöglichkeiten zur Durchsetzung des Seerechts und keine Hochseepolizei gibt. Nach Verabschiedung des Seerechtsübereinkommens wurden drei weitere Umsetzungsabkommen ergänzt: über den Bergbau auf Hoher See (1994), über gebietsübergreifende Fischbestände (1995) und den Erhalt der biologischen Vielfalt auf Hoher See (2023). Kernelement des Seerechtsübereinkommens ist die Einteilung der Meere in verschiedene Rechtszonen. Es definiert den Rechtsstatus und die Breite dieser Zonen und normiert die in ihnen jeweils geltenden Rechte und Hoheitsbefugnisse der Küstenstaaten (M3). Dabei nimmt die Hoheitsmacht eines Staates mit wachsender Entfernung von der Küste ab. Sie reicht von

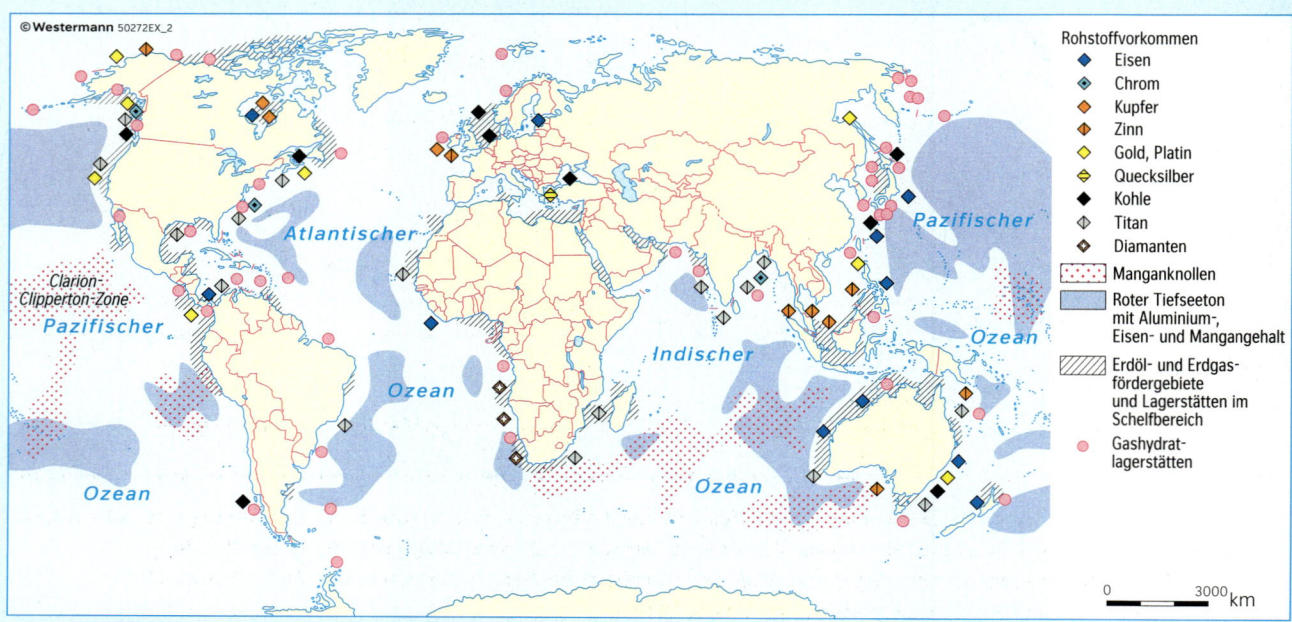

M1   Mineralische und energetische Rohstoffe aus dem Meer (Auswahl)

voller territorialer Souveränität (Innere Gewässer) über eingeschränkte „aquitoriale" Souveränität (Küstenmeer) bis zur funktional begrenzten Hoheitsmacht (Ausschließliche Wirtschaftszone).

Die komplexen Küstenlinien, der geringe Abstand von Küstenstaaten, der Status von Inseln, die Größe der Festlandsockel und Kontinentalhänge komplizieren im Einzelfall die Grenzziehung der Zonen, sodass spezielle, zum Teil sehr komplizierte Regelungen Eingang in das Übereinkommen nahmen. Überschneiden sich die AWZ zweier Länder, gilt zum Beispiel das Äquidistanzprinzip, wonach die Grenzlinie in der Mitte zwischen beiden Küsten gezogen wird. Außerdem wurden gesonderte regionale Abkommen geschlossen, etwa über Binnenmeere wie die Ost- und Nordsee, das Mittelmeer und den Golf von Mexiko. Solche Abkommen regeln aber nicht nur die nationalen Ansprüche, sondern organisieren auch die Zusammenarbeit bei Themen wie Fischereimanagement*, Meeresschutz und -forschung.

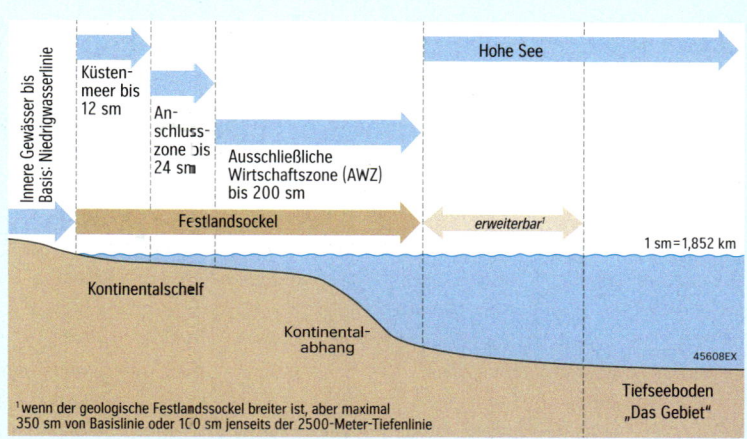

M 5   Zonen im Seerecht nach UN-Seerechtsabkommen

Teil des Staatsgebiets	Innere Gewässer	• volle territoriale Souveränität des Küstenstaats
	Küstenmeer	• Souveränität über Luftraum, Wassersäule, Meeresboden und -untergrund • *Drittstaaten: Recht der friedlichen Durchfahrt für Schiffe aller Staaten (auch Kriegsschiffe)*
küstenstaatliche Funktionshoheitszonen	Anschlusszone	• Ausübung bestimmter Kontrollbefugnisse (z. B. Zoll, Einreise)
	Ausschließliche Wirtschaftszone (AWZ)	• exklusive Rechte zum Zwecke der Erforschung und Ausbeutung, Erhaltung und Bewirtschaftung der lebenden und nicht lebenden natürlichen Ressourcen (z. B. Fischerei, Windkraft, Rohstoffförderung, Bergbau, künstliche Inseln) • Pflicht zum Erhalt der Fischbestände • *Drittstaaten: Freiheit der Schifffahrt und Überflug, Verlegung von Kabeln und Rohrleitungen*
	Festlandsockel* (außerhalb der AWZ)	• exklusive Rechte zur Ausbeutung des Meeresbodens (allerdings u. U. Abgaben an int. Meeresbehörde) • *Drittstaaten: zusätzlich Freiheit der Fischerei und Forschung*
Staatengemeinschaftsraum	Hohe See (nur Wassersäule)	• keine exklusiven Rechte, Aneignungsverbot, Nutzungsfreiheit • Gebot der Rücksichtnahme: Pflicht zur Zusammenarbeit für Schutz und Erhalt der lebenden Ressourcen sowie Schutz der biologischen Vielfalt
	Tiefseeboden (Das Gebiet)	• gemeinsames Erbe der Menschheit • Aneignungsverbot, keine erlaubnisfreie Nutzung der mineralischen Ressourcen • Nutzung nur nach Beantragung bei der Internationalen Meeresbodenbehörde

M 3   Zonen im Seerecht (Rechte des Küstenstaats und Einschränkungen)

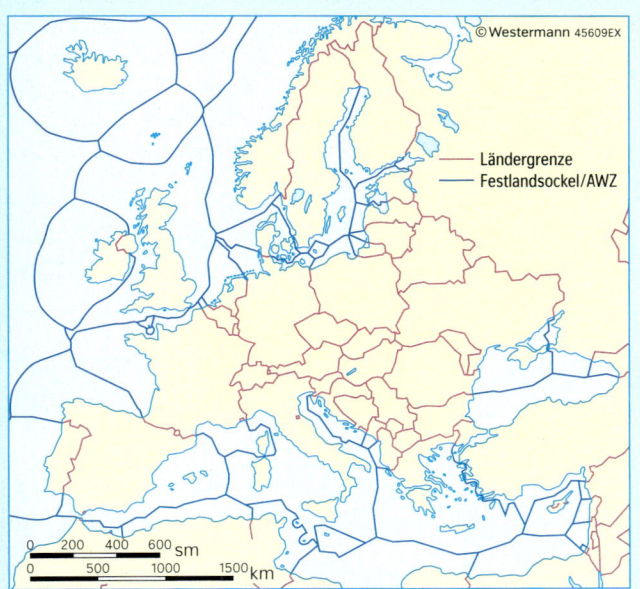

M 4   Europa: Ausschließliche Wirtschaftszonen (AWZ)

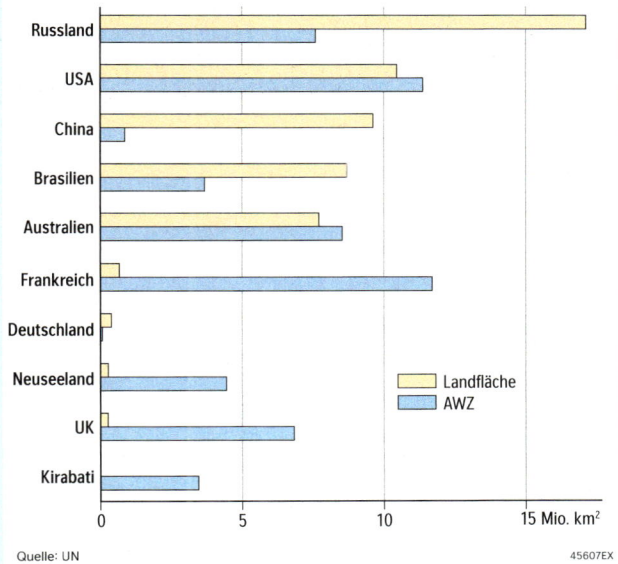

M 6   Landesfläche und AWZ ausgewählter Länder

---

1. Nennen Sie Länder, die besonders von den Rohstoffvorkommen im Meer profitieren bzw. profitieren könnten (M 1, M 6, Atlas).
2. Erklären Sie die unterschiedliche Nutzung von Ausschließlicher Wirtschaftszone (AWZ) und Hoher See (M 3, M 5).
3. Charakterisieren Sie einige von den allgemeinen Regeln (M 5) abweichenden Grenzverläufe der AWZ in Europa (M 4).
4. Vergleichen Sie die AWZ und die Landflächen der Länder (M 6).

2.2 Fischerei: Nahrungssicherheit und Erhalt der Ressourcen

In vielen Regionen der Welt sind Fisch und andere Meeresfrüchte ein wichtiges Nahrungsmittel, insbesondere als Quelle tierischer Proteine. Trotz mancherorts rückläufiger Fischbestände wird in vielen Küsten- und fischreichen Hochseeregionen gefischt, mit kleinen Booten, unmotorisiert und motorisiert, mit hochseetauglichen Trawlern oder gar mit Fabrikschiffen, bei der die Weiterverarbeitung bereits an Bord stattfindet. Seit einigen Jahrzehnten wird die Meeresfischerei durch Aquakulturen ergänzt, die sowohl inländisch als auch in Küstenbereichen stattfindet. Der Handel mit Speisefisch ist ein Milliardengeschäft (2020: 151 Mrd. US-$) und schätzungsweise 58,5 Mio. Menschen waren 2020 als Voll- oder Teilzeitbeschäftigte im Sektor der Fischproduktion tätig.

1. a) Gliedern Sie die Welt in Regionen mit hohem und niedrigem Fischkonsum (M7).
   b) Beschreiben Sie die Entwicklung der Fischproduktion und des Fischkonsums (M1, M3, M7, Atlas).
   c) Erläutern Sie die Bedeutung der Aquakulturproduktion.
2. Analysieren Sie die marine Fischerei der wichtigsten Fischfangnationen (M2, M4).
3. Vergleichen Sie die verschiedenen Fangmethoden (M8, M10).
4. Erläutern Sie die Zielsetzungen der Initiative „Blaue Transformation" der Welternährungsorganisation (FAO) (M9, M11).

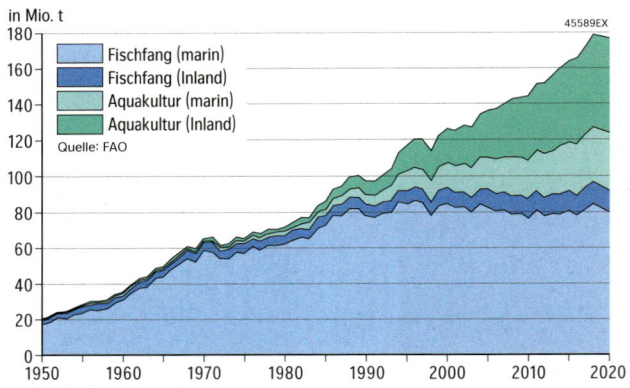

M1   Weltweite Erträge von Fischfang und Aquakultur (1950 – 2020)

M5   Fischerboote und Fischtrawler im Senegal

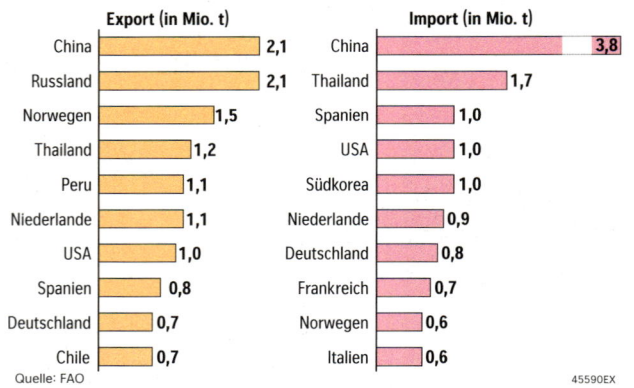

M2   Wichtigste Exporteure und Importeure für Seefisch (2020)

M6   Fabrikschiff

M3   Fischkonsum ausgewählter Länder

	Fischproduktion (in Mio. t)		Beschäftigung (in Mio.)		Motorisierte Fischereiboote (in 1000)
	Fischfang	Aquakultur	Fischfang	Aquakultur[1]	
China	11,77	16,75	8,25	4,66	468,3
Indonesien	6,43	0,91	2,81	4,21	460,7
Peru	5,61	0,05	0,08	k.A.	4,2
Russland	4,79	0,08	0,06	k.A.	1,5
USA	4,23	0,20	0,16	0,01	75,2
Indien	3,71	0,31	8,72	5,49	143,0
Vietnam	3,27	0,25	0,94	1,74	34,6
Japan	3,13	0,57	0,16	0,04	225,3
Norwegen	2,45	1,49	0,01	0,01	6,0
Deutschland	0,21	0,01	0,002	k.A.	1,3
Welt	78,79	23,35	38,60	22,34	2667

[1] auch inländische Aquakultur   Quelle: FAO

M4   Daten zur marinen Fischerei (2020)

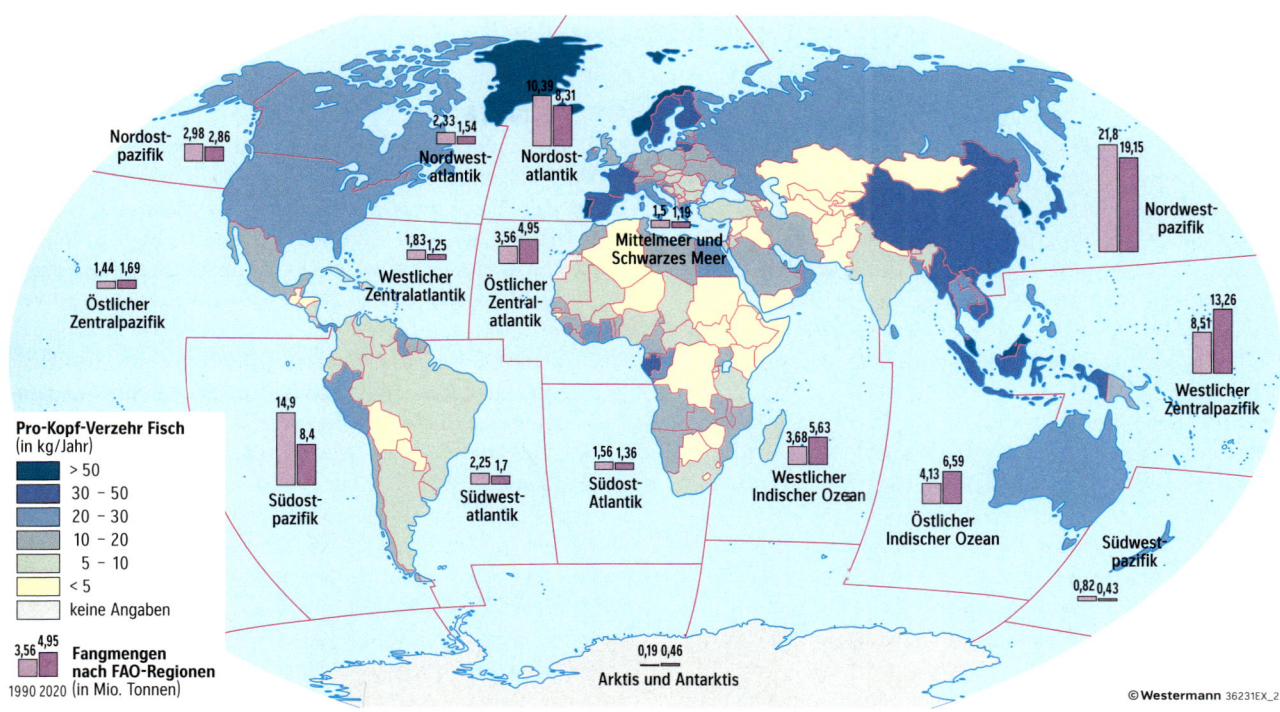

M 7 Fangmengen (1990, 2020) und Pro-Kopf-Konsum an Fisch (2017 – 2019)

	Beifang* Fisch	Beifang* andere[1]	Folgen für Meeresboden
Stellnetz	gering (gezielte Befischung)	zum Teil hoch	gering
Ringwade	gering (gezielte Befischung)	häufig (z.B. Delfine)	keine
Schleppnetz	in manchen Gebieten problematisch	gering	keine
Grund-schleppnetz	in manchen Gebieten problematisch	gering	hoch
Baumkurre	in manchen Gebieten problematisch	gering	sehr hoch
Langleine	in manchen Gebieten problematisch	in manchen Gebieten hoch	keine

[1] Schildkröten, Seevögel, Säugetiere

M 8 Auswirkungen der Fangmethoden

Das laufende Aktionsjahrzehnt zur Erreichung der SDG* muss die Maßnahmen zur Nahrungssicherheit* beschleunigen und gleichzeitig unsere natürlichen Ressourcen erhalten. Aquatische Lebensmittel, deren Anteil bis 2030 voraussichtlich um weitere 15 Prozent steigen wird, können einen größeren Teil des Nahrungsmittelbedarfs der Menschheit decken. Die „Blaue Transformation" ist eine Vision für die nachhaltige Umgestaltung aquatischer Lebensmittelsysteme, eine Lösung für Nahrungs- und Ernährungssicherheit sowie ökologisches und soziales Wohlergehen, indem die Gesundheit aquatischer Ökosysteme erhalten, die Umweltverschmutzung verringert, die biologische Vielfalt geschützt und soziale Gleichheit gefördert wird. [...]
Der jährliche Pro-Kopf-Verbrauch wird von 20,2 kg im Jahr 2020 auf 21,4 kg im Jahr 2030 ansteigen. Dies ist das Ergebnis einer hohen Nachfrage aufgrund steigender Einkommen und der Verstädterung in Verbindung mit der Ausweitung der Produktion, Verbesserungen bei der Verarbeitung und Vermarktung sowie Veränderungen bei den Ernährungstrends. Das Angebot an aquatischen Nahrungsmitteln wird in allen Regionen zunehmen.
Quelle: The State of World Fisheries and Aquaculture 2022. Rom: FAO S. XXI – XXV

M 9 Quellentext zur „Blauen Transformation"

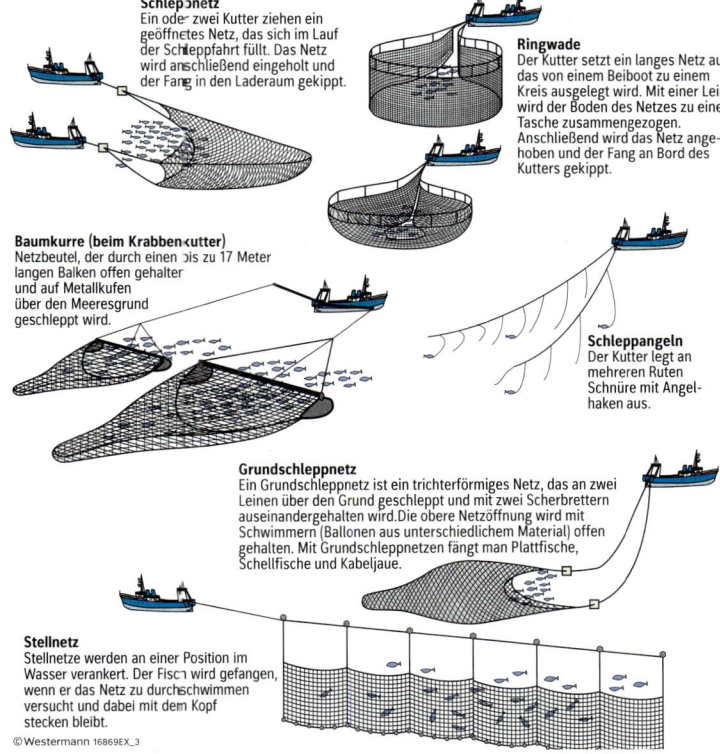

M 10 Fischfangmethoden

„Das Wachstum von Fischerei und Aquakultur ist für unsere Bemühungen zur Beendigung des weltweiten Hungers und der Mangelernährung von entscheidender Bedeutung, aber in diesem Sektor sind weitere Veränderungen erforderlich, um sich den Herausforderungen besser stellen zu können. Wir müssen die Ernährungssysteme umgestalten, um sicherzustellen, dass aquatische Lebensmittel nachhaltig produziert und Lebensgrundlagen gesichert, sowie aquatische Lebensräume und Biodiversität geschützt werden."

Qu Dongyu, FAO-Generaldirektor

M 11 Zitat

2.3 Deutsche Küstenfischerei in der Ostsee

Für die kommerzielle Fischerei in der salzarmen Ostsee, deren Salzgehalt von West nach Ost immer weiter abnimmt, sind vor allem acht Meeresfischarten von Bedeutung. Lange waren für die Fischer in Schleswig-Holstein und Mecklenburg-Vorpommern der salzgehalttolerante Hering und der Dorsch, wie der Kabeljau in der Ostsee heißt, die wichtigsten Fische. Doch um die Bestände dieser „Brotfische" steht es seit geraumer Zeit schlecht. Die Ursachen dafür sind vielfältig. Nach immer geringeren von der EU festgelegten Fangquoten* steht die deutsche Küstenfischerei in der Ostsee vor dem Aus.

1. Beschreiben Sie die Bedeutung
   a) der Ostsee in der deutschen Fischerei (M8),
   b) Deutschlands in der Ostseefischerei (M11) und
   c) der Fischarten in der Ostseefischerei (M2, M3, M5).
2. Erläutern Sie a) die Struktur und Entwicklung der Fischerei in der deutschen Ostsee (M1, M3, M9, M10) und
   b) die Entwicklung der Heringsfischerei (M2, M3, M4).
3. Fassen Sie die Ursachen der abnehmenden Herings- und Dorschbestände in der Ostsee zusammen (M3).
④. Erläutern Sie die Maßnahmen des Fischereimanagements* (M6).
5. Beurteilen Sie die kurz- und mittelfristigen Zukunftsperspektiven der deutschen Küstenfischerei in der Ostsee (M7, M10–M13).
6. Nehmen Sie Stellung zur Aussage: „Der Erhalt der Ostseefischerei hat einen hohen soziokulturellen und wirtschaftlichen Wert."

M1   Einholen eines Netzes mit Heringen auf einem Kutter im Strelasund bei Rügen. Die größeren Trawler in der Ostsee arbeiten mit Schleppnetzen. Die Mehrzahl der haupt- und nebenberuflichen Fischer setzt hingegen stationäre Stellnetze in der Nähe der Küste ein, die allerdings nur für einen kleinen Anteil der Fänge verantwortlich sind.

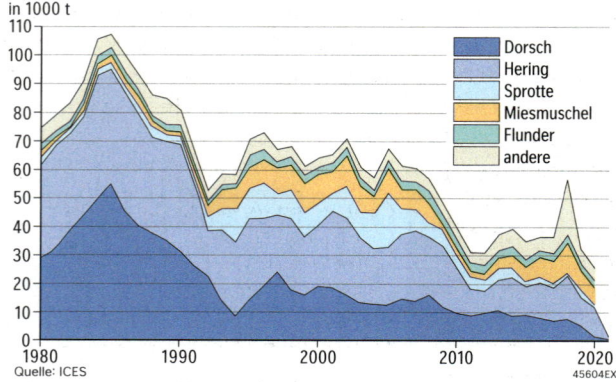

M2   Deutsche Ostseefischerei: Fangmengen

Die Ostsee [...] liefert noch immer 600 000 bis 800 000 Tonnen fischereilichen Ertrag pro Jahr [...] Wegen der anspruchsvollen physiologischen Bedingungen haben Umweltveränderungen jedoch einen viel größeren Einfluss auf den Zustand der Fischbestände als anderswo. Nach Angaben der für die Bewertung des Umweltzustandes dieses Randmeeres zuständigen Helsinki-Kommission (Helcom) ist der wesentlichste Stressor für die Meeresumwelt die Überdüngung. Mit großem Abstand folgen Überfischung und die Auswirkungen des Klimawandels. Während es den Ressourcen im Norden überwiegend gut geht, sind ausgerechnet die für die deutsche Fischerei wichtigsten Bestände im Süden in schlechtem Zustand. Die Gründe sind vielfältig, und die Stressoren wirken zusammen. [...]

Für die deutsche Fischerei ist der Hering der westlichen Ostsee von herausragender Bedeutung. Er war der „Brotfisch" der Küstenfischerei in Mecklenburg-Vorpommern. Noch 2015 erzielten die Fischer fast die Hälfte ihrer Einnahmen aus dem Heringsfang. Fahrzeuge über 20 m Länge generierten sogar mehr als 90 % ihres Einkommens durch die Heringsfischerei. Durch die ansteigenden Preise konnten Einbußen bei den Fangmengen lange Zeit ausgeglichen werden. [...] Seit ungefähr 2004 produziert der Bestand weniger Nachwuchs. Die Ursache war zunächst unklar, denn die Anzahl der Elterntiere war zu diesem Zeitpunkt noch ausreichend, um starke Jahrgänge hervorzubringen – trotz des jahrelang viel zu hohen Fischereidrucks. Schwache Nachwuchsjahrgänge reduzieren zwei bis drei Jahre später auch die Fangmöglichkeiten für erwachsene Fische. Die Politik folgte der wissenschaftlichen Empfehlung, die Fangmengen stark zu reduzieren, jedoch nur zögernd; in Kattegat und Skagerrak noch langsamer als in der westlichen Ostsee. Der Bestand, der in beiden Gebieten verbreitet ist, schrumpfte daher schneller, als die Fänge reduziert wurden. Zwischen 2017 und 2022 wurden schließlich die Fangmengen in der westlichen Ostsee um 97 % gesenkt. [...] Die minimalen Fangmengen stehen nur noch der passiven Fischerei (mit Stellnetzen und Reusen) zur Verfügung. Das Auftreten starker Nachwuchsjahrgänge und eine kurzfristige Erholung sind unwahrscheinlich. [...]

Inzwischen [weiß die Wissenschaft], dass die milderen und späteren Winter für den größten Teil der nachlassenden Nachwuchsproduktion verantwortlich sind. Die Verschiebung der Phänologie, also der jahreszeitlichen Abfolge, [...] ist wahrscheinlich durch den Klimawandel verursacht. [...] Auch die Überdüngung und Veränderung der Küstengebiete hat negative Auswirkungen auf den Heringsnachwuchs. [...]

Den beiden Dorschbeständen der Ostsee geht es aus anderen Ursachen schlecht: Der Dorsch der östlichen Ostsee leidet seit Jahren unter den sauerstoffarmen Zonen. Diese entstehen durch die Überdüngung der Ostsee und den dann folgenden Abbau der überschüssigen Biomasse durch Bakterien, die dafür Sauerstoff verbrauchen. [...] Der Dorsch der westlichen Ostsee, essenziell vor allem für die schleswig-holsteinische Fischerei, wurde dagegen 19 Jahre lang überfischt. 2015 kollabierte der Bestand, er produzierte nur noch 10 % des durchschnittlichen Nachwuchses. Die Politik folgte bis dahin einem Bewirtschaftungsplan aus dem Jahr 2007, der einen zu hohen Fischereidruck erlaubte. [...]

Die einzigen marinen Ressourcen der westlichen Ostsee, die noch für ein verlässliches Einkommen der Küstenfischerei sorgen, sind die Plattfische [Scholle, Flunder, Seezunge]. Sie sind offenbar Gewinner der ökologischen Veränderungen der vergangenen Jahre und entwickeln sich derzeit prächtig. Die steigenden Anlande-Erlöse können die Verluste in der Herings- und Dorschfischerei aber nicht annähernd ausgleichen.
Quelle: Christopher Zimmermann: Fischbestände und Fischerei in der Ostsee. Geographische Rundschau 11/2022, S.23

M3   Quellentext zur Küstenfischerei in der Ostsee

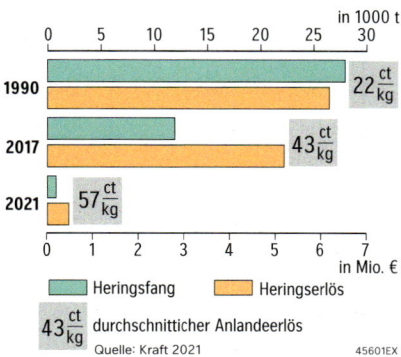

M 4 Heringsfang und -erlös in Mecklenburg-Vorpommern

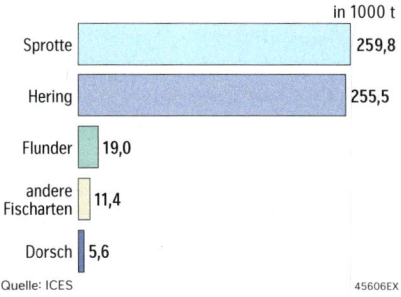

M 5 Ostsee: Fangmengen Fischarten (2020)

Output = Fangmenge

Gesamtfangmenge (TAC)
• Begrenzung der maximalen Fangmenge je Art

Abgaben auf Anlandungen
• Zahlungen je Tonne angelandeter Fische

Individuelle (handelbare) Quoten
• Zuweisung von Anteilen der Gesamtfang-
quote* an einzelne Fischer/Unternehmen

Größen- und Geschlechtsvorgaben
• Festlegung von Mindestgrößen

Input = Fischereiaufwand

Fanglizenzen und Kapazitätsbegrenzungen
• Vergabe von Fischereilizenzen*
• Begrenzung der Fangleistung
• Abwrackprämien*

Ausrüstungsbeschränkung
• Vorgaben zur Steigerung der Selektivität
• Verbot von Fangmethoden

Subventionen/Besteuerung von Inputs
• Treibstoffvergünstigungen
• Unterstützung von Modernisierungs-
maßnahmen

**Begrenzung der Fangtage/Maschinen-
leistung**
• Anzahl der Tage auf See
• Berücksichtigung von Schonzeiten

M 6 Maßnahmen des Fischereimanagements

• Flächenkonkurrenz mit Windparks und
Naturschutzgebieten
• Raubtiere wie Kegelrobben und Kormo-
rane erschweren Stellnetzfischerei.
• fehlender Fischernachwuchs
• überalterte Schiffe
• schlechtes Image

M 7 Weitere Problemfelder für die Küstenfischerei in der Ostsee

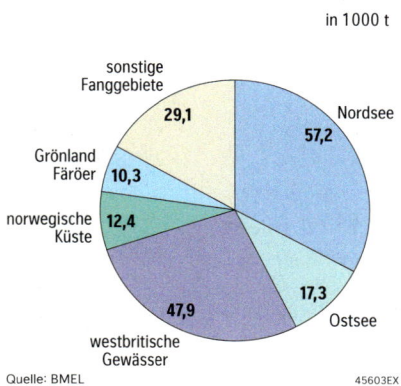

M 8 Fanggebiete deutscher Hochsee-
und Küstenfischerei (2021)

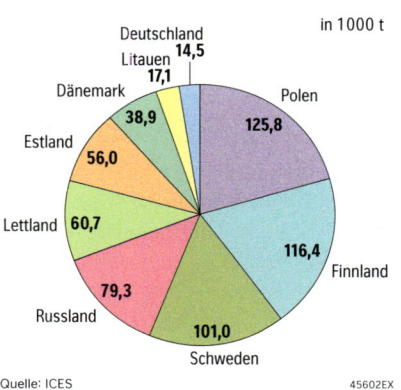

M 11 Fangmengen der Ostseeanrainer in
der Ostsee (2020)

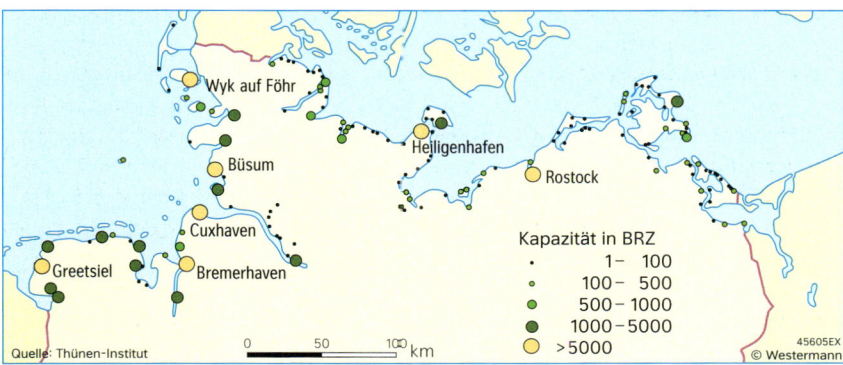

M 9 Fischereihäfen und Fangkapazitäten (in BRZ*) in Deutschland (2021)

Brüssel hat entschieden, für 2022 die gezielte Fischerei auf den westlichen Hering und den Dorsch mit wenigen Ausnahmen zu verbieten. […] Kaum war die neue Quote raus, gab der Landesverband der Kutter- und Küstenfischer in Mecklenburg-Vorpommern bekannt, sich auf-lösen zu wollen – ohne wirtschaftliche Existenz kann er nicht weitermachen. […] Die Fischerei in der westlichen Ostsee steht vor dem größ-ten Strukturwandel der Branche – wenn nicht sogar vor ihrem vollständigen Aus. Claus Ubl vom Deutschen Fischerei-Verband spricht eine düstere Prognose aus: „Nächstes Jahr gibt es ein großes Betriebssterben." Und falls Dorsch und Hering irgendwann mal wieder gefan-gen werden dürfen, könnten Kühlhäuser oder Fischverarbeiter längst fort sein. […] Die Zahl derjenigen, die den Beruf des Fischers ausüben wollen, sinkt. Nach der Wiedervereinigung gab es an der deutschen Ostseeküste noch mehr als eintausenddreihundert Berufsfischer, zwei Jahrzehnte später war es noch die Hälfte. Jetzt sind gerade einmal knapp vierhundert übrig. […] 2,2 Millionen Euro hatte das Bundeslandwirt-schaftsministerium im Frühjahr [für Abwrack-prämien*] bereitgestellt, um den Ausstieg aus der Fischerei zu ermöglichen.

Quelle: Rebecca Boucsein, Sebastian Reuter: Der junge Fischer und die großen Sorgen. Frankfurter Allgemeine Zeitung 3.12.2021

M 10 Quellentext zur Ostseefischerei

„Die Ostsee ist in einem desaströsen Zustand und die Fangquoten* für 2022 reichen nicht aus, um das zu verbessern. […] Besonders bitter ist die Entwicklung für die kleine, handwerkliche Küs-tenfischerei. Sie hat wenig zu der Entwicklung beigetragen, kriegt aber nun die volle Härte ab."

Thilo Maack, Meeresbiologe (Greenpeace)

„Obwohl wir wissen, was für ein harter Schlag [die neuen Fangquoten] für unsere Ostseefi-scher ist, ist es doch die einzige Chance, diese Bestände wieder aufzubauen. Denn nur so können wir den Ostseefischern ihre Existenz-grundlage perspektivisch sichern. Es geht jetzt darum, der Fischerei in dieser schwierigen Situ-ation überhaupt eine Chance zu geben."

Beate Kasch, Staatssekretärin BMEL

„Wer einmal aufgehört hat, fängt nicht wieder an, auch wenn es mit den Fischbeständen besser wird. […] Wir haben den Glauben daran verloren, dass es in den nächsten fünf oder zehn Jahren mit dem Fisch und der Quote besser werden wird."

Michael Schütt, Fischer

M 12 Zitate (2022)

• Selbstvermarktung (höhere Preise)
• Fischbrötchenverkauf
• Nebenerwerbsfischerei
• Lohnarbeit in der Hochseefischerei
• Touristentouren, Seebestattungen
• Mitarbeit bei wissenschaftlichen Projekten

M 13 Zusätzliche und alternative Stand-
beine der Berufsfischer

2.4 Überfischung der Weltmeere

Überfischung ist ein globales Problem. Etwa 40 Prozent der Fischbestände gelten weltweit als überfischt. Immer modernere Fang- und Aufspürmethoden, hoher Anteil an Beifang* und Ausweitung der Fischerei durch hohe Subventionen in vielen Fischfangnationen gerade im Bereich der Hochseefischerei gelten als Gründe. Hinzu kommt, dass vielerorts – trotz weltweiter Bemühungen um internationale verbindliche Regelungen, Fangbeschränkungen und Schutzgebiete – illegale Praktiken in der Fischerei angewendet werden.

1. Ordnen Sie die Fischarten (M1) den Fangregionen (S.35: M7) zu (Internet).
2. Beschreiben Sie die Entwicklung und regionale Verteilung nicht-nachhaltiger Fischerei (M4, M5).
3. Maximal nachhaltige Befischung bedeutet nicht überfischt, sondern optimal genutzt. Erörtern Sie diese Aussage.
4. Erklären Sie den Unterschied zwischen nicht-nachhaltiger und IUU-Fischerei (M2–M4).
5. Erklären Sie die Differenzen bei den Fangmengen in M6.
6. Analysieren Sie die globale Bedeutung und regionale Verteilung der chinesischen Hochseefischerei (M3, M7, M9).
7. Erörtern Sie die Bedeutung von Subventionen für die Hochseefischerei (M7–M9).

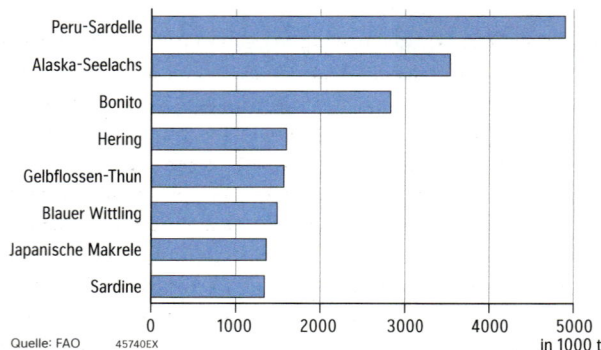

Quelle: FAO   45740EX

M1   Fangmenge wichtigster Fischarten weltweit (2020)

- Fischen ohne Lizenz
- Verstöße gegen Regeln des Staates, in dem das Fangschiff registriert ist bzw. in dessen Hoheitsgewässern es operiert
- falsche und fehlende Berichte über Fangmengen
- Befischen unregulierter Bestände
- Fischen mit unerlaubtem Fanggerät, zu Sperrzeiten oder in Schutzgebieten

M2   Praktiken illegaler, ungemeldeter und unregulierter Fischerei

Illegale, ungemeldete und unregulierte (IUU-)Fischerei [...] ist sehr profitabel. In der bisher einzigen globalen Untersuchung wurden 2009 ihre jährlichen Erträge auf 10 bis 23,5 Mrd. Dollar geschätzt, was einer Fangmenge von 11 bis 26 Millionen Tonnen entspricht. Besonders geschädigt werden von diesen Praktiken Entwicklungsländer: In Westafrika etwa werden nach Schätzungen 40 Prozent mehr Fisch gefangen, als in der offiziellen Statistik auftauchen.

IUU-Fischerei steht in Zusammenhang mit der industriellen Hochseefischerei (distant water fishing, DWF). DWF-Fangschiffe können auch

M3   Quellentext zur IUU-Fischerei

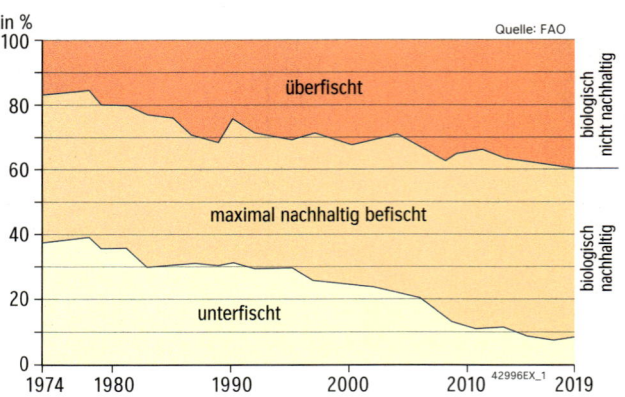

M4   Entwicklung der Überfischung (1974–2019)

Maximal nachhaltig befischt bedeutet, dass hierbei so viele Fische im Meer verbleiben, dass deren Nachwuchs ausreicht, um den Bestand wieder soweit anwachsen zu lassen, dass in der nächsten Saison wieder die maximal nachhaltige Menge Fisch entnommen werden kann.

FAO-Fischerei-Region	Anteil[1]	Menge (in Mio. t)[1]
Nordwestpazifik	45,0 %	8,62
Westlicher Zentralatlantik	37,7 %	5,00
Westlicher Zentralpazifik	20,4 %	2,71
Südostpazifik	66,7 %	5,60
Nordost-Atlantik	27,3 %	2,27
Östlicher Indischer Ozean	34,7 %	2,29
Westlicher Indischer Ozean	37,5 %	2,11
Östlicher Zentralatlantik	40,0 %	1,98
Nordostpazifik	13,8 %	0,39
Südwestatlantik	40,0 %	0,68
Östlicher Zentralpazifik	14,3 %	0,24
Nordwest-Atlantik	38,9 %	0,60
Südostatlantik	35,3 %	0,48
Mittelmeer / Schwarzes Meer	63,4 %	0,75

[1] nicht nachhaltig befischt   Quelle: FAO

M5   Nicht-nachhaltige Fischerei in FAO-Fischerei-Regionen (2019)

in weit entfernten Meeresgebieten operieren und dort Monate bleiben, ohne in ihren Hafen zurückzukehren. DWF ist schwer zu überwachen, was unerlaubte Praktiken erleichtert. [...] Die Hochseefischerei bleibt trotz ihrer Bedeutung für den internationalen Handel und die Wirtschaft schwer durchschaubar. [...] Ihre undurchsichtigen Praktiken geben kaum Informationen darüber preis, wo die Schiffe operieren, wer ihre Besitzer sind, wie viel Fisch gefangen wird, wie der Fisch in den Handel kommt, welche Arbeitsbedingungen an Bord herrschen und wie ihr Zugang zu den Gewässern anderer Staaten geregelt ist. [...]

Wenn man die Zahl der Hochsee-Fangschiffe betrachtet, sind fünf Staaten für 90 Prozent der Hochseefischerei verantwortlich. China und Taiwan betreiben 60 Prozent des DWF-Fischfangs, auf Japan, Südkorea und Spanien entfallen jeweils 10 Prozent. [...] Ein großer Anteil der Hochseefischerei findet in den oder knapp außerhalb der Hoheitsgewässer ärmerer Länder statt, die oft nur unzureichende Überwachungsmöglichkeiten haben. Deswegen geht die Hochseefischerei dort häufig mit nicht nachhaltigen Fangmengen und illegalen Fangmethoden einher. Die Folgen für die lokale von der Fischerei abhängige Bevölkerung sind enorm.

Quelle: Miren Gutierrez: Was man über illegalen Fischfang wissen sollte, um ihn zu bekämpfen. Welternährung 8/2021

    100900-279-04
schule.diercke.de   100900-170-03
schule.diercke.de

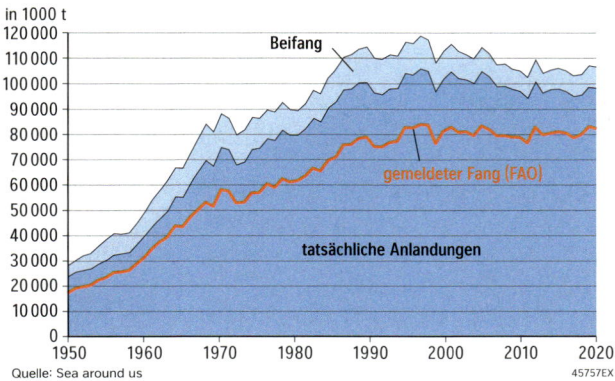

M 6 Gesamtmenge und gemeldete Fänge weltweit (1950 – 2019)

M 10 Chinesische Hochseefischereiboote

China hat – auch mithilfe massiver Subvention* – eine gigantische und leistungsfähige Fischfangflotte aufgebaut. Obendrein gehen die in der Volksrepublik geschulten Seeleute dermaßen entschlossen und dreist vor, dass nur sehr wenige ausländische Kapitäne den Mut aufbringen, sich ihnen entgegenzustellen. Pekings Motive sind klar. Zum einen will das Land seine Stellung im weltweiten Spiel der Kräfte ausbauen, zum anderen will es seine Lebensmittelversorgung sichern. Vor den Küsten Westafrikas und der arabischen Halbinsel ist es den Chinesen gelungen, die von der US-Kriegsmarine hinterlassene Lücke zu füllen und ihre Fischfangaktivitäten zu intensivieren. [...]

China hat 1,4 Milliarden Einwohner zu ernähren. Da die Fischbestände vor seinen eigenen Küsten aufgrund von Überfischung und Industrialisierung zur Neige gehen, müssen sich chinesische Fischerboote immer weiter in die Ferne wagen, um ihre Netze vollzubekommen. Nach Angaben Pekings umfasst Chinas Fischfangflotte rund 2600 Hochseefischereiboote, dreimal so viele wie die vier nächstplatzierten Länder Taiwan, Japan, Südkorea und Spanien zusammengenommen [Deutschland: 7].

Allerdings sind diese Angaben nur bedingt aussagekräftig. Im Juni 2020 bezifferte das britische Oberseas Development Institute die Anzahl chinesischer Schiffe, die in weit entfernten Gewässern fischen, auf knapp 17 000 (in den 1980er-Jahren waren es gerade einmal 13). Experten zufolge ist diese hohe Zahl einzig und allein den Subventionen zu verdanken. In den letzten 20 Jahren hat Peking Milliardensummen ausgegeben. 2018 betrugen die weltweiten Subventionen für die Fischereiindustrie schätzungsweise 35,4 Milliarden US-$, 7,2 Milliarden US-$ davon entfielen auf China. Die Subventionen umfassen Treibstoffzuschüsse

und Beihilfen für die Inbetriebnahme neuer Fangboote. [...] Die Subventionen tragen auch dazu bei, dass die Trawler mit neuen Motoren und langlebigeren Stahlrümpfen ausgestattet werden können. Außerdem decken sie einen Teil der Kosten für bewaffnete Sicherheitsleute und Krankenhausschiffe, die in den Fanggründen stationiert werden, damit die Kapitäne länger auf See bleiben können. Obendrein versorgt der Staat die chinesischen Seeleute mit Daten, anhand derer sie besonders fischreiche Gebiete lokalisieren können. [...]

China ist beileibe nicht das einzige Land, das seiner Flotte finanziell unter die Arme greift. Mehr als die Hälfte aller Fischfangaktivitäten weltweit wären in ihrer heutigen Größenordnung ohne staatliche Unterstützung nicht profitabel. [...] Die massiven staatlichen Subventionen führen nicht nur dazu, dass die Ozeane zunehmend leer gefischt werden. Sie haben auch zur Folge, dass schlicht und einfach zu viele Schiffe unterwegs sind. Die Konsequenzen sind Überkapazitäten im Fischereisektor, ein ungesunder Wettbewerb zwischen den Flotten der verschiedenen Länder und sich daraus ergebende Gebietsstreitigkeiten.

Auch der illegale Fischfang wird angeheizt, weil die Kapitäne verzweifelt nach neuen, weniger frequentierten Fischereigründen suchen. [...] [In einer Studie] bekam China die schlechtesten Noten weltweit, was illegale, nicht gemeldete und unregulierte Fischerei angeht. Seit einigen Jahren reagiert Peking zwar auf den Druck von Umweltschützerinnen und ausländischen Regierungen und geht allmählich dazu über, seine Flotte besser zu kontrollieren. Expertinnen bleiben aber skeptisch.

Quelle: Ian Urbina: Raubfang in fremden Gewässern. Atlas der Globalisierung. Berlin: Taz 2022, S. 138-140

M 7 Quellentext zur chinesischen Hochseefischerei

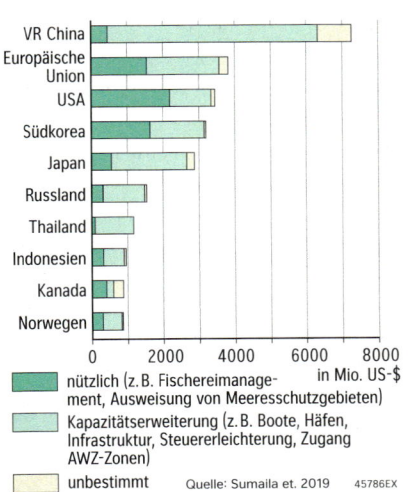

M 8 Subventionen in der Fischerei (2018)

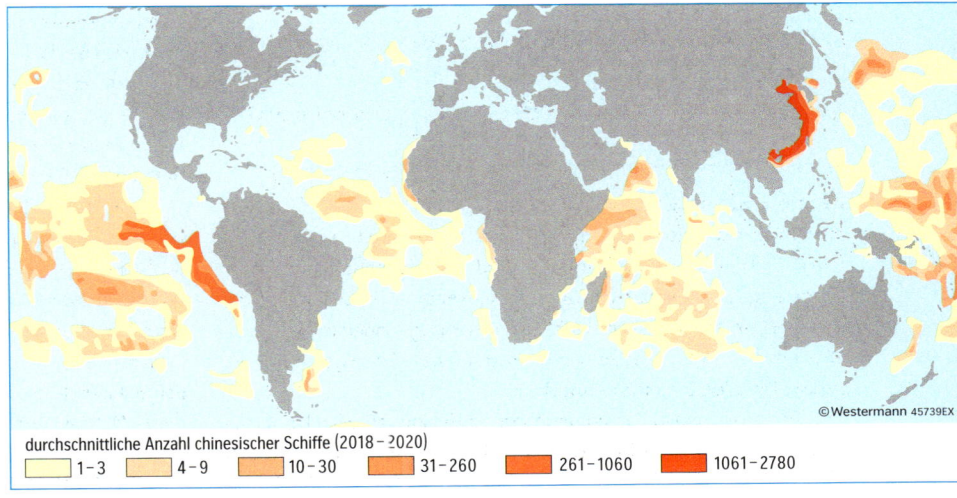

durchschnittliche Anzahl chinesischer Schiffe (2018 – 2020)
1 – 3 | 4 – 9 | 10 – 30 | 31 – 260 | 261 – 1060 | 1061 – 2780

M 9 Chinesische Hochseefischerei auf den Weltmeeren (2018 – 2020)

2.5 Nachhaltige Fischerei

Überfischung einzelner Fischarten, übermäßige Beifänge, illegale Fischerei und fehlende Kontrollen – die Fischerei steht massiv in der Kritik. Seit den 1990er-Jahren setzen sich verschiedene Organisationen für eine nachhaltige Fischerei ein, die nicht nur an Gewinnmaximierung interessiert ist. Sie soll die Reproduktionsfähigkeit der Fische sichern und somit die Bestände schützen, sodass sich diese erholen und wachsen können. Wichtiger Bestandteil einer nachhaltigen Fischerei ist die Vorgabe festgelegter Fangquoten*, die nicht überschritten werden dürfen. Für die Einhaltung ist eine strikte Überwachung und Kontrolle dringend notwendig. Damit auch künftige Generationen vom Fisch profitieren können, ist ein sofortiges Handeln unumgänglich.

1. Vergleichen Sie die beiden Positionen zur nachhaltigen Fischerei (M1) unter Verwendung des Schemas M2.
2. Erläutern Sie das Konzept des Marine Stewardship Councils (MSC) zur nachhaltigen Fischerei (M3 – M6).
3. Analysieren Sie die Thunfischfischerei (M6 – M8).
4. Charakterisieren Sie nachhaltige Fangmethoden (M6, S.35: M10).
5. Entwickeln Sie Handlungsempfehlungen für Verbraucher, die Fischbestände schützen möchten.
6. Erörtern Sie die Chancen und Risiken der nachhaltigen Fischerei.

Position 1

Fisch ist ein schützenswertes Wildtier!
Unter einer nachhaltigen Fischerei versteht man eine Art Vorsorgeprinzip: Es sollten alle denkbaren Risiken für unser Ökosystem Meer berücksichtigt werden, insbesondere für den Fischbestand. Von vornherein sollte so gehandelt werden, dass Schäden nicht erst entstehen, da eine Reparatur in diesem fragilen Ökosystem in Teilen nicht mehr möglich ist. Für die Fischbestände bedeutet das, dass man die Bestände „gesund" hält, indem nur wenig gefischt wird, sodass sich die Bestände wieder vollständig regenerieren können, wie sie vor den Eingriffen der Menschen existierten.

Position 2

Fisch ist eine Ressource! Die meisten von uns essen Fisch; Menschen auf der ganzen Welt sind für ihre Ernährung und ihr Einkommen darauf angewiesen.
Nachhaltige Fischerei bedeutet in diesem Sinne, so viel Fisch wie möglich zu fangen, ohne die Fischbestände weiter zu dezimieren. Eine nachhaltige Fischerei verfolgt drei Grundprinzipien:
1. Es werden keine überfischten Bestände befischt.
2. Die Zerstörung des Meeresbodens und zu viel Beifang werden vermieden.
3. Es gibt Fangquoten*. Die Befolgung von wissenschaftlichen Vorgaben als auch geltenden Gesetzen wird vorausgesetzt.
Es sollte auch beachtet werden, dass neue Technologien durchaus positive Auswirkungen auf die Fischerei haben: So kann z. B. Beifang reduziert werden und die Überwachung der Trawler mitsamt der Datensammlung zu Fischbeständen verbessert werden.

M1   Zwei Positionen zur nachhaltigen Fischerei

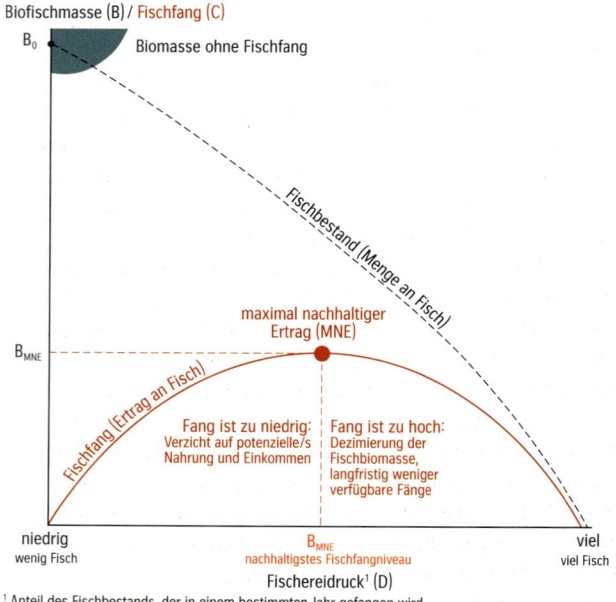

Biofischmasse (B) / Fischfang (C)

B_0 — Biomasse ohne Fischfang

Fischbestand (Menge an Fisch)

Fischfang (Ertrag an Fisch)

B_{MNE}

maximal nachhaltiger Ertrag (MNE)

Fang ist zu niedrig: Verzicht auf potenzielle/s Nahrung und Einkommen

Fang ist zu hoch: Dezimierung der Fischbiomasse, langfristig weniger verfügbare Fänge

niedrig — wenig Fisch
B_{MNE} nachhaltigstes Fischfangniveau
viel — viel Fisch

Fischereidruck[1] (D)

[1] Anteil des Fischbestands, der in einem bestimmten Jahr gefangen wird
Quelle: Our world in Data / Hannah Ritchie
45806EX

M2   Nachhaltige Fischerei

M3   Fischprodukt mit MSC-Siegel

Organisation

MSC steht für Marine Stewardship Council. Der MSC ist eine gemeinnützige, unabhängige und internationale Organisation. Er wurde 1997 gegründet, um die globale Fischerei durch ein Zertifizierungsprogramm nachhaltiger zu machen. [...]

Ziele

• Erhalt von Fischbeständen und gesunden Meeren
• Sicherung von Fisch als Nahrungsquelle für zukünftige Generationen und Lebensunterhalt für die in der weltweiten Fischerei Beschäftigten
• Die globale Fischerei insgesamt in nachhaltigere Bahnen lenken

Aufgaben

• Entwickeln und Verwalten von Standards für nachhaltige, umweltverträgliche Fischerei und die Kontrolle der Lieferkette von zertifizierten Fischerzeugnissen
• Aufbauen und Stärken eines Marktes für nachhaltig gefangenen Fisch
• Aufklären von Verbrauchern

MSC-Siegel

Das MSC-Siegel steht international für die zuverlässige Kennzeichnung von Produkten aus zertifizierter nachhaltiger Fischerei. Fisch- und Meeresfrüchte, die mit dem MSC-Siegel gekennzeichnet sind, stammen aus einer Fischerei, die ihre Fanggeräte umweltverträglich einsetzt und Fischbestände verantwortungsvoll nutzt. Die Fischerei wird von unabhängigen Gutachtern nach dem MSC-Standard geprüft und regelmäßig kontrolliert.

MSC-Umweltstandard für nachhaltige Fischerei

Der MSC-Umweltstandard wurde von über 200 Experten aus verschiedenen Interessengruppen entwickelt. Er basiert auf anerkannten wissenschaftlichen Erkenntnissen und wird regelmäßig weiterentwickelt. Voraussetzung für die MSC-Zertifizierung ist die Einhaltung der drei Prinzipien:
• Erhalt gesunder Fischbestände
• minimale Auswirkungen auf das marine Ökosystem
• verantwortungsvolles Management der Fischerei.
Quelle: Marine Stewardship Council: Daten und Fakten November 2021

M4   Selbstdarstellung des Marine Stewardship Council (MSC)

M 9 Thunfischangeln (Malediven)

Thunfischschwärme wandern über Tausende Kilometer, durchqueren dabei viele Hoheits- und internationale Gewässer und werden von Dutzenden Ländern befischt. Ein wirksames Fischereimanagement* muss deshalb über Ländergrenzen hinausreichen, international gültige Regeln aufstellen und überwachen und die Fangmengen auf ein ökologisch und wirtschaftlich sinnvolles Maß beschränken. Nur so lassen sich die Fischereiaktivitäten aller beteiligten Länder so steuern, dass die Fischbestände zwar optimal genutzt, aber nicht überfischt werden. Im Falle des Thunfischs wurden deshalb zwischen 1950 und 2004 vier große regionale Fischereikommissionen gegründet – die sogenannten RFMOs (Regional Fisheries Management Organizations). Jede RFMO vertritt bis zu 52 Mitgliedsstaaten und ist für eines der vier großen Thunfischverbreitungsgebiete zuständig: West- und Zentralpazifik, Ostpazifik, Indischer Ozean und Atlantik. Die RFMOs legen Fischereiregeln fest – zum Beispiel, wie viel Thunfisch die Fischer fangen dürfen, in welchen Fanggebieten, zu welcher Jahreszeit und mit welchen Fanggeräten. Dabei stützen sie sich auf aktuelle Bestandsdaten und wissenschaftliche Empfehlungen. Entscheidungen müssen in der Regel alle Mitgliedstaaten einer RMFO im Konsens treffen, ohne Gegenstimme. Bis sich alle einig sind, vergehen oft Jahre. Deshalb gibt es bis heute beispielsweise erst für sechs der 23 wirtschaftlich relevanten

M 6 Quellentext zur Thunfischfischerei

Thunfischbestände Bewirtschaftungsregelungen, sogenannte Harvest Control Rules (HCRs). Sie legen fest, wie ein Bestand zu bewirtschaften ist, wenn er unter einen bestimmten Grenzwert fällt.

Der MSC versucht gemeinsam mit anderen Nichtregierungsorganisationen[...], Entscheidungsprozesse der RFMOs zu beschleunigen und klare Fischereiregeln für alle Thunfischbestände voranzutreiben. Für viele Thunfischfischereien wurde die MSC-Zertifizierung an die Auflage geknüpft, solche Regeln einzufordern und einzuführen. [...]

Im Jahr 2012 erhielten die Fischer der Malediven das MSC-Zertifikat für ihre nachhaltige Angelrutenfischerei auf Echten Bonito. Daran war jedoch eine Bedingung geknüpft: Innerhalb von fünf Jahren musste eine länderübergreifende Befischungsstrategie für den Echten Bonito im Indischen Ozean implementiert sein – mit klaren Regeln. Sollte dies nicht passieren, würden die Fischer ihr Zertifikat wieder verlieren. Jahrelang verhandelten die Fischerei und die über 30 Mitglieder der Thunfischkommission für den Indischen Ozean (IOTC) [...]. 2016 verabschiedete die IOTC schließlich Bewirtschaftungsregelungen (HCRs) für den Echten Bonito.

Quelle: MSC Thunfisch-Bericht 2019. Berlin, S. 7 – 8

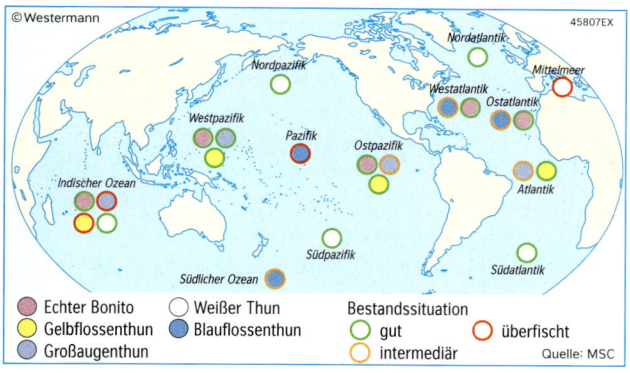

M 7 Thunfischbestände

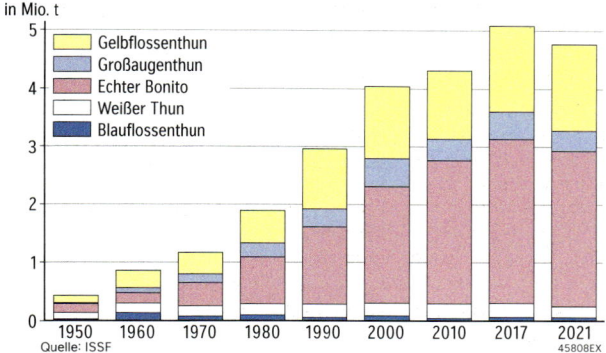

M 8 Entwicklung des Thunfischfangs

Es gibt eine Reihe ermutigender Beispiele, wie nachhaltiger Fischfang auch mit konventionellen Fangmethoden funktionieren kann. Voraussetzungen hierfür sind, dass Fangquoten* maßvoll und streng nach wissenschaftlichen Kriterien festgelegt werden, Überwachung durch Fischereibeobachter auf jedem Fangboot, strikte Kontrollen des Fangs, Beifangreduzierung und Einbindung lokaler Fischereien.

Die Fischerei mit Angeln, also kurzen, mit beköderten Haken versehenen Leinen gehört zu den selektivsten und schonendsten Fischfangmethoden überhaupt. Ihre Beifangrate liegt bei durchschnittlich nur 0,7 % der Gesamtfangmenge und es treten keine Schäden am Meeresboden auf. [...] Mit dem Einsatz von Hand- und Wurfnetzen von Land oder kleinen Booten aus lässt sich nachhaltige Fischerei umsetzen. [...]

Auch beim schonenden Einsatz gängiger Fangmethoden, wie modifizierten Schleppnetzen (spezielle Netze mit geringerer Garnstärke und großen Maschenweiten) oder speziell konstruierten Fischfallen (Körbe und Reusen), kombiniert mit striktem Monitoring, lassen sich Kriterien der nachhaltigen Fischerei (Vermeidung von Fehlfängen wie z. B. Haien) umsetzen. Dabei muss sichergestellt sein, dass das Fischereigerät nicht verloren geht und dann zur Geisterfischerei beiträgt. Entscheidend ist hierbei auch, dass das Verheddern von Meeressäugern (Wale, Delfine, Robben) in Befestigungsleinen von Körben und Reusen durch entsprechende Modifikationen am Fischereigerät ausgeschlossen ist. Fischfallen sind so konstruiert, dass Jungfische und Nichtzielfische entkommen können.

Quelle: Nachhaltiger Fischfang. Deutsche Stiftung Meeresschutz

M 10 Quellentext zu nachhaltigen Fangmethoden

2.6 Energierohstoffe aus dem Meer

Die wichtigsten Rohstoffe aus dem Meer sind noch immer Erdöl und Erdgas. Seit 1896 die ersten Offshore-Ölförderanlagen vor der kalifornischen Küste entstanden, haben sich die Technik und die Fördermengen von Erdöl und später auch Erdgas stetig weiterentwickelt. Heute bedeutet offshore schon lange nicht mehr nur direkt „vor der Küste", sondern feste und schwimmende Förderplattformen und Bohrschiffe agieren auch weit vor der Küste in tiefem Wasser. Exploration*, Förderung und Transport bleiben allerdings nicht ohne Folgen: Jährlich gelangen Tausende Tonnen Öl und Chemikalien durch Unfälle, aber auch im Normalbetrieb ins Meer.

1. Lokalisieren Sie die geographischen Schwerpunkte der weltweiten Offshore-Erdöl- und Erdgasförderung (M7, M1, Atlas).
2. Beschreiben Sie die Bedeutung und Entwicklung der Offshore-Erdöl- und Erdgasförderung (M1, M3, M8).
3. Erläutern Sie die Herausforderungen für die Offshore-Erdöl- und Erdgasförderung (M1, M5, M6).
4. Vergleichen Sie die verschiedenen Typen von Plattformen bei der Offshore-Erdöl- und Erdgasförderung (M4, M5, M7, M9).
5. Erklären Sie den Zusammenhang zwischen Ölpreis und rentablen Förderverfahren und -standorten (M1, M2).
6. Erörtern Sie die Zukunftsaussichten der Offshore-Erdöl- und Erdgasförderung.

Aufgrund verbesserter Erkundungsverfahren, Bohr- und Fördermethoden können Erdöl und Erdgas mittlerweile selbst in Lagerstätten gefördert werden, die in Wassertiefen von mehr als 3000 Metern liegen oder aber weiter als 160 Kilometer vor der Küste. Die möglichen Bereiche der sogenannten Tief- oder Tiefstwasserförderung sind allerdings auf die Schelfmeere und somit auf die Kontinentalränder beschränkt. Die Tiefseeebenen der Ozeane, die den weitaus größten Anteil der Meeresfläche ausmachen, sind von ozeanischer Kruste unterlagert und haben ein sehr geringes oder kein Erdöl- und Erdgaspotenzial. Extrem sind mittlerweile auch die Bohrtiefen im Meer. Die tiefsten Ölbohrungen im Golf von Mexiko beispielsweise reichen mehr als 6000 Meter weit in den Meeresboden, wobei es Bohrplattformen gibt, deren Bohrer theoretisch bis zu 11400 Meter weit in den Untergrund vorstoßen könnten, sofern die Bedingungen dies zulassen. Die technische Entwicklung erlaubt den Erdölunternehmen außerdem, ihre Produktion in Gebiete auszuweiten, deren teilweise extreme Wetter- oder Umweltbedingungen eine Förderung bislang verhindert haben. [...]

Von der Entdeckung einer Offshore-Erdöllagerstätte im Tiefstwasser bis zum Verkauf des ersten Öls können bis zu zehn Jahre vergehen. Die Ausgaben für die geologischen Voruntersuchungen sowie alle notwendige Bohr- und Produktionstechnik summieren sich meist auf Milliardenbeträge. Die Entscheidung für oder gegen die Erschließung eines Offshore-Feldes fällen Unternehmen daher nicht auf Basis des aktuellen Ölpreises, sondern mit Blick auf die zukünftige Preisentwicklung.
Quelle: World Ocean Review 7 Maribus: Hamburg 2021, S.174 – 175

[Eine Analyse] hat ergeben, dass die Kosten im Upstream*-Sektor im Jahr 2021 erheblich gesunken sind, wodurch neues Öl wettbewerbsfähiger und deutlich billiger zu fördern ist. Der durchschnittliche Break-Even-Preis* für neue Ölprojekte ist auf etwa 47 US-Dollar pro Barrel gesunken – ein Rückgang von etwa 8 % im letzten Jahr und 40 % seit 2014, wobei die Offshore-Tiefsee eine der günstigsten Quellen für neue Lieferungen bleibt. [...] Zwischen 2014 und 2018 sind die Kosten im Offshore-Bereich um rund 30 % gesunken. Da jedoch in diesem Zeitraum keine neuen Genehmigungen erteilt wurden, verringerte sich das potenzielle Offshore-Erdölangebot für 2025. Seit 2018 sind die Break-Even-Preise für Offshore-Tiefwasser um 30 % und für Flachwasser um 17 % gefallen.
Quelle: As falling Costs Make New Oil Cheaper to Produce, Climate Policies May Fail Unless they Target Demand. Rogtec Magazine 17.11.2021 (Übers.: Thilo Girndt)

Die Suche nach Offshore-Erdöl ist wieder in vollem Gange. Denn die weltweite Energienachfrage steigt wieder, und die Rohölpreise liegen wieder über dem Niveau vor der Corona-Krise. Die 1,2 Milliarden Dollar teure Bohrinsel Deepwater Titan war vor fünf Jahren stillgelegt worden und musste in einer Werft in Singapur warten. Doch nun wird das Schiff, das fast drei Fußballfelder lang ist, zum Golf von Mexiko aufbrechen. [...] Andere riesige Bohrinseln sind derzeit in tiefen Gewässern entlang der brasilianischen Küste im Einsatz. Und Bohrinseln ohne Antrieb fördern Öl in den relativ flachen Gewässern im Nahen Osten, nachdem sie mit Schleppern dorthin gebracht wurden. Viele neue Offshore-Einsätze konzentrieren sich auf Südamerika und den Mittleren Osten. An den Atlantikküsten Brasiliens, Guyanas und Surinams wimmelt es nur so von Bohrschiffen, da die brasilianische Ölgesellschaft die Produktion stark vorantreibt und in den letzten Jahren mehrere bedeutende Ölfunde in den benachbarten Gewässern gemacht wurden. [...] Der Krieg in der Ukraine und die Sanktionen gegen Russland [...] veranlassten die Suche nach neuen Energiequellen auf der ganzen Welt, was die Offshore-Exploration und -Produktion noch weiter ankurbeln könnte.
Quelle: Gregor Uhlig: Die Jagd aufs Offshore-Erdöl ist mit Wucht zurück. Deutsche Wirtschaftsnachrichten 26.1.2023

M1   Quellentexte zur technischen und Kostenentwicklung der Offhore-Förderung

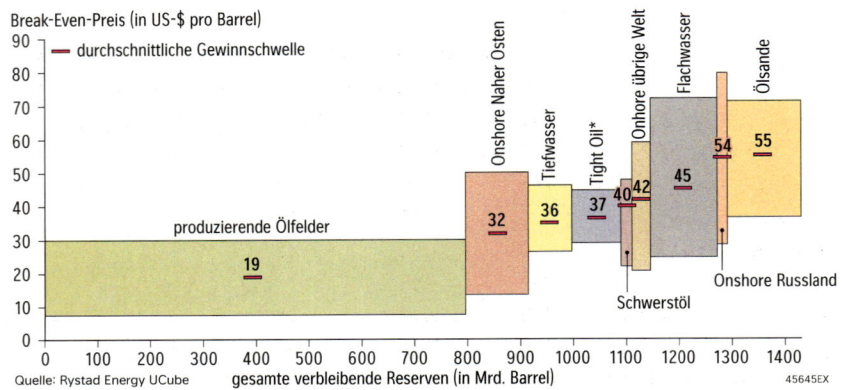

Quelle: Rystad Energy UCube

M2   Break-Even-Preis* verschiedener Erdölfördermethoden/-gebiete (2021)

Quelle: EIA

M3   Anteil der weltweiten Erdölförderung onshore und offshore

M 4 Erdölplattform Perdido (USA)
Lage: Golf von Mexiko, 320 km vor der texanischen Küste
Typ: Spar-Boje   **Wassertiefe:** 2450 m   **Gewicht:** 55 000 t
Durchmesser: 36 m   **Gesamthöhe:** 168 m
Inbetriebnahme: 2010   **Förderleistung:** 100 000 Barrel/Tag
Besonderheit: tiefste Offshore-Förderung, sicher gegen Hurrikans

M 9 Erdölplattform Berkut (Russland)
Lage: Ochotskisches Meer, 25 km nördlich der Insel Sachalin
Typ: feste Plattform   **Wassertiefe:** 35 m   **Gewicht:** 200 000 t
Größe über Wasser: 105 m Länge, 60 m Breite, 144 m Höhe
Inbetriebnahme: 2014   **Förderleistung:** 90 000 Barrel/Tag
Besonderheit: größte Plattform oberhalb des Wassers, angepasst an subarktische Bedingungen (2 m Eisschollen, Ölförderung bis -44 °C)

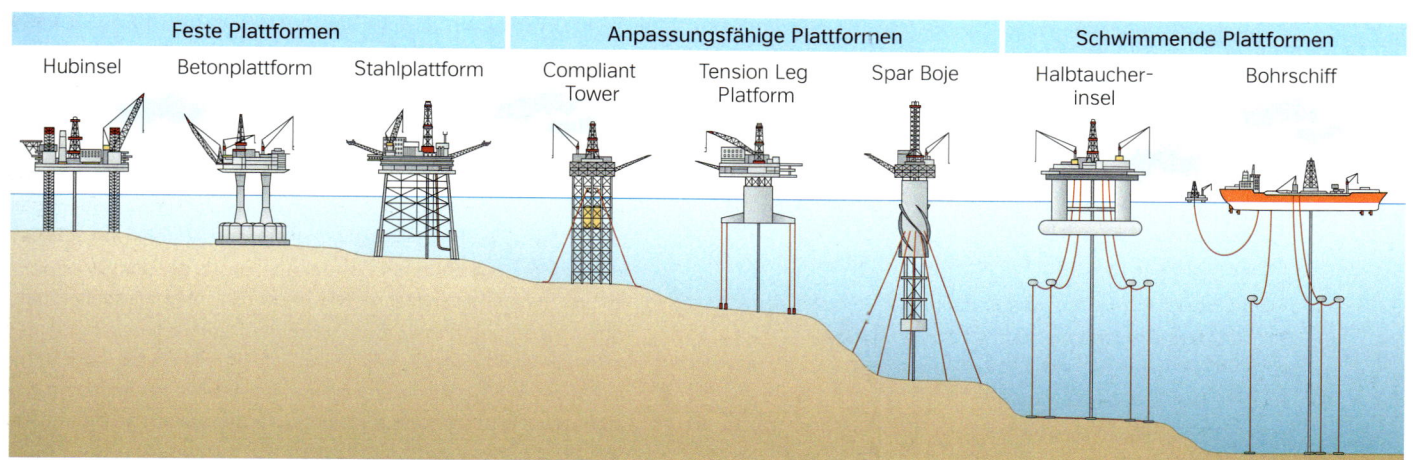

M 5 Typen von Erdölplattformen

	Tiefe	Merkmale
Hubinsel	bis 130 m	Schwimmplattform mit ausfahrbaren Stützen, leicht umpositionierbar
Betonplattform	bis 300 m	Verankerung auf Hohlkörpern aus Stahlbeton, im Betrieb Nutzung als Tank für Öl und Gas
Stahlplattform	bis 400 m	Verankerung auf an Land gefertigten Stahlgestellen, hohe Widerstandsfähigkeit gegen Wind und Wellen
Compliant Tower	bis 900 m	(nachgiebiger) Stahlturm, zusätzlich mit Stahltrossen im Meeresboden verankert, auf See montiert
Tension Leg Platform	bis 1300 m	permanent verankert mit Stützen auf einem großen Schwimmkörper, relativ kostengünstig, weit verbreitet
Spar Boje	bis 2500 m	Plattform auf einem langen zylindrischen Körper (auch als Tank), wenig Widerstand gegen Strömungen
Halbtaucher-Insel	bis 3000 m	Plattform auf einem Schwimmkörper, mit einfachen Ankern oder eigenem Antrieb auf Position gehalten
Bohrschiff	bis 3500 m	mit einfachen Ankern oder eigenem Antrieb auf Position gehalten, vor allem für Erkundungsbohrungen

M 6 Typen von Erdölplattformen

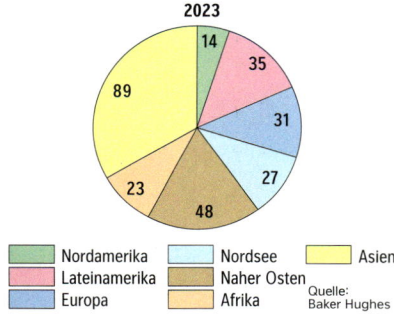

2023

Nordamerika 14
Lateinamerika 35
Europa 31
Nordsee 27
Naher Osten 48
Afrika 23
Asien 89

Quelle: Baker Hughes

M 7 Standorte von Bohrinseln (Erdöl und Erdgas)

	Erdöl (in Mrd. Barrel)			Erdgas (in Bio. m³)		
	Reserven	Ressourcen	Förderung[1]	Reserven	Ressourcen	Förderung[1]
konventionell gesamt	1294	4126	1363	204	544	113
onshore	825	2247	885	110	234	86
Flachwasser	223	795	299	69	179	22
Tiefwasser	31	224	26	22	79	4
extremes Tiefwasser	6	78	2	4	53	0,2
andere	209	782	151	-	-	-
unkonventionell* gesamt	400	3411	27	12	375	10
gesamt	1695	7537	1390	216	919	122

[1] kumalativ (seit Förderbeginn) Quelle: EIA

M 8 Ressourcen*, Reserven* und Förderung von Erdöl und Erdgas (2018)

2.7 Nutzung des Meeres zur Energiegewinnung

Abgesehen von fossilen Energierohstoffen kann das Meer auch erneuerbare Energien bereitstellen. Dabei können die Bewegungen, aber auch Unterschiede in Salzgehalt und Temperatur des Meeres als unerschöpfliche Energiequelle genutzt werden. Ein anderer Ansatz ist die Nutzung des Meeres als Standort von Windkraftanlagen. Das Potenzial der „Meeresenergie" ist gewaltig, bislang trägt sie abgesehen von einigen großen Offshore-Windparks kaum zum Strommix bei.

1. Beschreiben Sie die Lage der deutschen und europäischen-Windparks (M1, M5, Atlas).
2. Analysieren Sie den Ausbau der Offshore-Windkraft (M2, M3).
3. Erörtern Sie das Potenzial der Offshore-Windkraft (M4).
4. Erstellen Sie einen Kurzvortrag zu einem der maritimen Kraftwerkstypen (M7, Internet).
5. Vergleichen Sie Energiegewinnung aus Offshore-Windkraft und maritimen erneuerbaren Energien (M2–M4, M7–M9).
6. Erörtern Sie die bislang noch geringe Umsetzung von Kraftwerken mit maritimen erneuerbaren Energien .

Die besten Offshore-Windstandorte könnten mehr als die gesamte heute weltweit verbrauchte Menge an elektrischer Energie liefern. Und dazu müssten nur die küstennahen Standorte erschlossen werden. [...] Das technische Potenzial der Offshore-Windkraft liegt bei 36 000 TWh pro Jahr für Anlagen in Gewässern mit einer Tiefe von weniger als 60 Metern und einer Entfernung von weniger als 60 km von der Küste. Der weltweite Bedarf liegt derzeit bei 23 000 TWh. Wenn man sich weiter von der Küste entfernt und in tiefere Gewässer vordringt, könnten schwimmende Turbinen genug Potenzial bieten, um den gesamten Strombedarf der Welt im Jahr 2040 um das 11-fache zu decken. [...] Die Industrie nutzt verschiedene Technologien für schwimmende Fundamente, die sich bereits im Öl- und Gassektor bewährt haben. [...] Die Offshore-Windkraftanlagen wird in den nächsten zehn Jahren gegenüber fossilen Brennstoffen und anderen erneuerbaren Energien, einschließlich der Fotovoltaik, wettbewerbsfähig sein. Ihre Kosten der sind rückläufig und werden weiter sinken. [...] Die Offshore-Windkraft kann durch die Dekarbonisierung der Elektrizität und durch die Erzeugung kohlenstoffarmer Brennstoffe zur Energiewende beitragen. [...] Aufgrund der hohen Kapazitäten [...] und der sinkenden Kosten eignet sich die Offshore-Windkraft gut für die Erzeugung von kohlenstoffarmem Wasserstoff, einem vielseitigen Produkt, das zur Dekarbonisierung des Gebäudesektors [...], der Industrie und des Verkehrs beitragen könnte. Ein 1-Gigawatt-Offshore-Windprojekt könnte beispielsweise genug kohlenstoffarmen Wasserstoff erzeugen, um etwa 250 000 Haushalte zu beheizen. [...]

Die Entwicklung effizienter Lieferketten ist für die Offshore-Windindustrie von entscheidender Bedeutung, um kostengünstige Projekte zu realisieren. Um dies zu erreichen, sind wahrscheinlich milliardenschwere Investitionen in immer größere Versorgungsschiffe und Konstruktionsausrüstung erforderlich. Die Regierungen können solche Investitionen erleichtern, indem sie eine langfristige Vision für die Offshore-Windkraft entwickeln und die Maßnahmen, die zur Verwirklichung dieser Vision ergriffen werden müssen, genau festlegen. Langfristige Klarheit würde auch eine effektive Systemintegration der Offshore-Windkraftanlagen ermöglichen, einschließlich einer Systemplanung zur Gewährleistung der Zuverlässigkeit in Zeiten geringer Windverfügbarkeit. Der Erfolg der Offshore-Windkraft hängt vom Ausbau der Netzinfrastruktur an Land ab.

Quelle: International Energy Agency: Offshore Wind Outlook 2019, S.11–14 (Übersetzung: Thilo Girndt)

	Leistung	Turbinen	Fläche	Start
Hornsea Two (UK)	1386 MW	165	480 km²	2021
Hohe See (D)	497 MW	71	40 km²	2019
Nordlicht I (D)	980 MW	k. A.	53 km²	*2027*
Kriegers Flak (DK)	605 MW	72	k. A.	2021

M1   Ausgewählte Windparks in Nord- und Ostsee

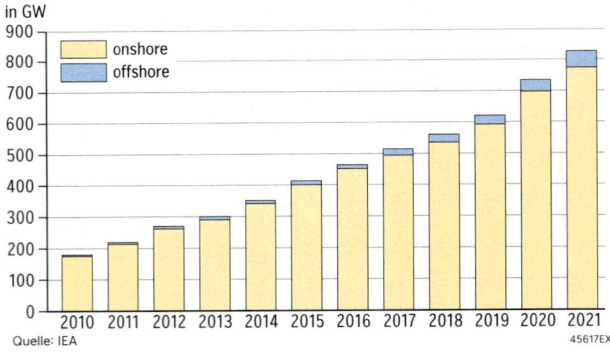

M2   Windkraft: weltweit installierte Leistung

M4   Quellentext zum Potenzial der Offshore-Windkraft

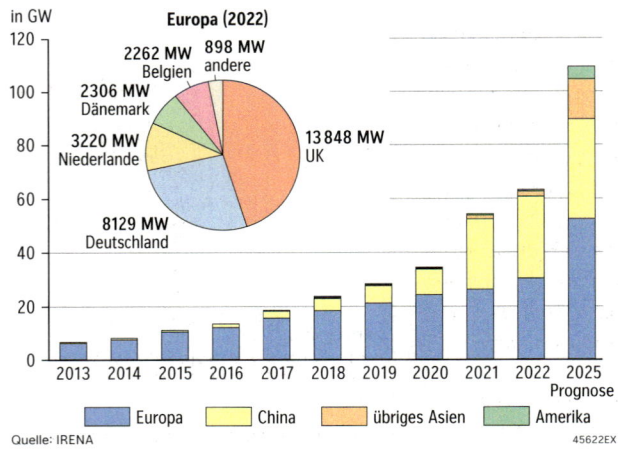

M3   Offshore-Windkraft: installierte Leistung (2012 – 2025)

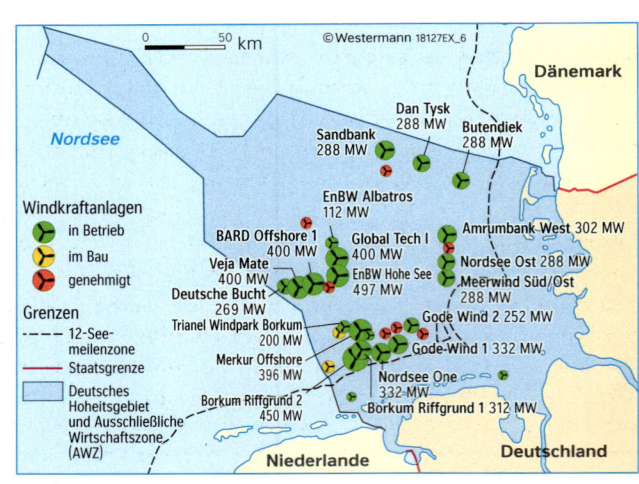

M5   Offshore-Windparks in der deutschen Nordsee

 100900-071-05
schule.diercke.de
 100900-068-01
schule.diercke.de
 100900-105-02
schule.diercke.de
 100900-126-01
schule.diercke.de

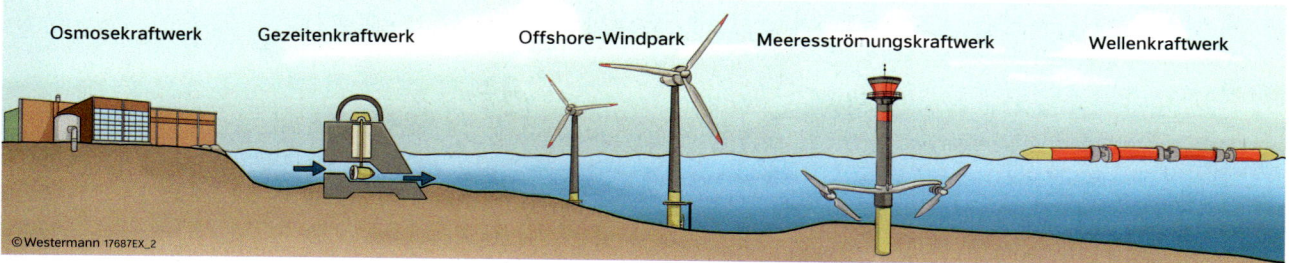

M 6   Nutzung erneuerbarer Energien im und auf dem Meer

	Prinzip	Umsetzung	Vor- (+)/Nachteile (−)
Gezeitenkraftwerk	Nutzung der Bewegungsenergie durch die Gezeiten mittels Turbine	mit Staudamm an Buchten oder breiten Flussmündungen: 5 Anlagen weltweit: • Frankreich: Rance: 240 MW, seit 1967 • Südkorea: Sihwa-ho: 254 MW, seit 2011 • kleinere Anlagen in China, Russland, Südkorea, 1 eingestellt (Kanada)	+ bewährte Technologie + vorhersehbar/planbar (Gezeitenberechnung) − geringes globales Potenzial (Mangel an Standorten mit hohem Tidenhub*) − hohe Baukosten − erheblicher Eingriff in Landschaft und Ökologie − Beeinträchtigung der Schifffahrt
Meeresströmungs-kraftwerk	Nutzung der Bewegungsenergie des Meeres (Strömungen) mittels Turbine	„Windräder" unter Wasser • MeyGen (UK): 4x 1,5 MW (269 Turbinen geplant), seit 2016 • Anlagen in Norwegen, Italien, Kanada • etliche Projekte nach Pilotphase eingestellt	+ geringerer Eingriff in Landschaft + kontinuierlicher Betrieb − eingeschränkte nutzbare Bereiche (hohe Strömungen erforderlich) − hohe Baukosten (verglichen mit Windkraft) − hohe Materialanforderungen − hoher Wartungsaufwand − Auswirkungen auf Fischerei und Schifffahrt − Unterwasserlärm, Eingriff in die Meeresbodenökologie
Wellenkraftwerk	Nutzung der mechanischen Energie der Wellen und der potenziellen Energie des Seegangs	verschiedene Methoden zur Nutzung der Wellenenergie (z.B. Wind- und Wasserturbinen, Nutzung von Schwimmkörpern) etwa 15 kleinere Anlagen weltweit: • Spanien: Mutriku 300 kW, seit 2011 • Schweden: Sotenäs 3 MW, seit 2016	+ keine Fundamente erforderlich + einfache Wartung − Betrieb abhängig vom Seegang − Einschränkung der Schifffahrt − Beschädigungen durch Stürme
Osmosekraftwerk	Nutzung der Energie, basierend auf dem Unterschied im Salzgehalt zwischen Süß- und Meerwasser mittels semipermeabler Membran und Turbine	Anlagen an Land (Süßwasser strömt in Salzwasserbecken) • Prototyp in Norwegen Tofte (Projekt eingestellt)	+ kontinuierliche Produktion + einfache Wartung − noch nicht ausreichend entwickelt − hohe Kosten − (bislang) geringer Ertrag − Zugang zu großen Süßwassermengen notwendig
Meereswärme-kraftwerk	Nutzung der Energie, die durch den Temperaturunterschied zwischen Tiefen- und Oberflächenwassermassen entsteht	Anlagen an Land oder auf Meer möglich • nur Versuchsanlagen (z.B. in Hawaii), größtenteils eingestellt	+ kontinuierliche Produktion − technisch anspruchsvoll, noch nicht ausreichend entwickelt − hohe Kosten − Beschränkung auf tropische Zonen (notwendige Temperaturunterschiede)

M 7   Maritime erneuerbare Energien

Bisher haben mehrere technische Probleme die Entwicklung der erneuerbaren Energien auf dem Meer behindert, insbesondere der notwendige Transport der erzeugten Energie zum Verteilernetz und die benötigte Energiespeicherung. Die Lage im Meer bedeutet lange Transportwege, bei denen ein Teil der Energie verloren geht. Anlagen in Küstennähe haben daher einen Vorteil gegenüber weiter entfernten Infrastrukturen, die sich weit weg vom Ort der Energienutzung befinden. Einige Methoden sind „intermittierend". [...] Die Erzeugung dieser Energien hängt von äußeren Faktoren (Seegang, Wind, Strömungen, Gezeiten) ab, die eine dauerhafte oder steuerbare Erzeugung „nach Belieben" unmöglich machen. [...] Dabei kann überschüssige Energie produziert werden. In diesem Fall muss sie gespeichert werden. Es ist jedoch schwierig, Energie zu speichern, ohne Energie zu verlieren. Dennoch entwickeln sich die aktuellen Technologien sehr schnell, und auch wenn das Thema der Speicherung in Batterien lange Zeit sehr viel Aufmerksamkeit erhielt, gibt es nun viele andere Lösungen.
Quelle: Maritime erneuerbare Energien – eine Lösung für die Energiewende. Surfrider Foundation Europe

M 8   Quellentext zu Hindernissen für die Entwicklung von maritimen erneuerbaren Energien

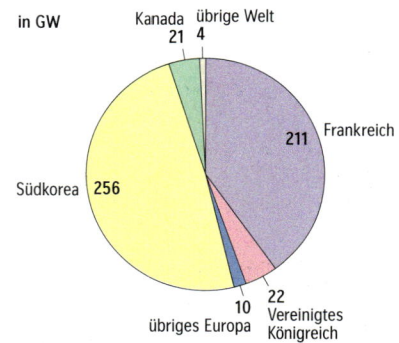

90 % der installierten Leistung stammt aus Gezeitenkraftwerken.
Maritime Quellen machen 0,016 % der installierten Leistung der globalen erneuerbaren Energien aus.
Quelle: IRENA   45618EX

M 9   Maritime erneuerbare Energien: installierte Leistung (2022)

2.8 Tiefseebergbau im Südpazifik

Heute werden Metalle und Industrieminerale für die Herstellung von Maschinen und Konsumgütern fast ausschließlich an Land gewonnen. Um sich gegen zukünftige Engpässe abzusichern und von Importen aus bestimmten Ländern wie China, dem Kongo und Russland unabhängig zu machen, überlegen einige Länder, Rohstoffe wie Nickel, Kobalt und Seltene Erden aus den Ozeanen zu gewinnen, wenn dies auch mit sehr großem Aufwand und hohen Kosten verbunden ist. Große Vorkommen an Manganknollen, Massivsulfiden und Kobaltkrusten, die dort über mehrere Millionen Jahre entstanden sind, befinden sich im Südpazifik. Für die dortigen Inselstaaten könnte der Abbau eine große wirtschaftliche Chance bedeuten. Allerdings bestehen zugleich große, nicht nur ökologische Bedenken.

Ⓩ 1. a) Erstellen Sie ein Kurzreferat zur Entstehung von Manganknollen, Massivsulfiden oder Kobaltkrusten (M1, Internet).
   b) Beschreiben Sie ihre Vorkommen im Südpazifik (M1, M4).
2. Erläutern Sie den Unterschied von Tiefseebergbau auf Hoher See und in der AWZ* der Südpazifikstaaten (M3 – M5).
3. Beurteilen Sie den Tiefseebergbau für die südpazifischen Inseln unter Nachhaltigkeitskriterien (M3 – M8).
4. Im Zuge der Energiewende (Herstellung von E-Autos, Energiespeicherung etc.) wird der Bedarf an Metallen, die in der Tiefsee gefördert werden können, steigen. Erörtern Sie den Tiefseebergbau im globalen Kontext.

Manganknollen

- schwarzbraune Mineralaggregate; Kugeln, Disken (Durchmesser 1 – <15 cm)
- vor allem Mangan und Eisen, aber auch Nickel, Kupfer, Kobalt, Titan, Molybdän, Lithium, Seltene Erden
- lose auf dem Meeresboden der Ozeane in 3000 – 6000 m Tiefe (z. T. 1000 Knollen pro m²)
- Vorkommen: Clarion-Clipperton-Zone im Nordpazifik zwischen Hawaii und Mexiko (25 - 40 Mrd. t), Perubecken (Südostpazifik), Penrhyn-Becken (Südwestpazifik), zentraler Indischer Ozean

Massivsulfide

- schwefelhaltige Metallerze
- neben Schwefel und Eisen vor allem Kupfer, Zink, Gold, aber auch Antimon, Germanium, Indium, Silber, Tellur, Wismut
- in Bereichen vulkanischer Aktivität (schwarzen Rauchern*) an den Plattengrenzen in den Ozeanen in Wassertiefen zwischen 800 und 5000 m
- an tektonischen Schwachstellen (z. B. mittelozeanischen Rücken), Manus-Becken bei Papua-Neuguinea

Kobaltkrusten

- harte Überzüge aus Mangan- und Eisenoxid, 3 – 6 cm dick, max. 26 cm
- neben Eisen und Mangan auch Kobalt, Titan, Molybdän, Zirkon, Tellur, Bismut, Niob, Wolfram, Seltene Erden, Platin
- entlang der Flanken submariner Gebirgszüge (meist zwischen 1000 und 2500 m Tiefe)
- 2/3 im Pazifik, gesamt: ca. 40 Mrd. t

M1 Arten abbauwürdiger Tiefsee-Erzvorkommen

Momentan findet weltweit noch kein kommerzieller, industrieller Tiefseebergbau statt (Stand Juli 2023). Dies hat eine Reihe von Gründen. Bergbau in bis zu 4000 Meter Wassertiefe ist extrem teuer, technisch kompliziert und bisher unwirtschaftlich. Steigender Bedarf an Rohstoffen und Fortschritte bei den speziellen Fördermethoden haben bei Bergbauunternehmen das Interesse geweckt. Zudem haben zahlreiche Staaten Erkundungslizenzen erworben, vor allem in dem pazifischen Manganknollengebiet der Clarion-Clipperton-Zone (S. 32: M1) zwischen Hawaii und Mexiko im Zentralpazifik, um den Abbau zu testen, aber auch die Umweltfolgen zu untersuchen. Völkerrechtlich macht es einen Unterschied, ob Tiefseebergbau in der AWZ* eines Staates stattfindet oder auf dem Meeresboden im Bereich der Hohen See, die gemäß Art. 136 Seerechtsübereinkommen (SRÜ) als „gemeinsames Erbe der Menschheit" gilt. In der AWZ verfügen die Küstenländer über die alleinigen Nutzungsrechte und können Lizenzen vergeben. Das bislang einzige ernsthafte Projekt in Papua-Neuguinea scheiterte an der Insolvenz des kanadischen Bergbauunternehmens. Außerhalb der AWZ war Tiefseebergbau bislang verboten. Zuständig ist die Internationale Meeresbodenbehörde (IMB), eine eigenständige internationale Organisation, die 1994 mit Inkrafttreten des SRÜ in Kingston (Jamaika) eingerichtet wurde. Sie hat seit 2000 die Erkundungslizenzen vergeben, ist aber auch grundsätzlich für die Regulierung des Tiefseebergbaus und die Gewährleistung des Umweltschutzes in der Tiefsee verantwortlich. Ein Antrag des pazifischen Inselstaats Nauru 2021 zum kommerziellen Bergbau in der Clarion-Clipperton-Zone führte dazu, dass die IMB eigentlich bis Juli 2023 konkrete Vorschriften ausarbeiten und verabschieden sollte. Diese Frist verstrich allerdings ohne endgültiges Ergebnis. Formal haben Bergbauunternehmen nun das Recht, Abbaulizenzen zu beantragen. Länder wie Deutschland fordern aber ein Moratorium, solange man noch nicht genügend über die ökologischen Auswirkungen weiß.

M3 Regelung des Tiefseebergbaus

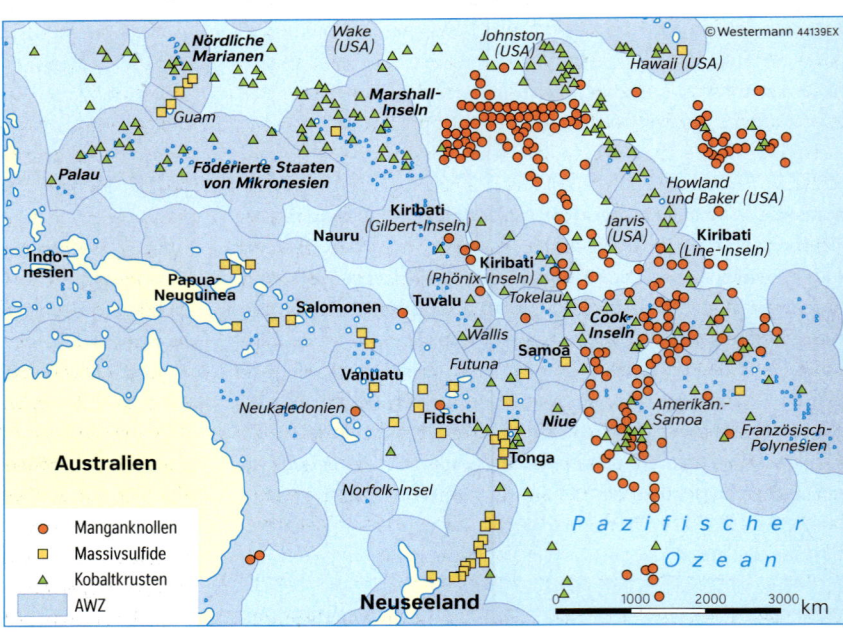

M4 Vorkommen von Manganknollen, Massivsulfiden und Kobaltkrusten im Südpazifik

M2 Querschnitt durch eine Manganknolle

Kommerzielle Abbauvorhaben bedürfen [...] oft enormer Flächen. Ferner haben die Verträge in der Regel eine Laufzeit von 30 Jahren. Mit solchen Vorhaben würde erstmalig großflächig in Ökosysteme eingegriffen, die bislang weitgehend unberührt sind. Im Wesentlichen lassen sich drei Formen von Umweltbeeinträchtigungen unterscheiden:

1. kann die Entnahme der mineralischen Rohstoffe nachteilige Wirkungen auf die Biodiversität* haben, da z. B. die Manganknollen selbst die Grundlage einzigartiger Lebensräume sind.
2. wird durch den Abbau Sediment aufgewirbelt und verteilt, das zu einer Trübung des ansonsten kristallklaren Wassers führt und nach dem Absinken Bodenlebewesen bedecken kann. Auch wird die Nahrungsaufnahme der hochsensiblen Lebewesen am Tiefseeboden und in der Wassersäule beeinträchtigt.
3. wird nach einer Erstbearbeitung der gewonnenen Erze das verunreinigte Produktionswasser wieder in die Meere eingeleitet und kann in der Wassersäule zu Verschmutzung und Schädigungen führen. Weitere mögliche nachteilige Effekte können durch Lärm- und Lichtemissionen verursacht werden.

Kommerzieller Tiefseebergbau wird mit großer Wahrscheinlichkeit zu Artensterben führen. [...] Zu berücksichtigen ist, dass der Kenntnisstand über die Ökosysteme der Tiefsee sehr gering ist und dass die dort lebenden Arten sehr empfindlich sind, da u. a. alle Lebensprozesse in der Tiefsee sehr langsam ablaufen.

Quelle: Bergbau am Tiefseeboden. Umweltbundesamt 18.8.2021

Die Völker des Südpazifik, die seit Hunderten von Generationen dort fischen, segeln und Handel betreiben, haben tiefe kulturelle und spirituelle Verbindungen zum Ozean. Als Gemeinschaften und Individuen sind ihre Identitäten eng mit dem Ozean verbunden, auch mit der Tiefsee und mit (marinen) Orten fern vom Lebensraum der Menschen. Das gesamte Ausmaß der soziokulturellen Folgen von Tiefseebergbau, insbesondere für die Bewohner*innen der pazifischen Inselwelt, ist bisher völlig unklar. Die schwersten wirtschaftlichen Folgen hätte Tiefseebergbau sehr wahrscheinlich im Bereich der Fischerei. Viele wirtschaftliche Betriebe auf den pazifischen Inseln und damit die wirtschaftliche Situation der jeweiligen Länder, die Existenzgrundlagen der lokalen Bevölkerung, kulturelle Praktiken sowie die Ernährungssicherheit* sind unmittelbar abhängig von der Fischerei. 2018 wurden mit dem Thunfischfang im Pazifik mehr als 6 Mrd. USD umgesetzt, für viele Volkswirtschaften im Südpazifik ein großer Anteil am BIP*. [...] Tiefseebergbau verursacht bereits jetzt tiefe soziale Spaltungen, obwohl der kommerzielle Abbau noch gar nicht begonnen hat. Viele Inselbewohner*innen im Pazifik geben der Erhaltung von Lebensräumen, ihrer Lebensweise, ihrer Existenzgrundlage und der Ernährungssicherheit Vorrang vor den unbestätigten Vorteilen, die Tiefseebergbau angeblich mit sich bringt. Sie sind sich der Zerstörung bewusst, die der terrestrische Bergbau anrichtet, und wissen, dass die betroffenen Gemeinschaften keinesfalls in nachhaltiger Weise vom Abbau der natürlichen Ressourcen profitieren. Während einige Regierungen und Bevölkerungsteile Tiefseebergbau unterstützen, weil sie sich davon eine stärkere wirtschaftliche Entwicklung versprechen, sind viele pazifische Inselökonomien nach Jahrzehnten der exzessiven Rohstoffgewinnung nach wie vor unterentwickelt und fragil. Selbst wenn Tiefseebergbau ein wirtschaftlicher Erfolg sein sollte, würden die daraus erzielten Einnahmen nicht ausreichen, um den Inselbewohner*innen im Pazifik zu gesteigertem Wohlstand zu verhelfen oder um vorausgesagte und potenzielle Verluste bei der gegenwärtigen Nutzung des Ozeans (z. B. Fischerei) auszugleichen.

Quelle: Jan Pingel, Nicole Skrzipczyk: Das Meer als Rohstoffquelle? Hamburg: Ozean Dialog 2020, S. 5

M 5 Quellentexte zu den ökologischen, sozialen und wirtschaftlichen Folgen des Tiefseebergbaus

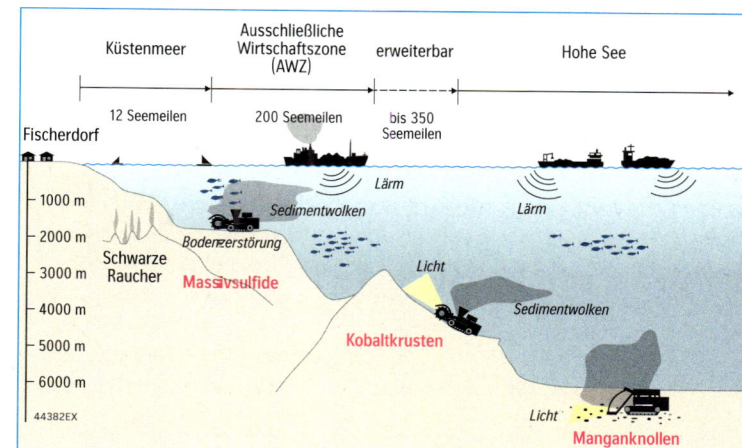

M 6 Möglicher Tiefseebergbau und seine Umweltprobleme

Pro-Argumente

- Arbeitsplätze an Verarbeitungsorten
- Metallerze mit verschiedenen Rohstoffen, für die zum Teil ein hoher Bedarf besteht
- bei steigendem Bedarf bestimmter Metalle kein Ausbau bzw. neue Bergwerke an Land mit damit verbundenen Problemen (Entwaldung, Grundwasserbelastung, Abraumproblematik, Schadstofffreisetzung, Umsiedlungen etc.)
- keine Kinderarbeit und andere Formen von Ausbeutung
- Abbau der Abhängigkeit von politisch instabilen oder undemokratischen Staaten

Kontra-Argumente

- hohe Anforderungen (Druck, Kälte, Salzwasser) an Abbau- (z. B. ferngesteuerte Raupenfahrzeuge) und Abtransporttechnik (vertikale Fördersysteme zu Schiffen oder Plattformen), schon entwickelt, aber nicht erprobt
- noch kein Verfahren für Extraktion* der Metalle und kein metallurgisches Verfahren zur Herstellung verkaufsfähiger Zwischenprodukte im industriellen Maßstab
- daher hohe Kosten, Abhängigkeit von hohen Metallpreisen, die immer Schwankungen ausgesetzt sind
- Umweltverschmutzungen an Orten der metallurgischen Aufbereitung (auch Trinkwasserverschmutzung)
- kein echter Bedarf, da Kreislaufwirtschaft noch nicht ausgeschöpft

M 7 Weitere Pro- und Kontra-Argumente zum Tiefseebergbau

„Unsere bisherigen Forschungsergebnisse zeigen klar, welche direkten negativen Folgen ein Tiefseebergbau auf die Umwelt am Meeresboden haben wird. [...] Die aktuellen Gerätetests in der Clarion-Clipperton-Zone haben gezeigt, dass der Abbau technisch möglich ist. Die Kollektoren tragen die oberste bioaktive Schicht des Meeresbodens mit den Manganknollen ab und pumpen sie dann zur Produktionsplattform an der Meeresoberfläche. Die Frage ist allerdings: Lohnt sich der Abbau? Die derzeitigen Preise für Kobalt, Kupfer und Nickel tragen den Abbau nicht, das Mangan muss mit verkauft werden – nur so viel Mangan wird nicht benötigt. Die Firmen betonen selbst seit Jahren, dass mehr als vier Abbauoperationen den Weltmarkt mit Mangan überschwemmen würden. Mit so wenigen Abbauoperationen spielt Tiefseebergbau aber keine Rolle für den steigenden Bedarf an Kobalt und Nickel u.a. für die Energiewende – bei Kupfer sowieso nicht. Die Frage ist also: Sollen wir dafür großflächige und nachhaltige Schäden an einem bisher nahezu unberührten Ökosystem riskieren, deren Konsequenzen derzeit nicht vollständig abgeschätzt werden können? Bei der Antwort müssen diese Risiken gegenüber den sozialen, gesundheitlichen und ökologischen Folgen von Landbergbau und den derzeitigen Recyclingpraktiken abgewogen werden."

Matthias Haeckel, Leiter des europäischen Verbundprojekts MiningImpact

M 8 Zitat

2.9 Rohstoff Salzwasser: Meerwasserentsalzung

Zunehmender Wasserbedarf und ein abnehmendes Angebot von Süßwasser lassen in vielen Regionen der Erde die Suche nach alternativen Wasserressourcen notwendig erscheinen, sowohl für die Trinkwasserversorgung als auch für die Nutzung in Landwirtschaft und Industrie. Ist die Entsalzung von Meerwasser in energieintensiven und teuren Anlagen die Alternative, um die Wasserknappheit in vielen Ländern in den Griff zu bekommen?

1. Beschreiben Sie die Wasserverteilung auf der Erde und die Salinität der Weltmeere (M1).

2. Erstellen Sie eine Liste mit Großregionen, die zukünftig unter Wassermangel leiden werden (M2).
3. Beschreiben Sie die Verteilung und Entwicklung der Wasserentsalzung weltweit sowie in Nordafrika/Vorderasien (M4, M5, M8).
4. Stellen Sie die Wasserentsalzungverfahren dar (M6, M7, M10).
5. Beurteilen Sie die Bedeutung der Entsalzung für die Süßwasserversorgung in Israel (M3, M8, Atlas).
6. Nehmen Sie Stellung zu den Zitaten von Hussein Amery und Maria Kennedy (M3).

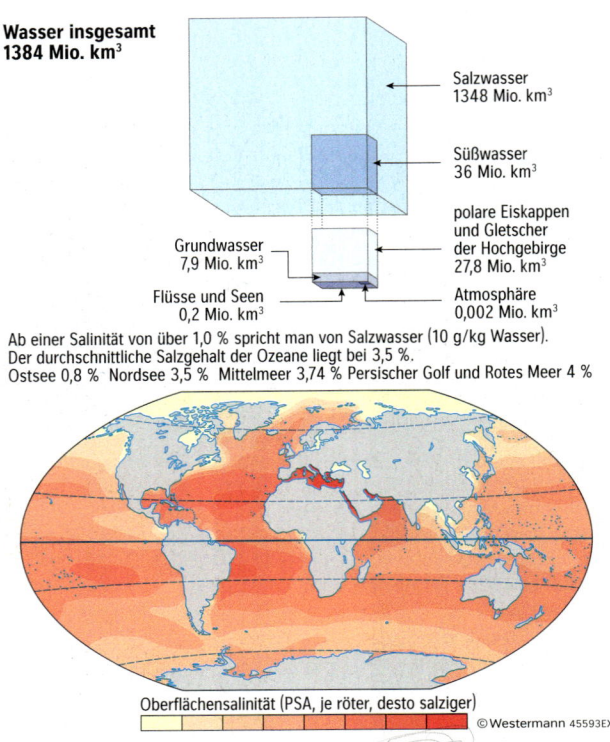

Wasser insgesamt 1384 Mio. km³

Salzwasser 1348 Mio. km³
Süßwasser 36 Mio. km³
polare Eiskappen und Gletscher der Hochgebirge 27,8 Mio. km³
Grundwasser 7,9 Mio. km³
Flüsse und Seen 0,2 Mio. km³
Atmosphäre 0,002 Mio. km³

Ab einer Salinität von über 1,0 % spricht man von Salzwasser (10 g/kg Wasser). Der durchschnittliche Salzgehalt der Ozeane liegt bei 3,5 %.
Ostsee 0,8 % Nordsee 3,5 % Mittelmeer 3,74 % Persischer Golf und Rotes Meer 4 %

Oberflächensalinität (PSA, je röter, desto salziger)
©Westermann 45593EX

M1   Wasserverteilung auf der Erde und Salinität der Weltmeere

Im Jahr 2021 lag der israelische Wasserverbrauch bei 2,4 Milliarden Kubikmeter. Darüber hinaus lieferte Israel 91 Millionen Kubikmeter Wasser an Jordanien und 100 Millionen Kubikmeter an die palästinensische Autonomiebehörde. [...] Da die Bevölkerung [...] steigt, nimmt [...] der Gesamtwasserverbrauch zu und dürfte sich 2050 auf 3,7 Milliarden Kubikmeter belaufen. [...] Gegenwärtig wird der jährliche Wasserverbrauch durchschnittlich rund zur Hälfte aus erneuerbaren Quellen gedeckt. Allerdings sind diese nicht mehr ausbaufähig. Deswegen muss Wasser zunehmend aus künstlichen Quellen bereitgestellt werden. Trinkwasser wird zu rund 70 Prozent von den gegenwärtig sechs Meerwasserentsalzungsanlagen geliefert. Diese stellen insgesamt 585 Millionen Kubikmeter pro Jahr bereit, verfügen aber für den Bedarfsfall über Reservekapazitäten von zusätzlichen 10 Prozent. In den kommenden Jahren sollen zwei weitere Entsalzungsanlagen mit einer jährlichen Kapazität von insgesamt 300 Millionen Kubikmeter pro Jahr hinzukommen. [54 Prozent des Wassers verbraucht die Landwirtschaft.]
Quelle: Wladimir Struminski: Israel investiert massiv in die Wasserwirtschaft. GTAI 16.12.2022

„Meerwasserentsalzung ist das technologische Schicksal der Region."
  Hussein Amery, Politologe und Experte für Wassersicherheit
„Niemand entscheidet sich für die Entsalzung, wenn er eine andere Wahl hat."

  Maria Kennedy, Wasseraufbereitungsexpertin

M3   Quellentext/Zitate zur Meerwasserentsalzung in Israel

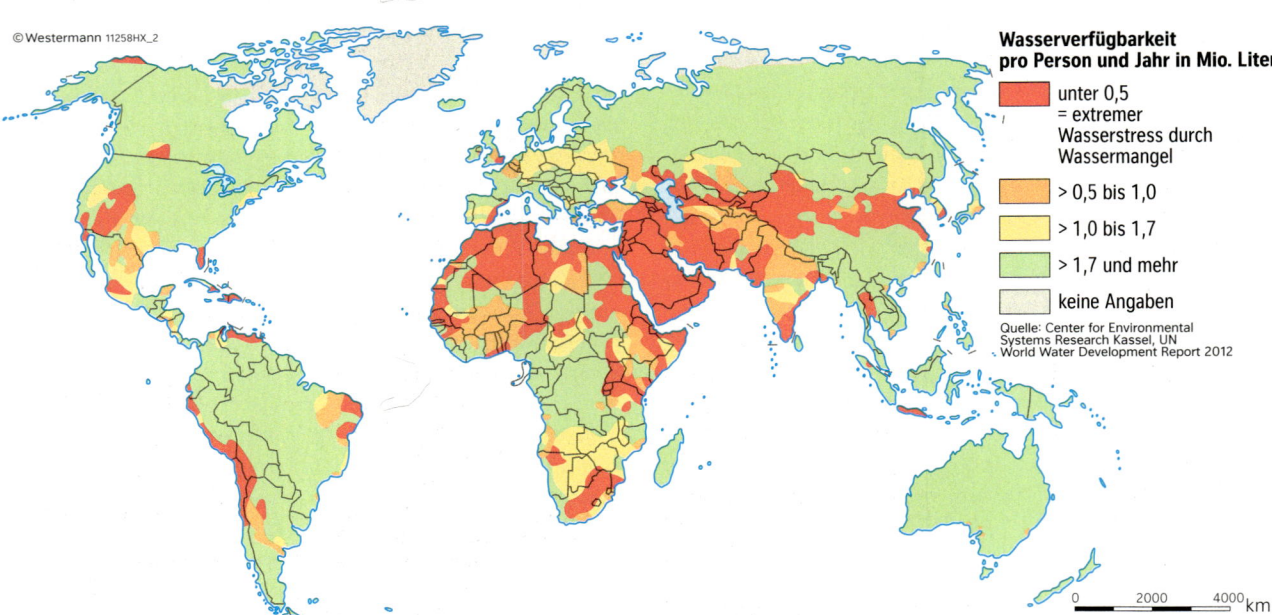

©Westermann 11258HX_2

Wasserverfügbarkeit pro Person und Jahr in Mio. Liter

unter 0,5 = extremer Wasserstress durch Wassermangel
> 0,5 bis 1,0
> 1,0 bis 1,7
> 1,7 und mehr
keine Angaben

Quelle: Center for Environmental Systems Research Kassel, UN World Water Development Report 2012

0   2000   4000 km

M2   Verfügbarkeit von Süßwasser (Oberflächenwasser, Grundwasserneubildung) im Jahr 2050

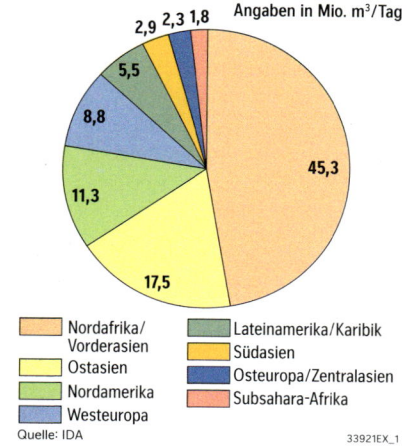

M 4 Kapazität von Entsalzungsanlagen nach Großräumen (2018)

Angaben in Mio. m³/Tag

- Nordafrika/Vorderasien
- Ostasien
- Nordamerika
- Westeuropa
- Lateinamerika/Karibik
- Südasien
- Osteuropa/Zentralasien
- Subsahara-Afrika

Quelle: IDA

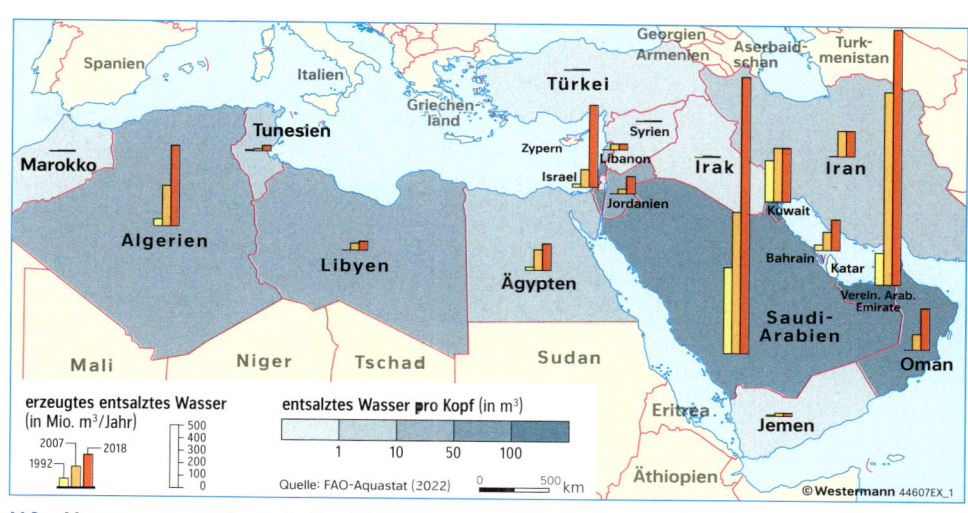

M 8 Meerwasserentsalzung in Nordafrika und Vorderasien

erzeugtes entsalztes Wasser (in Mio. m³/Jahr)

entsalztes Wasser pro Kopf (in m³)

Quelle: FAO-Aquastat (2022)

© Westermann 44607EX_1

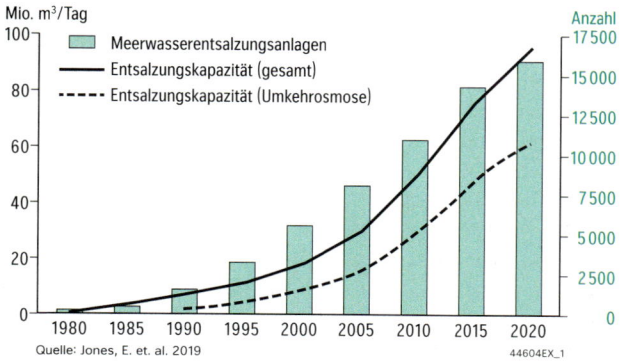

M 5 Anzahl und Kapazität der weltweiten Meerwasserentsalzungsanlagen (1980–2020)

Mio. m³/Tag

- Meerwasserentsalzungsanlagen
- Entsalzungskapazität (gesamt)
- Entsalzungskapazität (Umkehrosmose)

Quelle: Jones, E. et. al. 2019   44604EX_1

M 9 Meerwasserentsalzungsanlage in Hadera (Israel)

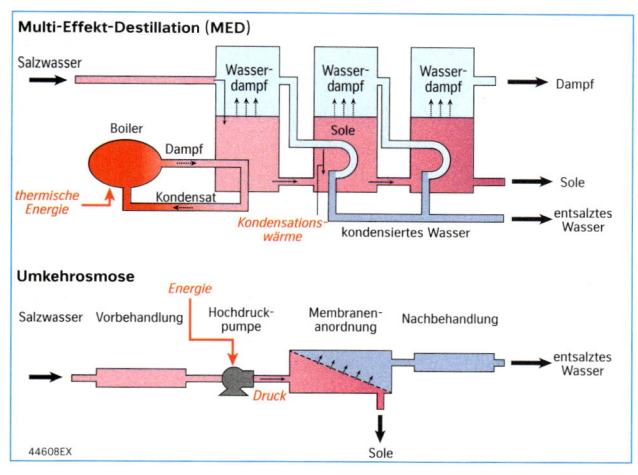

M 6 Verfahren der Meerwasserentsalzung

Multi-Effekt-Destillation (MED)

Salzwasser · Wasserdampf · Boiler · Dampf · thermische Energie · Kondensat · Sole · Kondensationswärme · kondensiertes Wasser · entsalztes Wasser

Umkehrosmose

Salzwasser · Vorbehandlung · Energie · Hochdruckpumpe · Druck · Membrananordnung · Nachbehandlung · entsalztes Wasser · Sole

44608EX

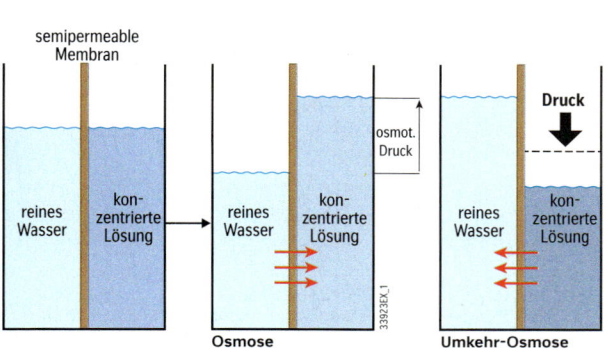

M 7 Prinzip der Umkehrosmose

semipermeable Membran · reines Wasser · konzentrierte Lösung · osmot. Druck · Druck · Osmose · Umkehr-Osmose

Zweck	• Gewinnung von Trinkwasser oder industriellem oder landwirtschaftlichem Brauchwasser durch Meerwasserentsalzung • Entsalzung von Brack-, Brunnen- oder Abwasser
Technologien	• thermisch durch Verdampfung: MED (Multi Effect Distillation – 7 % der Anlagen weltweit), mehrstufige Flash-Verdampfung (MSF, Multi-stage Flash Evaporation – 18 % der Anlagen) • mittels Druck und Membran: Umkehrosmose (RO, Reverse Osmosis – 69 % der Anlagen) • elektrisch: Elektrodialyse (ED – 2 % der Anlagen), vor allem bei niedrigem Salzgehalt
Energiebedarf	• thermische Energie in Verdampfungsanlagen (65 bis 85 kWh/m³) • Elektroenergie für Pumpen (Salzwasserzufuhr, Sole-Ableitung, Trinkwassertransport - (1 bis 1,5 kWh/m³); ggf. für RO-Prozess (~1,5 kWh/m³); ggf. für Elektrolyse (abhängig von Salzgehalt)
Sole	(konzentrierte Salzlösung, angereichert mit Chemikalien, weltweit 142 Mio. m³ pro Tag) • meist Ableitung ins Meer (bei küstennahen Meerwasserentsalzungsanlagen), • im Binnenland in Verdunstungsbecken, Tiefbrunneninjektion oder in Kläranlagen
Umweltprobleme	• Verbrennungsabgase thermischer Anlagen emittieren u. a. große Mengen CO_2 • Übersalzung von Habitaten durch Sole-Einleitung • negative Auswirkungen des Ansaugens der enormen Wassermengen

M 10 Übersicht über Entsalzungstechnologien

Zusammenfassung

Wem gehört das Meer?

Nicht nur für die Schifffahrt, sondern auch für die Fischerei und den Abbau von Rohstoffen ist das 1994 in Kraft getretene Seerechtsabkommen der UN von Bedeutung. Es regelt die Nutzung durch die Küstenstaaten in verschiedenen Meereszonen. Im Küstenmeer (< 12 sm) und der Anschlusszone (< 24 sm) sowie der Ausschließlichen Wirtschaftszone (AWZ, 200-Seemeilenzone) hat der Küstenstaat exklusive Rechte zur Fischerei, Windkraftnutzung und Rohstoffförderung. Auf Hoher See ist allen das Fischen erlaubt, hingegen bedarf es für den Tiefseebergbau einer Erlaubnis der Meeresbodenbehörde.

Nahrungslieferant Meer

Fische und andere Meerestiere (z. B. Muscheln, Tintenfische, Krebstiere) und -pflanzen (z. B. Algen, Seegras) sind ein wichtiger Nahrungslieferant des Menschen. Gerade in ärmeren Ländern ist Fisch eine wichtige, bezahlbare Proteinquelle. 20 Prozent des tierischen Eiweißes stammen aus aquatischen Lebensmitteln. Aber auch in reicheren Teilen der Welt hat der Fischkonsum konstant zugenommen, weltweit von 11,5 kg pro Kopf im Jahr 1980 auf 20,2 kg im Jahr 2020.

Damit ging eine Intensivierung der Fischerei einher, sowohl der klassischen Küsten- als auch der (industriellen) Hochseefischerei. Seit etwa 1995 sind die Steigerungen in der Fischproduktion aber fast vollständig auf eine Zunahme von Fischzucht in Aquakulturen zurückzuführen, die an der Küste und im Inland praktiziert wird. Der Handel mit Fisch ist heute ein Milliardengeschäft (2020: 151 Mrd. US-$), der weltweit knapp 60 Mio. Menschen Arbeit gibt. Die größten Fischereinationen nach Fang und Exporten sind China, Indonesien, Peru und Russland, in Europa sind Norwegen und Spanien führend.

Die Intensivierung – verbunden mit der Problematik hoher Beifänge und der illegalen Fischerei – hat zu einer Überfischung vieler Meere geführt. Besonders der Südostpazifik, der Nordwestpazifik, das Mittelmeer, aber auch die Ostsee sind betroffen. Hier ist der Fang von Hering und Dorsch fast vollständig zum Erliegen gekommen, verbunden mit einem Niedergang der deutschen Küstenfischerei an der Ostsee. Damit sich die Fischbestände wieder erholen, versuchen Behörden mit Maßnahmen des Fischereimanagements die Fischerei zu regulieren. Dazu gehören Fangquoten und andere Vorgaben. Auf der anderen Seite tragen hohe Fischereisubventionen in etlichen Ländern zur Überfischung besonders in der Hochseefischerei bei. Durch die Vergabe von Fischereilizenzen, verknüpft an vielfältige Auflagen, versuchen Organisationen wie das Marine Stewardship Council, eine nachhaltige Fischerei zu verbreiten. Eine maximal nachhaltige Befischung bedeutet in diesem Sinne, so viel Fisch wie möglich zu fangen, ohne die Fischbestände weiter zu dezimieren. Angepasste Fangmethoden und der Einsatz moderner Technologien, etwa zur Überwachung der Fischfangflotten, tragen zur Erreichung der Ziele einer nachhaltigen Fischerei bei.

Rohstoff- und Energielieferant Meer

Zwar gibt es in den Schelfmeeren und in der Tiefsee zum Teil große Vorkommen mineralischer Rohstoffe, ein größerer Abbau dieser Ressourcen ist bis jetzt die Ausnahme. Einzig der Abbau von Sand findet im großen Maßstab statt. Zudem wird beispielsweise vor Namibia nach Diamanten geschürft, vor Indonesien fördert man zinnhaltige Erze aus 70 Metern Tiefe. Unter Umständen beginnt in den nächsten Jahren auch der Tiefseebergbau von Manganknollen, Massivsulfiden und Kobaltkrusten. Auf Antrag ist der kommerzielle Abbau inzwischen erlaubt, allerdings ist dieser aufgrund der ökologischen Folgen, hohen Kosten und Unklarheit über den wirklichen Bedarf umstritten.

Trotz globaler Erwärmung werden aus den Ozeanen immer noch fossile Energierohstoffe gewonnen und neue Erdöl- und Erdgaslagerstätten erschlossen. Diese neuen Förderstätten liegen meist in größerer Tiefe als zuvor und in zunehmender Entfernung vom Land. Die Erschließungs- und Baukosten der verschiedenen Plattformtypen haben sich in letzter Zeit reduziert. Knapp ein Drittel der Energierohstoffe stammen heute aus dem Meer. Während die weltweiten Fördermengen für Erdöl aus dem Meer auf hohem Niveau stagnieren, steigen jene für Erdgas kontinuierlich an. Gleichzeitig investieren gerade Erdölkonzerne massiv in den Bau von Windparks. Diese werden in zunehmender Distanz zur Küste errichtet, um von den besseren Windbedingungen auf offener See zu profitieren. In absehbarer Zeit können sie einen wichtigen Beitrag zur weltweiten Stromproduktion beitragen. Andere erneuerbare Energien, die die Energie des Meeres direkt nutzen (Strömungen, Temperatur- und Salzgradienten), spielen derzeit nur eine untergeordnete Rolle. Nur einige Gezeitenkraftwerke liefern momentan nennenswerte Strommengen.

Weiterführende Literatur und Internetlinks

Fischerei
Thünen-Institut
- www.thuenen.de/de/fachinstitute/ost-seefischerei
- www.thuenen.de/de/fachinstitute/see-fischerei

Meeresfischerei in Deutschland 2022
- literatur.thuenen.de/digbib_extern/dn065720.pdf

FAO (Ernährungs- und Landwirtschaftsorganisation der Vereinten Nationen)
- www.fao.org/fishery-aquaculture/en
- www.fao.org/fishery/en/fishstat

The State of World Fisheries and Aquaculture 2022
- www.fao.org/3/cc0461en/online/sofia/2022/world-fisheries-aquaculture.html

EU-Fischereipolitik
- www.europarl.europa.eu/factsheets/de/section/197/die-gemeinsame-fischerei politik

Portal Fischerei des Bundesministeriums für Ernährung und Landwirtschaft
- www.portal-fischerei.de

Marine Stewardship Council (MSC)
- www.msc.org/de

Weitere Siegel
- siegelcheck.nabu.de

Rohstoffe im Meer
Bundesanstalt für Geowissenschaften und Rohstoffe
- www.bgr.bund.de/DE/Themen/MarineRohstoffforschung/marinerohstofforschung_node.html

Tiefseebergbau
Internationale Meeresbodenbehörde (IBM)
- isa.org.jm
- www.umweltbundesamt.de/themen/wasser/gewaesser/meere/nutzungbelastungen/tiefseebergbau-anderenutzungsarten-der-tiefsee

DeepSea Mining Alliance
- www.deepsea-mining-alliance.com

DeepSeaMining Campaign (kritisch)
- www.deepseaminingoutofourdepth.org
- www.pazifik-infostelle.org/themen/bergbau

Energiegewinnung
International Energy Agency
- www.iea.org

International Renewable Energy Agency (IRENA)
- www.irena.org

UN-Seerechtsabkommen
- www.un.org/depts/los/convention_agreements/convention_overview_convention.htm
- www.itlos.org
- www.marineregions.org/eez.php (interaktive Karte AWZ)

3 MEER ALS VERKEHRS- UND ERHOLUNGSRAUM

Containerhafen Istanbul

3.1 Seeschifffahrt als Triebkraft der Globalisierung

Der Seeverkehr spielte bereits in der Antike eine bedeutende Rolle, da sich zur See Waren leichter, schneller und in größerer Menge transportieren ließen als auf dem beschwerlichen und oft gefährlichen Landweg. Heute wird der Handel zwischen den großen Regionen der Weltwirtschaft Nordamerika, Europa sowie Ost- und Südostasien über See abgewickelt. Tanker fahren Erdöl vom Persischen Golf nach Europa, Massengutfrachter Eisenerz und Kohle von Australien nach China und Containerschiffe T-Shirts und Schuhe von Singapur nach Rotterdam. Um Betriebskosten zu sparen, sind insbesondere die Containerschiffe in den letzten Jahren immer größer geworden.

1. Beschreiben Sie die Bedeutung und Entwicklung der Seeschifffahrt (M 1, M 5, M 7).
2. Container haben den Warentransport revolutioniert. Erklären Sie (M 1 – M 3).
3. Analysieren Sie die weltweiten Containerströme (M 4, M 7).
4. Erklären Sie den Begriff maritime Wirtschaft (M 9, M 10).
5. Bestimmte Länder spielen bei der Seeschifffahrt eine herausragende Rolle. Beurteilen Sie diese Aussage (M 6, M 8).
6. „Die Schiffsrouten sind die Autobahnen der Globalisierung." Erläutern Sie diese Aussage (M 1, M 3, M 7).
7. Bestimmen Sie die gegenwärtige Position der MSC Loreto sowie ihre aktuelle Fahrtroute (Schiffspositionsdienst, s. S. 76).

M 2 MSC Loreto im Hafen von Felixstowe (Vereinigtes Königreich) Das 2023 in China gebaute, 400 m lange und 61 m breite Containerschiff ist aktuell das größte der Welt (Stand: August 2023).

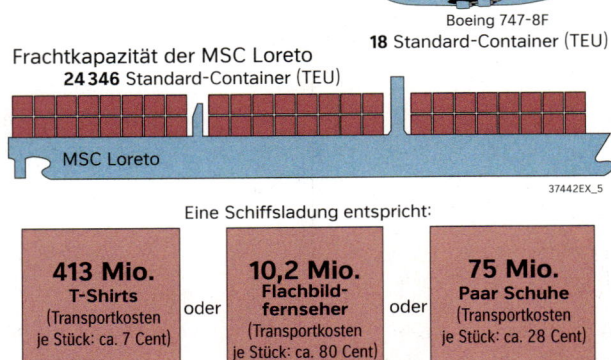

M 3 Frachtvolumen der MSC Loreto

Der Seehandel verbindet seit Jahrhunderten die Wirtschaftsräume der Welt und ist das Bindeglied in der globalisierten Wirtschaftswelt. Anders als früher werden nach dem Siegeszug der Luftfahrt kaum noch Menschen über längere Strecken transportiert, der Personenverkehr auf See beschränkt sich auf den Fährverkehr auf kurzen Verbindungen und auf Kreuzfahrten. Von immenser Bedeutung ist allerdings der Güterverkehr per Schiff. Eine moderne Wirtschaft ist heute ohne Seehandel undenkbar. [...] Rund 95 % des internationalen und etwa 40 % des innereuropäischen Warenaustausches werden mit Seeschiffen transportiert. Ein Drittel der globalen Handelsströme wird innerhalb von Unternehmen abgewickelt; hier schlägt sich die Aufspaltung der Wertschöpfungsketten in einer globalisierten Wirtschaft nieder. Ein weiterer Aspekt, der den Handel verstärkt, ist der Ausgleich unterschiedlicher Raumausstattungen. So werden Rohstoffe von rohstoffreichen in rohstoffarme Regionen transportiert, Nahrungsmittel weltweit zwischen Erzeuger- und Verbraucherregionen verschifft und Halbfertigprodukte zur Weiterverarbeitung um die halbe Welt und zurück geschickt.

Die transportierten Waren werden grob in drei Kategorien eingeteilt: Tanker transportieren flüssige Massengüter wie Rohöl und Ölprodukte oder Gase. Massengutschiffe (Bulkcarrier) transportieren Schüttgut wie Eisenerz, Kohle, Getreide, Kies. Stückgutschiffe transportieren Maschinen, Bauteile, Säcke mit Kaffee oder Tee, verpackte Güter. [Im Jahr 2021 wurden seewärtig 11 Mrd. t Güter transportiert (1970: 2,6; 1990: 4,0; 2000: 6,0; 2010: 8,4). Die wichtigsten Transportgüter 2021 waren Rohöl mit 1700 Mio. t, Eisenerz mit 1517 Mio. t, Kohle mit 1232 Mio. t, und Getreide mit 528 Mio. t. Außerdem wurden im Containerverkehr 165 Mio. TEU* transportiert. Im Jahr 2022 gab es 55037 Handelsschiffe mit mehr als 100 BRZ*.] [...] Die Seeschiffe werden schneller, größer und sind hochgradig spezialisiert. [...] Besondere Stückgutschiffe sind Containerschiffe. Diese tragen neben Standard-Twenty-foot-Containern auch doppelt so lange Container (Standart-Forty-foot-Container) sowie Spezialcontainer für Flüssigkeiten,

		2010	2022
Ostasien <-> Nordamerika	ostwärts	13,3	26,1
	westwärts	6,3	6,6
Ostasien <-> Europa	ostwärts	5,5	6,6
	westwärts	13,9	19,6
Europa <-> Nordamerika	ostwärts	2,5	2,9
	westwärts	2,9	5,3

Quelle: UNCTAD

M 4 Containerströme (in Mio. TEU*)

für Kühlgüter (z. B. Fleisch) und vieles andere mehr. Diese Containerschiffe haben den Seeverkehr in den vergangenen Jahrzehnten revolutioniert, einmal durch die Größe der Schiffe (Skaleneffekt*) und durch die neuen Transporttechnologien, die mit der Containerisierung des Warenverkehrs einhergingen. Ursache dieses Siegeszugs sind vor allem die geschlossenen Transportketten vom Erzeuger zum Verbraucher, die mittels Container gewährleistet werden können, und die effektive Umladung von Containern innerhalb von intermodalen Transportketten (z. B. Lkw – Seeschiff – Feeder – Binnenschiff – Bahn – Lkw).

Quelle: Jarko Hennig: Seeverkehr und Containerisierung, Verein Berlin – Brandenburger Schulgeographie

M 1 Quellentext zum Seegüterverkehr

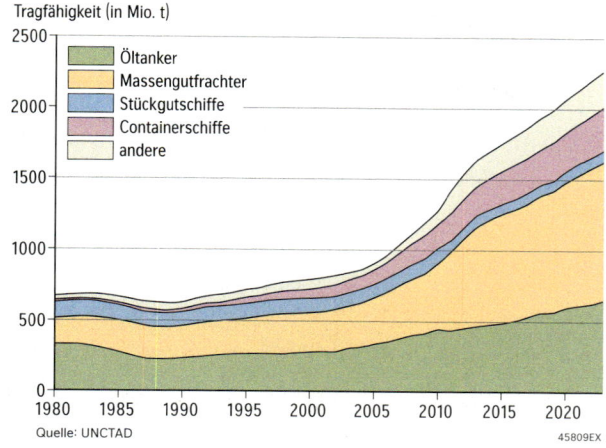

M5 Entwicklung der weltweiten Schiffsflotten (1980 – 2023)

Quelle: UNCTAD   45809EX

„Für ein außenhandelsorientiertes Land wie Deutschland ist eine leistungsstarke, international wettbewerbsfähige maritime Wirtschaft von großer gesamtwirtschaftlicher Bedeutung – insbesondere in Bezug auf die Wettbewerbsfähigkeit des Wirtschaftsstandortes und die Sicherung von Wachstum und Beschäftigung. [...] Schätzungen gehen von einem jährlichen Umsatzvolumen von bis zu 50 Milliarden Euro und von bis zu 400000 Arbeitsplätzen aus, die direkt oder indirekt von der maritimen Wirtschaft abhängig sind. Sie gehört damit zu einem der wichtigsten Wirtschaftszweige in Deutschland. Die maritime Wirtschaft wird geprägt durch eine moderne, vielfach auf Hochtechnologie-Produkte spezialisierte Schiffbau- und Schiffbauzulieferindustrie mit überwiegend starken Positionen im weltweiten Wettbewerb, international führende Schifffahrtsunternehmen, insbesondere im Bereich der Containerschifffahrt, eine leistungsfähige Hafenwirtschaft und Logistik sowie eine innovative meerestechnische Industrie und renommierte maritime wissenschaftliche Forschungs- und Ausbildungseinrichtungen.“*

Quelle: BMZ für Wirtschaft und Umwelt: Maritime Wirtschaft. Berlin 2022

M9 Zitat zur deutschen maritimen Wirtschaft

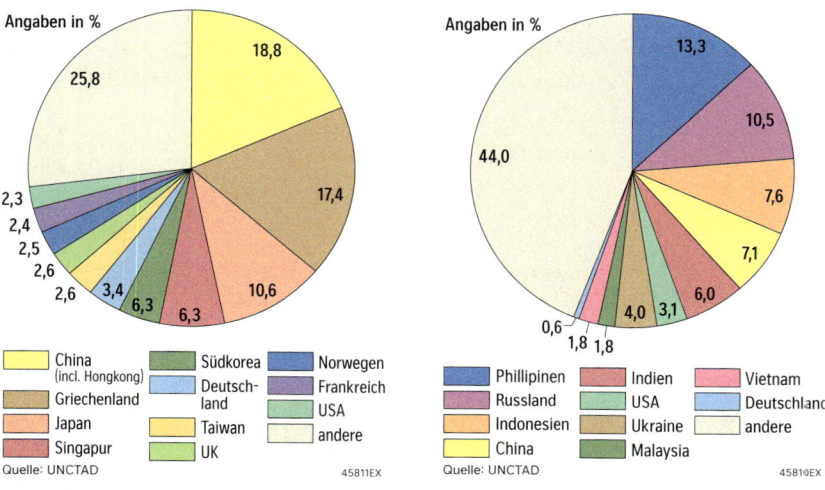

M6 Staatsangehörigkeit der Reeder (in % der Tragfähigkeit der Schiffe, 2021)

M8 Staatsangehörigkeit der Seeleute (2021)

	Bruttowert-schöpfung (in Mio. Euro)	Beschäfti-gung
Schiffbau	1 319	26 413
Zulieferin-dustrie	3 688	63 000
Schifffahrt	1 770	25 077
maritime Dienstleister	844	15 829
Häfen	1 363	24 005
Wasserbau	412	4 704
Fischerei/ Aquakultur	793	11 478
Offshore-Windenergie	1 478	20 211
gesamt	11 666	190 717

Quelle: BMZ für Wirtschaft und Energie 2021

M10 Deutschland: Wertschöpfung und Beschäftigung in der maritimen Wirtschaft (2018)

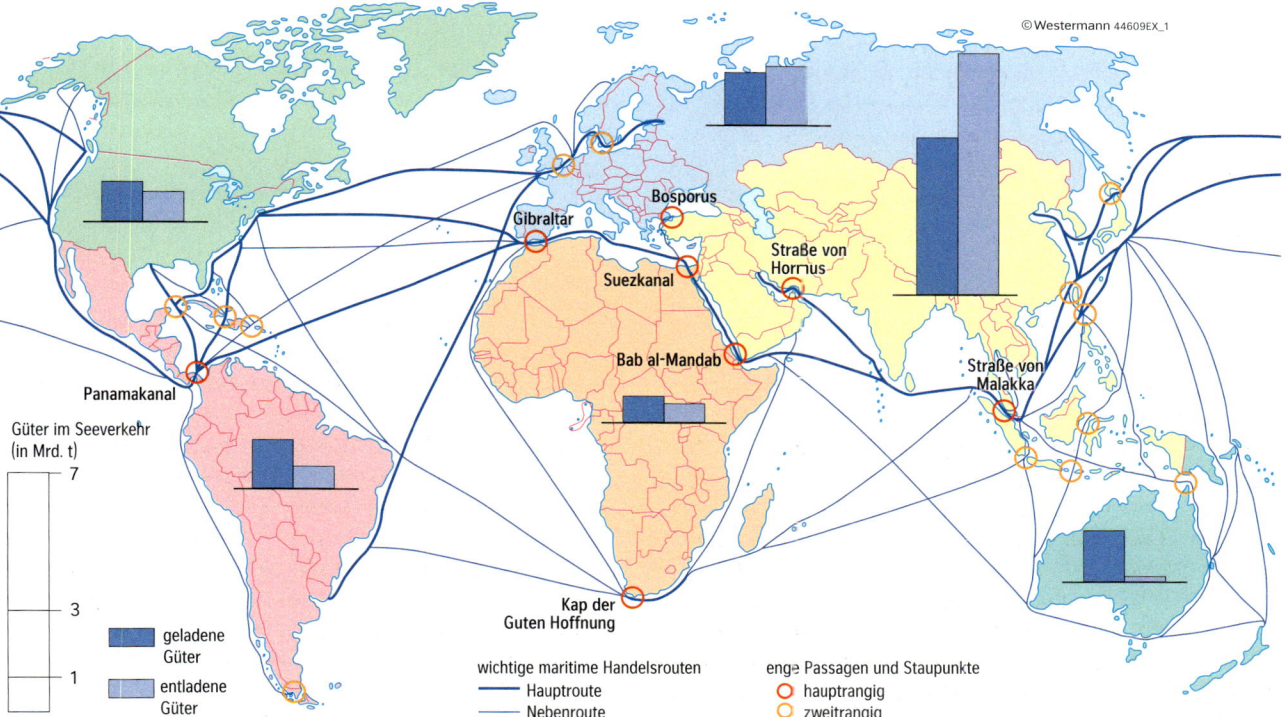

M7 Globale Schifffahrtsrouten und transportierte Güter im Seeverkehr (2021)

3.2 Der Seeverkehr: eine logistische Herausforderung

Mit einem Mausklick wird heute der Apparat aus Logistik und Warentransport in Gang gesetzt. Großteils erfolgt die Warenbereitstellung vollautomatisch. Die Kommunikation ist nicht an Standorte und Zeiten gebunden. Transaktionen können in Sekundenschnelle online getätigt werden. Die Containerhäfen sind dann die Warenumschlagplätze. Steigende Transportkapazitäten und moderne Transportlogistik senken die Transportkosten. Aber die Transportketten sind durch den Abbau von Lagerkapazitäten und die Just-in-time-Belieferung* krisenanfällig. Die Welt ist beim Handel und der Kommunikation zusammengewachsen. Eine Unterbrechung der Kette hat aber auch weltweite Auswirkungen. Störungen gilt es somit zu verhindern beziehungsweise abzumildern.

1. Stellen Sie die logistischen Herausforderungen für den Hafen Rotterdam dar (M1, M3).
2. Erläutern Sie die Bedeutung der Logistik für die globalisierte Weltwirtschaft (M1 – M4).
3. Eine Störung der Lieferkette hat Folgen für einzelne Unternehmen in Deutschland. Erklären Sie (M1, M3, M5, Atlas).
4. Erläutern Sie die optimalen Schiffsgrößen (M7, S.52: M3).
5. Vergleichen Sie die Transportketten (M5).
6. 6 der 10 umschlagsstärksten Containerhäfen liegen in China. Erklären Sie diese Verteilung (M10, S.53: M7, Atlas)
7. Piraterie und *seabed warefare** bedrohen Versorgungsstrukturen. Nehmen Sie Stellung (M6, M8, M9, Internet).

M2   Containerterminal am Hafen Rotterdam

	2022	wartende Schiffe		Anzahl Wartetage
		Anzahl	TEU-Kapazität	
Rotterdam	8. Mai	8	43 900	6,0
	15. Mai	5	43 251	5,0
	29. Mai	3	42 837	3,0
	5. Juni	1	6 455	3,0
Antwerpen	8. Mai	8	56 526	7,8
	15. Mai	1	1 100	3,9
	29. Mai	2	3 325	10,8
	5. Juni	4	28 833	1,6
Bremerhaven	8. Mai	0	0	0,0
	15. Mai	1	657	0,1
	29. Mai	4	30 537	4,6
	5. Juni	1	4 254	0,6
Hamburg	8. Mai	8	42 556	7,0
	15. Mai	1	4 402	0,6
	29. Mai	5	38 965	6,8
	5. Juni	0	0	0,0

Quelle: Port of Rotterdam

M3   Wartezeiten von Containerschiffen in Nordseehäfen

Weltweite Störungen stellen die logistische Kette vor Herausforderungen. […] Aufgrund der anhaltend starken Nachfrage und verschiedener Störungen (Suez, Coronaausbrüche in chinesischen Häfen, geopolitische Entwicklungen) steht die Logistikkette nach wir nach vor unter hohem Druck. […] Seit Beginn der „Roaring Twenties" dieses Jahrhunderts wird der Terminus [Disruption] vor allem als Synonym für Störungen oder sogar Chaos in der Logistikbranche verwendet. Es wird fieberhaft daran gearbeitet, die Situation zu normalisieren. […]

[Hans Nagtegaal (Director Containers beim Hafenbetrieb Rotterdam):] „Störungen sind selbstverständlich nichts Neues. In der Logistik werden wir ständig mit Nebel, Sturm oder Streiks konfrontiert, die eine ganze Region zum Erliegen bringen können. Allerdings waren diese Störungen bisher immer zeitlich und geografisch begrenzt. Man konnte sie auffangen. Corona war die erste weltumfassende Störung, die für längere Zeit andauerte. Außerdem haben solche Störungen, unter anderem aufgrund der Hochskalierung*, immer weitreichendere Folgen." Als Reedereien 2020 nach den ersten massenhaften Lockdowns mit einer plötzlich sinkenden Nachfrage und düsteren Zukunftsaussichten konfrontiert wurden, beschleunigten sie anfänglich die Anfuhr zu den Abwrackwerften. […] Allein im dritten Quartal 2020 wurden an Standorten auf der ganzen Welt 170 Frachtschiffe verschrottet.

[Cuno Vat (CEO von Neele-Vat Logistics, Logistikunternehmen am Rotterdamer Hafen):] „Auch wir haben im März 2020 die Kapazität und das Personal bedeutend reduziert. […] Alles in allem ist eine Situation entstanden, in der das gesamte System unter extremer Spannung steht. […] Unabhängig davon, ob es sich um Reedereien, Terminals, Lagerhallen, die Binnenschifffahrt oder die Beförderung von Waren mit dem Lkw oder dem Zug handelt. Schon eine geringe Störung verursacht jetzt jedes Mal einen Schneeballeffekt, weil die Kapazitäten keinen „Spielraum" mehr bieten." Gründe für Verspätungen hat es in letzter Zeit mehr als genug gegeben. Von der Blockade des Suezkanals durch die „Ever Given" bis hin zu zusätzlichen Lockdowns und Quarantänemaßnahmen in China. Von Stürmen in Kalifornien über den russischen Angriff auf die Ukraine bis hin zu den Streiks des Hafenpersonals in Deutschland.

[Hans Nagtegaal:] „Gut 5 % mehr volle und leere Container nach und aus Asien. Was das Volumen betrifft, ist eigentlich alles halb so schlimm, aber die Verspätungen bereiten uns allen Kopfzerbrechen. Containerschiffe haben die Runde Asien-Europa-Asien früher in siebzig Tagen zurückgelegt, jetzt brauchen sie hundert Tage dafür. Auch die Verweilzeiten, also die Zeiten, in denen Container auf eine logistische Abwicklung warten, sind beträchtlich gestiegen. Von früheren vier auf aktuelle zehn Tage, allein schon an den Tiefseeterminals."

[Rob Bagchus (CEO des Verbands der Rotterdamer Terminalbetreiber):] „Aus diesen Gründen sind die Terminals bei uns überfüllt. […] All die Container, die länger an den Terminals stehen, nehmen Platz in Anspruch. Das gilt nicht nur für die Tiefseeterminals, sondern auch für die Binnenschifffahrtsterminals und andere Lager- und Transportkapazitäten. […] Es geht eigentlich gar nicht so sehr um die Engpässe im Hafen selbst, wie es oft in der Zeitung steht, sondern vielmehr um die Disruption in der gesamten logistischen Kette."

Quelle: Analyse der Disruption. Port of Rotterdam 25.7.2022

M1   Quellentext zu den Herausforderungen weltweiter logistischer Ketten am Beispiel des Rotterdamer Hafens

    100900-284-01
schule.diercke.de

    100900-284-02
schule.diercke.de

    100900-104-04
schule.diercke.de

- Vergrößerung der Terminalkapazitäten
- zusätzliche Schiffskapazitäten
- Digitalisierung und Robotisierung
- Ausweitung der Arbeitszeiten (Nacht, Wochenende)
- Zusammenarbeit und Koordination mit Nachbarhäfen
- Austausch von Daten (zwischen Reedereien und Terminalbetreibern)
- Erfassung von Daten und Bereitstellung von Daten des ganzen Logistikprozesses (z. B. M3)
- Spezialisierung der Häfen

M4 Mögliche Maßnahmen der Häfen zum Abbau von Störungen in der logistischen Kette

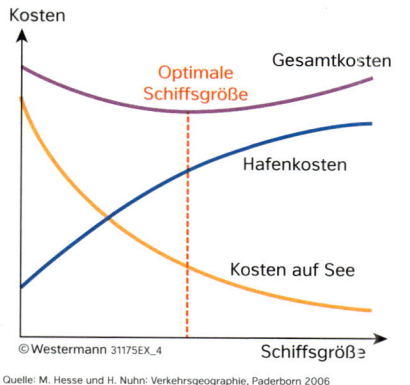

Quelle: M. Hesse und H. Nuhn: Verkehrsgeographie, Paderborn 2006

M7 Betriebskosten und optimale Schiffsgröße

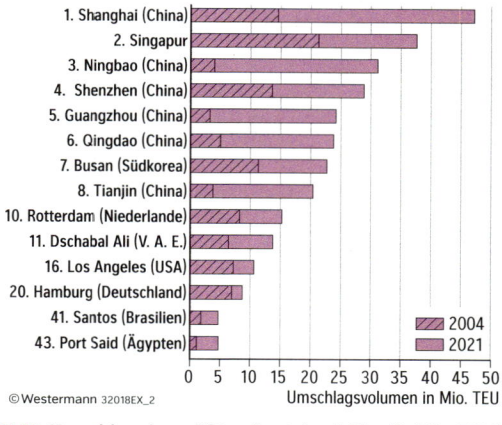

© Westermann 32018EX_2

M10 Umschlag der größten Containerhäfen (in Mio. TEU)

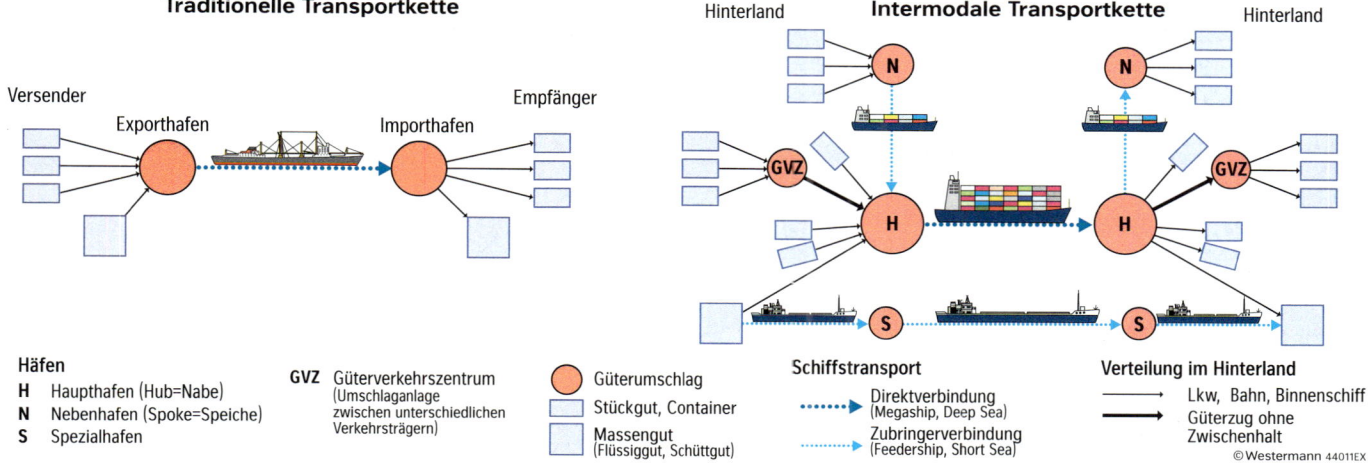

M5 Transportketten

Die Bundesregierung sieht sich in einem Energiekrieg. Dabei geht es nicht nur um Gas, sondern auch um die Lebensadern der Volkswirtschaft: Pipelines und Seekabel. Deutschland hat sich darum bislang kaum gekümmert – und ist deshalb verwundbar. [...] Tatsächlich sind Pipelines und Seekabel so etwas wie die Lebensadern der Volkswirtschaften. Die Röhren am Meeresgrund transportieren Rohstoffe wie Gas, Öl und künftig Wasserstoff. Durch die Kabel fließen 95 Prozent des globalen Datenstroms, die weltweit über 400 Unterseekabel mit einer Gesamtlänge von über 1,3 Millionen Kilometern sind im Internetzeitalter schlicht unverzichtbar. Die gigantischen Datenmengen der Digitalkonzerne wie Google, Microsoft oder Facebook passieren diese Stränge in der Tiefsee ebenso wie zahlreiche militärische und regierungsamtliche Informationen. Und die Leitungen sind verletzlich. Jährlich kommt es zu 100 bis 200 unbeabsichtigten Beschädigungen von Tiefseekabeln, da liegt die Bundesregierung mit ihrer Einschätzung durchaus richtig, sei es durch Erdbeben, Schleppnetze von Fischern und mitunter auch durch Haie. Militärs warnen indes schon lange vor Sabotage oder dem Abhören von Seekabeln. „Würden solche Kabel unterbrochen oder gar durchtrennt, hätte das unverzüglich katastrophale Folgen in wirtschaftlicher Hinsicht und für viele Bereiche des Lebens". [...] Der Inspekteur der Deutschen Marine [...] befasst sich intensiv mit der *seabed warfare*, der Kriegführung am Meeresboden. [...] Der Schutz dieser Infrastruktur ist allerdings schwierig, eine umfassende Überwachung würde enorme Investitionen in die notwendigen Flotten erfordern.

Quelle: Thorsten Jungholt: Krieg am Meeresgrund. Welt am Sonntag 2.10.2022

M6 Quellentext zur Verletzlichkeit von Seekabeln

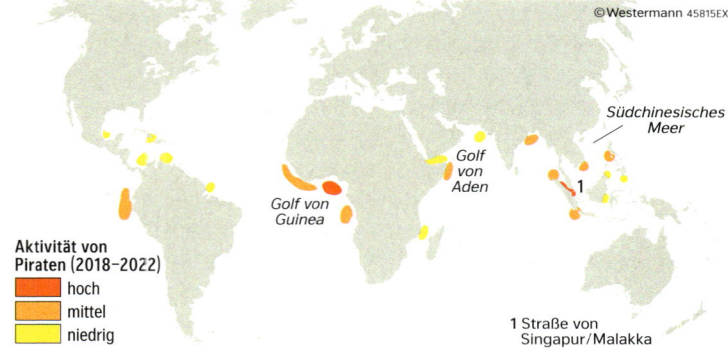

M8 Intensität von Piratenüberfällen (2018 – 2022)

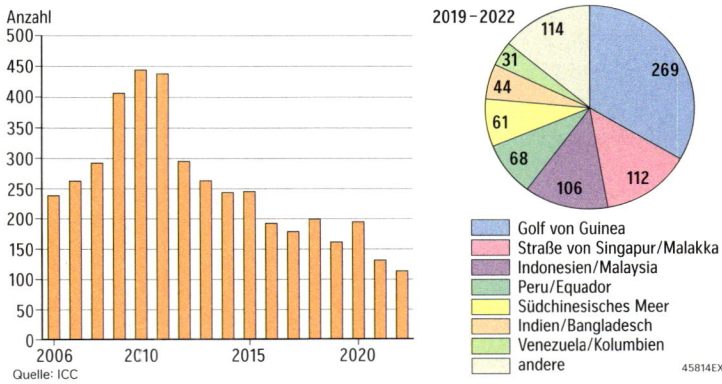

M9 Piratenüberfälle (2006 – 2022)

3.3 Hafenstandort Wilhelmshaven

Wilhelmshaven ist eine sehr junge Stadt. 1854 erwarb das Königreich Preu-ßen vom Großherzogtum Oldenburg eine Fläche von 313 ha am Jadebusen, um dort einen Marinestützpunkt zu errichten. Der 1869 eingeweihte Kriegs-hafen gab auch der Stadt seinen Namen. Wilhelmshaven blieb eng mit der Marine verbunden. Heute besitzt die Hafenstadt mit 9000 Soldaten einer der größten Marinestützpunkte Westeuropas. Der erste Industriehafen ent-stand hingegen erst im Jahr 1925. In letzter Zeit wurden in Wilhelmshaven nicht nur der bislang einzige deutsche Tiefwasserhafen, der JadeWeserPort, sondern auch das erste deutsche LNG-Terminal eröffnet.

1. Stellen Sie die Entwicklung des Hafenstandortes Wilhelms-haven dar (M1, M2).
2. Charakterisieren Sie den JadeWeserPort (M3, M7, Atlas).
3. Erläutern Sie die Entwicklung des Container- und Massen-/ Stückgutumschlags in Wilhelmshaven (M4).
4. Analysieren Sie den Umschlag in Wilhelmshaven nach Gütern und Ziel- und Herkunftsländern (M5, M9).
5. Erläutern Sie Vor- und Nachteile des JadeWeserPorts gegen-über dem Hamburger Hafen (M2, M3, M7, Atlas, Internet).
6. Wilhelmshaven will Dreh- und Angelpunkt der Energieversor-gung in Deutschland werden. Nehmen Sie Stellung (M1, M8).

Mit einem Jahresumschlag von über 30 Mio. t ist Wilhelmshaven nach Hamburg und Bremerhaven der drittgrößte deutsche Seeumschlaghafen. Der ursprüngliche Marinehafen und der erste Industriehafen waren tide-geschützte Innenhäfen, die durch eine Schleuse mit dem Jadebusen ver-bunden waren. Im Handels- und Kanalhafen sind heute Bootsbaubetriebe und Dienstleister angesiedelt. Banter See und Großer Hafen beherbergen Freizeit- und Tourismuseinrichtungen. Der Bauhafen (Arsenalhafen) ist die älteste Hafenanlage. Hier befindet sich das Marinearsenal (Lager) mit Werkstätten und Schwimmdocks. Der Nordhafen hat Multifunktionster-minals für Massen-, Stückgüter und auch Container.

Die seit den 1950er-Jahren neu entstandenen Hafenanlagen sind tideab-hängig und grenzen an durch Eindeichung und Entwässerung gewonnene Neulandgebiete (Groden) für die mit den Häfen verbundenen Industriean-lagen. Auf dem Heppenser Groden entstanden 1956 der neue Marinehafen und der Ölhafen mit einer Löschbrücke für drei voll beladene Tanker. Zu der Anlage gehören ein Tanklager mit einem Fassungsvermögen von 1,6 Mio. m³ und eine Pipeline nach Hamburg sowie zu den Raffinerien in Lingen, Gelsenkirchen und Wesseling bei Köln sowie zu Kavernenanlagen* in ehemaligen Salzstöcken zur Vorratshaltung. Ein weiteres Erdölraffineriepier wurde 1976 weiter nördlich in Dienst gestellt. 80 % des Rohölumschlages deutscher Seehäfen und 28 % der deutschen Rohölimporte laufen über Wilhelmshaven. 1972 wurde eine Pier zur Kohleentladung (Niedersachsen-brücke) eröffnet. Zwei Kraftwerke (eines inzwischen stillgelegt) waren in Sichtweite im Rüstersieler Groden die Abnehmer. 1981 erfolgte im Voslapper Groden die Inbetriebnahme einer Umschlaganlage für Ethylen und andere chemische Rohstoffe. Hier befindet sich das 2022 errichtete LNG-Terminal. Mit dem Import von Flüssigerdgas will die Bundesrepublik unabhängig vom russischen Pipelinegas werden. Herzstück der Hafenerweiterungen ist seit 2012 der Container Terminal Wilhelmshaven (CTW) im Hafen- und Logistikgelände JadeWeserPort. Für die Zukunft sieht sich Wilhelmshaven durch die Anlandung von grünem Wasserstoff aus Übersee im Tiefwas-serhafen, die Speicherung im Kavernenfeld in Etzel (75 Kavernen) und den Weitertransport durch bestehende und neue Pipelines als Dreh- und Angelpunkt der bundesweiten Energieversorgung.

M1   Hafenanlagen am Standort Wilhelmshaven

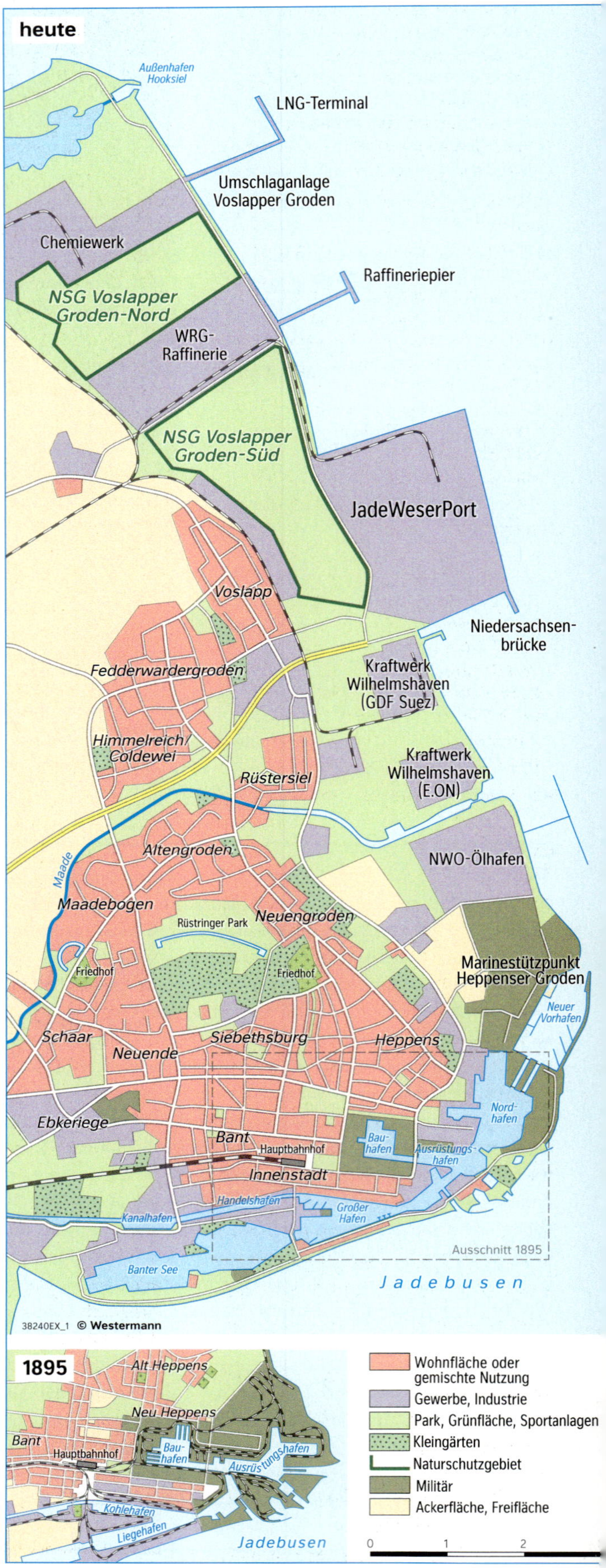

M2   Hafenerweiterungen in Wilhelmshaven

  100900-020-01
schule.diercke.de   100900-034-02
schule.diercke.de

Containerterminal

- 1725 m Kajenlänge
- 4 Liegeplätze für Großcontainerschiffe
- 8 Containerbrücken (Endausbau 16), Erhöhung um 11 m für die nächste Containerschiffgeneration
- 6-gleisige Containerumschlaganlage (KV*-Terminal)
- 18 m Wassertiefe bei Niedrigwasser
- Umschlagkapazität/Jahr: 2,7 Mio. TEU*

Güterverkehrszentrum

- 160 ha Ansiedlungsfläche für Unternehmen
- trimodale Verkehrsanbindung (See, Schiene, Straße)
- direkte Autobahnanbindung
- mehr als 277 Lkw-Stellplätze
- 16-gleisiger Rangierbahnhof (Vorstellgruppe) mit bis zu 800 m langen Gleisen
- 19 km Gleise im Hafen
- 60 % der Ladung werden auf Feederschiffen weiterbefördert, 20 % per Eisenbahn, 20 % mit Lkw.
- 400 ha Erweiterungsflächen für Industrieansiedlungen im Norden (JWP 2)

Standortvorteile

- kurze Strecke zur Nordsee (23 sm)
- tideunabhängige Erreichbarkeit für Großcontainerschiffe <16,5 m Tiefgang
- breites Fahrwasser ohne Begegnungsrestriktionen
- Wendebereich 700 m
- keine Verschlickung der Fahrrinne (Hafen in Meeresbucht weit nördlich des Jade-Zuflusses), Entfall des beständigen Ausbaggerns der Fahrrinne

M 3 Steckbrief JadeWeserPort (JWP)

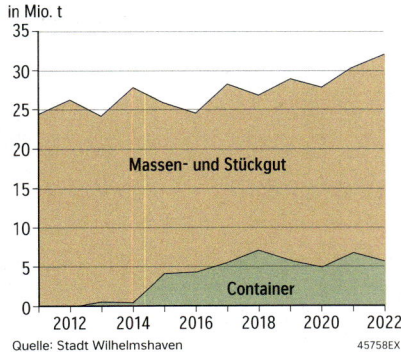

in Mio. t

Quelle: Stadt Wilhelmshaven
45758EX

M 4 Wilhelmshaven: Güterumschlag

	Güter (in 1000 t)	
	Empfang	Versand
Kohle, Erdöl, Erdgas	22827	218
Erze, sonst. Bergbauerzeugnisse	613	0
Kokerei- und Mineralölerzeugnisse	522	1844
chemische Erzeugn.	296	46
Maschinen, langlebige Konsumgüter	4	19
sonstige Produkte	2986	2401

Quelle: Statistisches Bundesamt

M 5 Wilhelmshaven: Umschlag nach Gütern (2022)

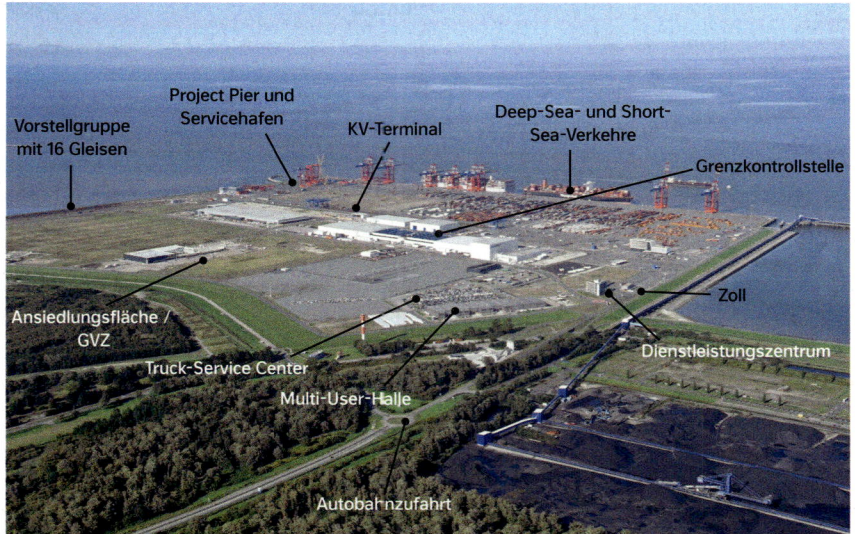

M 6 Der JadeWeserPort

„Der EUROGATE Container Terminal Wilhelmshaven ist als Deutschlands einziger Tiefwassercontainerterminal in der Lage, die weltgrößten Schiffe jederzeit unabhängig von Ebbe und Flut abzufertigen. [...] Der Terminal bildet die Drehscheibe für Linienverkehre internationaler Reedereien. Sie verbinden Wilhelmshaven mit Zielen in Asien, Indien und im Mittleren Osten. Zudem ist der Containerterminal ein idealer Transhipment-Hub für Containerverkehre nach Skandinavien, ins Baltikum und nach Russland, die über sogenannte Feeder (Zubringerschiffe) bedient werden. Aufgrund seiner strategischen Lage bietet sich Wilhelmshaven auch als ideale Drehscheibe für Ladungsverkehre ins Rhein-/Ruhrgebiet an, denn der Hafen ist auf der Schiene und der Straße optimal an das Hinterland angebunden. [...] Der auf dem Terminalgelände gelegene KV-Terminal bindet den Hafen direkt an das europäische Schienennetz an."*
Quelle: Basis Info: Wer macht was im JadeWeserPort Wilhelmshaven. Wilhelmshaven 2019

M 7 Der JadeWeserPort (Werbebroschüre)

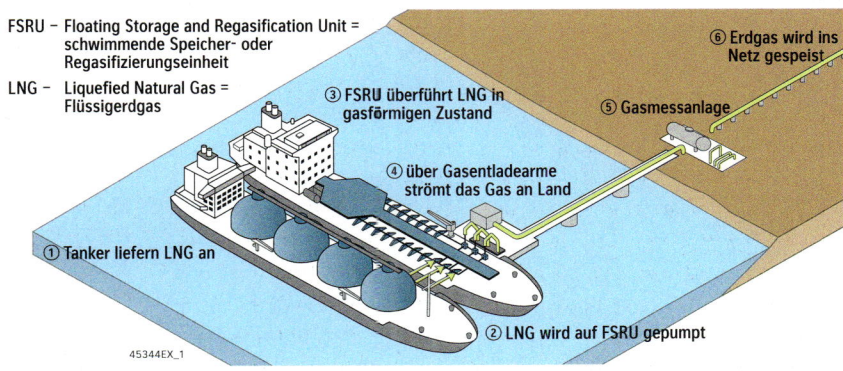

M 8 LNG-Terminal

	Güter (in 1000 t)		Container (in 1000 TEU)	
	Empfang	Versand	Empfang	Versand
USA	5109	98	15	0
Norwegen	4816	7	1	1
Russland	2912	190	5	10
Niederlande/Belgien	2667	1987	70	76
UK	2514	242	16	25
Ostseestaaten	1251	759	74	42
übriges Europa	669	99	37	21
Afrika	3312	550	29	61
Asien	1071	206	68	21
übrige Welt	2316	0	3	0
gesamt	27248	4528	382	277

Quelle: Statistisches Bundesamt

M 9 Wilhelmshaven: Güter- und Containerumschlag nach Ländern/Regionen (2022)

3.4 Übungsklausur

Hafen Rotterdam – Logistik für Europa

1. Stellen Sie die Entwicklung des Hafens in Rotterdam dar.
2. Erläutern Sie die Bedeutung des Hafens für die Stadt Rotterdam, die Niederlande und Europa.
3. Der Hafen Rotterdam sieht sich wie der in Wilhelmshaven für die Zukunft bestens aufgestellt. Nehmen Sie Stellung zu dieser Aussage.

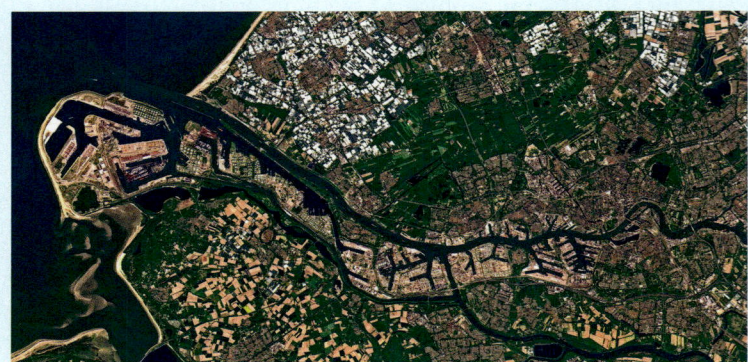

M1   Satellitenbild Rotterdam

M2   Atlaskarte (Diercke Weltatlas 978-3-14-100900-2, Seite 104, Karte 4)

- Hafengebiet: 12 464 ha (Land und Wasser, 1975: 7500 ha), Länge: 42 km, 79,5 km Kailänge, 131 Landungsbrücken, 6 000 ha Gewerbegebiete
- Schifffahrt: circa 30 000 Hochseeschiffe und 100 000 Binnenschiffe pro Jahr
- Güterumschlag: circa 470 Mio. t pro Jahr
- Beschäftigte: 1 270 im Hafenbetrieb, 175 000 – 400 000 direkt oder indirekt (Zulieferer, Unternehmensniederlassungen wegen des Hafens etc.)
- Wertschöpfung: (direkt, indirekt) 63 Mrd. Euro, 8,2 % des niederländischen BIP*

M3   Der Hafen Rotterdam

- Lage im Mündungsbereich des Rheins
- tideunabhängige Erreichbarkeit für Großschiffe <24 m Tiefgang
- Deep-sea-Schifffahrt*: Linienverbindungen zu über 1 000 intern. Häfen
- Short-sea-Schifffahrt*: Feederschiffe* zu 140 internationalen Häfen; Drehkreuz für Nordafrika, die Iberische Halbinsel, Frankreich, das Vereinigte Königreich, Irland, Skandinavien und die baltischen Staaten
- Binnenschiffahrt: Wirtschaftszentren in Deutschland, der Schweiz, Österreich sowie den südosteuropäischen Staaten über Maas, Rhein, Main und Donau
- Eisenbahnnetz: 400 internationale Containerzugverbindungen pro Woche
- Autobahnnetz: Anschluss an die nationalen und europäischen Autobahnen
- Pipelinenetz: Niederlande, Belgien, Ruhrgebiet und Ludwigshafen

M4   Die Verkehrsanbindung des Rotterdamer Hafens

Das Hafengebiet lässt sich in drei große Bereiche unterteilen. Im Osten befinden sich die älteren Häfen am Ufer der 1872 fertiggestellten Neuen Maas. Westlich davon, am Neuen Wasserweg, liegen die vor allem in den 1950er- und 1960er-Jahren angelegten Erweiterungen, die heute das Kerngebiet von Europoort bilden. Der jüngste Teil des Hafengebiets ist die ab den 1970er-Jahren ins Meer gebaute Maasvlakte im Mündungsbereich (2012: Eröffnung von Maasvlakte 2). Durch den Ausbau der Hafen- und Industriegelände kam es zu einer räumlichen Trennung der umgeschlagenen Güter. Die Abfertigung der großen Containerschiffe und Tanker konzentriert sich auf der Maasvlakte mit einer Fahrwassertiefe von 23,5 Metern. Die älteren Stückguthäfen wurden speziell für den Short-sea-Containerverkehr umgebaut. Die Abfertigung von Massengütern geschieht vor allem in den jüngeren Hafenbereichen im Westen.

M5   Aufbau des Rotterdamer Hafens

 100900-104-04
schule.diercke.de   100900-108-01
schule.diercke.de

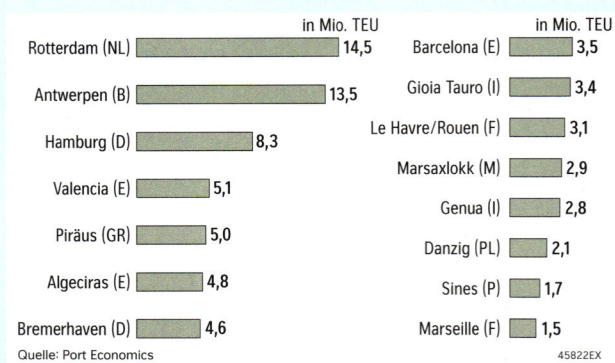

M6   Größte Häfen in der EU nach Containerumschlag (2022)

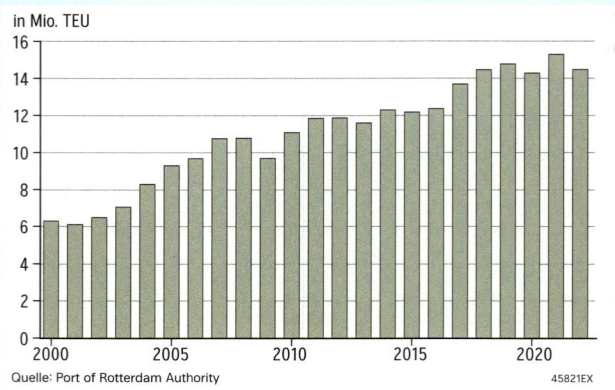

M7   Rotterdam: Containerumschlag (2000 – 2022)

	2012	2015	2018	2022
Eisenerz, Schrott	32,7	33,9	30,0	25,6
Kohle	25,3	30,7	26,4	29,0
Agribulk[1]	8,1	10,8	9,9	8,1
sonst. Massengut, trocken	12,0	12,3	11,3	17,4
Rohöl	98,3	103,1	100,3	104,0
Mineralölerzeugn.	81,8	88,5	77,7	58,9
LNG*	0,6	2,3	5,2	11,5
sonst. Massengut, flüssig	33,5	30,7	28,6	38,4
Container	125,4	126,2	149,1	139,7
Roll-on/Roll-off*	17,9	22,0	24,1	27,3
sonst. Stückgut	5,9	5,9	6,4	7,6
gesamt	441,5	466,4	469,0	467,5

[1] Getreide, Futtermittel, Sojabohnen etc. Quelle: Port of Rotterdam

M8   Rotterdam: Güterumschlag nach Güterarten (in Mio. t)

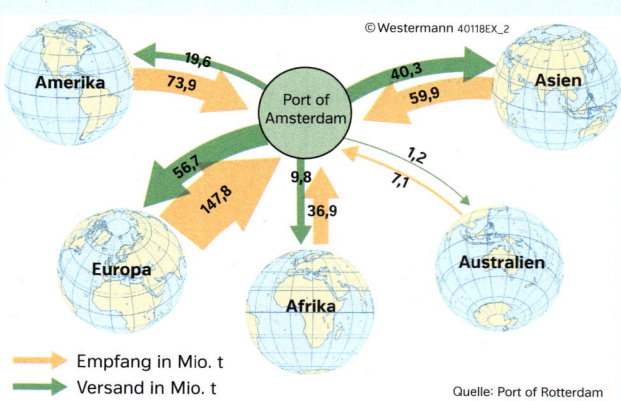

M9   Herkunft und Ziele der Güter im Hafen Rotterdam nach Kontinenten (2021)

An [der] 1150 Meter langen Kaimauer [des Rotterdam World Gateways (RWG)] liegt die HMM Oslo [...] mit der Kapazität von 24 000 TEU. [...] Das RWG ist nicht nur besonders, weil es mit seinem 20 Meter tiefen Becken Schiffe dieser Größenordnung überhaupt abfertigen kann. Das alles passiert auch noch hoch automatisiert. 85 Prozent Automatisierungsgrad. [...] Alles hier funktioniert digital. Die Lastwagenfahrer melden sich vorab an, teilen Informationen zur Ladung und für den Zoll mit und bekommen anschließend ein Zeitfenster zugewiesen. [...] Dann geht es direkt zur zugewiesenen Haltebucht am Blocklager, wo automatisierte Kräne sich die Container greifen. [...] Um Zeit und Geld geht es auch auf der Seeseite des Terminals. 14 Kräne erledigen den Kraftakt. Doch obwohl noch Brücken unter den hellgrauen Kränen hängen, sind sie unbesetzt. Mitarbeiter steuern sie aus einem Bürokomplex 200 Meter entfernt heraus. Dort sitzen sie vor Bildschirmen, Joystick in der Hand, und laden und löschen die größten Containerdampfer der Welt. Um ein Schiff wie die HMM Oslo zu laden, die gerade letzte Container an Bord nimmt, sind 10 000 Rangierbewegungen nötig, bis zu sechs Kräne beladen gleichzeitig, 72 Stunden, manchmal mehr, dauert das.

Quelle: Anna-Lena Niemann: Im größten Nadelöhr Europas. In: Frankfurter Allgemeine Sonntagszeitung, 17.7.2022, S.48ff

Der Hafenbetrieb Rotterdam wird die eigenen CO_2-Emissionen schneller als geplant reduzieren. Der CO_2-Ausstoß des Hafenbetriebs wird gegenwärtig vor allem von (Patrouillen-)Fahrzeugen verursacht. Auch durch den Straßenverkehr und Gebäude wird CO_2 freigesetzt. Insgesamt belaufen sich die Emissionen auf über 4000 Tonnen pro Jahr. Diese eigenen CO_2-Emissionen des Hafenbetriebs sollen im Vergleich zu 2019 schon um 75 % bis 2025 und um 90 % bis 2030 reduziert werden. Letztlich soll der Hafen vollständig emissionsfrei operieren. „Wir werden unsere eigenen CO_2-Emissionen möglichst schnell verringern. Den verbleibenden Ausstoß werden wir vollständig durch Kompensationsmaßnahmen ausgleichen. Der Hafenbetrieb ist also faktisch bereits CO_2-neutral. Und da wir in den kommenden Jahren immer weniger Emissionen verursachen werden, sind auch immer weniger Ausgleichsmaßnahmen notwendig", erklärt Allard Castelein, CEO des Hafenbetriebs Rotterdam. [...] Das bedeutet unter anderem, dass die gesamte Fahrzeugflotte des Hafenbetriebs schon in Kürze vollständig auf Biokraftstoffe umgestellt wird und dass ab 2025 möglichst nur noch emissionsfreie neue Schiffe eingesetzt werden.

Quelle: Port of Amsterdam: Hafenbetrieb Rotterdam beschleunigt Reduktion der eigenen CO_2-Emissionen. 2.6.2022

M 10 Quellentexte zur Automatisierung und CO_2-Reduktion

M 1 Rotterdam Container Terminal

Der Rotterdamer Hafen wird ein Wasserstoffsystem erhalten, das die Produktion und den Einsatz vor allem in der Industrie, jedoch auch den Import und Transit von Wasserstoff in andere Teile der Niederlande und Nordwesteuropas kombiniert. Der Hafenbetrieb und [der niederländische Erdgasnetzbetreiber] Gasunie haben die Initiative ergriffen, dass der Hafen schon im Jahr 2023 ein Rückgrat für Wasserstoff betriebsbereit hat. Die Haupttransportleitung wird Unternehmen mit Wasserstoff versorgen, der in den Umwandlungsparks im Hafen hergestellt wird. Das Rückgrat wird in den Niederlanden mit einer Verbindung zur nationalen Infrastruktur der Gasunie versehen sowie mit Korridoren, die zu Industriegebieten in der niederländischen Provinz Limburg – Chemelot – und in Nordrhein-Westfalen führen. Auch ist auf längere Sicht ein Terminal geplant, das den Import von Wasserstoff erleichtern soll.

Rotterdam erhält hiermit eine tonangebende Infrastruktur im Bereich des Wasserstoffs, wodurch die Marktentwicklung stimuliert wird. Abgesehen von einem wichtigen Beitrag zu den nationalen Klimazielen der Niederlande trägt ein solches Wasserstoffsystem ebenfalls zu neuer Ertragskraft für den Hafenkomplex bei. Damit behält der Hafen auch in der Zukunft eine wichtige Rolle in der niederländischen Wirtschaft.

Zur Versorgung der Industrie und anderer Sektoren mit ausreichend grünem Wasserstoff ist eine enorme Menge an Elektrizität aus Windparks sowie ein starkes Wachstum bei der Kapazität von Elektrolyseuren* erforderlich. Diese Entwicklung ist anhand einer Reihe von Projekten in Gang gesetzt worden. [...] Angesichts der Nachfrageentwicklung werden Importe in erster Linie aus dem Mittleren Osten, aus Nordafrika und Südeuropa erforderlich sein. In diesen Gebieten kann vor Ort Wasserstoff verflüssigt werden [...] und per Tanker nach Rotterdam transportiert werden. Nach der Ankunft im Rotterdamer Hafen wird der Wasserstoff wieder „ausgepackt". So kann er als Rohstoff oder Brennstoff eingesetzt werden.

Quelle: Wasserstoffwirtschaft in Rotterdam – FactSheet. Port of Rotterdam 2022

M 11 Quellentext zum Ausbau der Wasserstoffwirtschaft

Besonderheiten der Abiturklausur

Die Abiturklausur entspricht den Klausuren in der Qualifikationsphase. Unterschiede liegen in Niedersachsen lediglich darin, dass sie landesweit einheitlich gestellt wird, zwei Aufgabenvorschläge zur Auswahl stehen und nach einer Einlesezeit von bis zu 30 Minuten im vierten Prüfungsfach eine Bearbeitungszeit von 220 Minuten und im Fach auf erhöhtem Niveau von 270 Minuten vorgegeben ist. Wie alle Klausuren ist die Abiturklausur in drei bis vier Teilaufgaben als Strukturierungshilfe zur Bearbeitung aufgegliedert und materialgestützt (Karten, Statistiken, Diagramme ...). Häufig erfolgt mit den Materialien ein längerer Text zur Auswertung, um für die Bearbeitung ein einheitliches Ausgangsniveau zu erreichen.

Abiturklausurübung

- Nehmen Sie diese und eine weitere Klausur aus den Diercke Spezial-Bänden, spielen Sie die Auswahlentscheidung und die Bearbeitung unter entsprechenden Zeitangaben durch.
- Ordnen Sie die Materialien den Aufgaben zu.
- Erstellen Sie sich für die Bearbeitung einen Stichwortkatalog.
- Formulieren Sie eine Einleitung zur Thematik und lokalisieren Sie den Raum.
- Argumentieren Sie unter Hinweis auf die Materialien.
- Beziehen Sie Wissen aus dem Unterricht und aus Publikationen vergleichend in Ihre Argumentation ein. Schweifen Sie dabei aber nicht ab.
- Formulieren Sie Übergänge zwischen den Aufgaben.
- Beziehen Sie bei der abschließenden Beurteilung / Stellungnahme gegenteilige Argumente und die Ergebnisse der vorangegangenen Teilaufgaben ein.
- Formulieren Sie ein abschließendes Fazit.
- Planen Sie Zeit für abschließende Korrekturen ein.

3.5 Kanäle und Meerengen

Schifffahrtskanäle, also künstlich geschaffene Wasserstraßen, gibt es zwischen Flüssen, Seen und Meeren. Die Verbindung zweier Nebenmeere* oder gar zweier Ozeane war und ist mit einem hohen technologischen und finanziellen Aufwand verbunden, der umso höher ist, je länger die Strecke ist, die ohne Ausnutzung natürlicher Gewässer ausgehoben werden muss. Auch der Höhenunterschied der beiden Meere, den es mittels Schleusen zu überwinden gilt, ist dabei von Bedeutung. Berühmte Beispiele sind der Panama- und Suezkanal (Kap. 3.6) und in Europa der Nord-Ostsee-Kanal. In einer weitergehenden Definition kann man zu den Meereskanälen auch solche zählen, die Meere mit großen Seen verbinden (z. B. Sankt-Lorenz-Seeweg, Göta-Kanal, Weißmeer-Ostsee-Kanal) oder den Weg eines Flusses zum Meer abkürzen (z. B. Donau-Schwarzmeer-Kanal). Für die Schifffahrt problematisch sind auch solche Stellen, an denen sich zwei Landmassen nahekommen und so einen Engpass des Meeres bilden. Solche Meerengen und Meeresstraßen haben oft eine große geostrategische Bedeutung.

1. Nennen Sie fünf für den internationalen Seehandel problematische Meerengen (S. 53: M 7, Atlas).
2. Vergleichen Sie die drei Meereskanäle (M 1).
3. Erläutern Sie die Wegevorteile durch den Nord-Ostseekanal (M 5, Atlas).
4. Analysieren Sie den Schiffsverkehr durch den Nord-Ostsee-Kanal (M 4).
5. Erörtern Sie das Kra-Kanal-Projekt (M 3, M 8, M 10).
6. Erläutern Sie die ökologischen Auswirkungen von Kanälen (M 9).
7. Nehmen Sie Stellung zu der Aussage von Rainer Hank (M 11).
8. Beurteilen Sie das Potenzial eines der Kanalbauprojekte (M 3). Ⓩ

Istanbul-Kanal	Verbindung des Marmara-Meeres mit dem Schwarzen Meer (45 km), Entlastung des Bosporus, geplante Fertigstellung: 2026
Nicaraguakanal	Alternative zum Panamakanal durch den Nicaraguasee (280 km), historische (erstmals 1850) und aktuelle Projekte (letztes mit chinesischem Investor 2018 gescheitert)
Kra-Kanal	Umgehung der Straße von Malakka (siehe M 8)
Eurasia-Kanal	Verbindung des Kaspischen Meeres mit dem Schwarzen Meer (700 km) erste Planung 1936, letzter Vorschlag 2007
Salwa-Kanal	Kanal zwischen Saudi-Arabien und Katar im Persischen Golf (60 km), Planung seit 2018
Sulawesi-Kanal	Querung der indonesischen Insel Sulawesi (20 km), Planung seit den 2000er-Jahren
Iranrud	Verbindung Kaspisches Meer zum Persischen Golf (950 km), Pläne in 1960er-Jahren

M 3 Aktuelle oder historische Meereskanalbauprojekte (Auswahl)

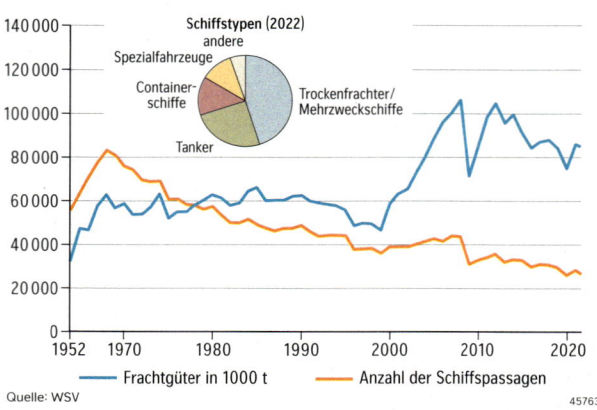

Quelle: WSV   45763EX

M 4 Schiffsverkehr auf dem Nord-Ostsee-Kanal

	Panamakanal	**Suezkanal**	**Nord-Ostsee-Kanal**
Fertigstellung	1914	1869	1895
Länge (in km)	82	193	98
Schleusen	5	0	2
Tiefe (in m)	18,3	24,0	11,0
Breite[1] (in m)	152	205	162
Schiffe/Jahr	14 239	22 032	26 882
Frachtgüter/Jahr (in Mio. t)	516	1320	82
max. Schiffsgröße[2] (in m)	366 x 49 x 15,2	[3] x 77,5 x 20,1	235 x 32,5 x 7

[1] Mindestbreite [2] Länge x Breite x Tiefgang [3] Länge unbeschränkt (keine Schleusen)

M 1 Panama-, Suez- und Nord-Ostsee-Kanal (2022)

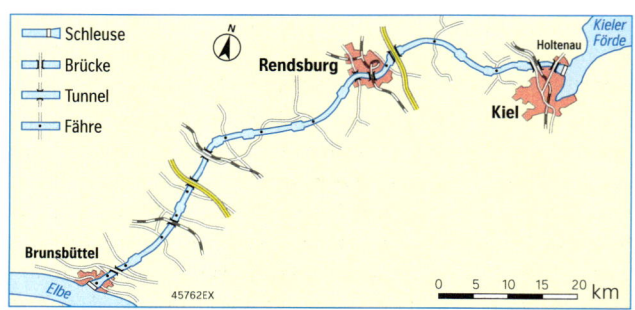

M 5 Nord-Ostsee-Kanal

M 2 Nord-Ostsee-Kanal

M 6 Panamakanal: Schleuse bei Panama-Stadt

M 7 Tanker und Frachtschiffe in der Straße von Malakka

M 10 Straße von Malakka und geplanter Kra-Kanal

Chinas Abhängigkeit von der Malakka-Straße [ist] eine der größten Achillesfersen für den Aufstieg des Landes. Durch die Meerenge nahe der gleichnamigen malaysischen Stadt, die den Indischen Ozean mit dem Pazifik verbindet, gehen 80 Prozent der chinesischen Öl-Importe – gut 20 Prozent des chinesischen Bedarfs, vorwiegend aus dem Nahen Osten und Afrika. Doch nicht nur, was das Öl angeht, ist die Bedeutung der Malakka-Straße für Peking in den vergangenen Jahren eher noch gewachsen. Den größten Teil seines internationalen Handels wickelt China über die Seewege ab. Das macht die Tanker-Route, deren Kapazitätsgrenze von 122000 Schiffen pro Jahr fast erreicht ist, zu einer Hauptschlagader der chinesischen Wirtschaft. Würde sie abgeklemmt, stünde Peking vor einem echten Problem. Chinesische Militärstrategen warnen schon seit Jahren, dass dieser Seeweg das Land in einer geopolitischen Krise äußerst verwundbar machen könnte. [...] China braucht Alternativen, wenn es sein Wachstum stabil halten will. [Neben einem Pipeline- und Tiefhafenprojekt in Myanmar gehören dazu auch Pläne für] den Bau eines neuen Kanals in Südthailand, wo die Landmasse zwischen dem Golf von Thailand und der Andamanensee nur rund 40 Kilometer breit ist. Der Kra-Kanal (auch Thai-Kanal oder Kra-Isthmus-Kanal genannt) würde, ähnlich wie einst der Panamakanal, die

M 8 Quellentext zur Straße von Malakka

Schifffahrtswege nicht nur verkürzen – in diesem Fall um bis zu sechs Tage – sondern auch die globalen Machtverhältnisse neu justieren. Schon seit Jahren versucht Peking, Bangkok davon zu überzeugen, den entscheidenden finanziellen und technologischen Anteil in Höhe von bis zu 28 Milliarden US-Dollar beitragen zu dürfen. Dort wird das Projekt jedoch nach wie vor kontrovers diskutiert. [Auch die Anrainer der Straße von Malakka Malaysia, Indonesien und Singapur sowie die USA haben kein Interesse an dem Kanalprojekt. Singapurs Hafen (weltweit auf Rang 2) würde durch den Kanal massiv an Bedeutung verlieren.]
Quelle: Frank Sierer: Eine verwundbare Hauptschlagader. Deutsche Welle. 23.1.2020

Invasive gebietsfremde Organismen stellen weltweit eine der Hauptbedrohungen für die Artenvielfalt natürlicher Lebensräume dar. Sie können zu schweren ökologischen und wirtschaftlichen Schäden führen und eine Ursache für den Verlust biologischer Vielfalt sein. Künstlich hergestellte Meereskanäle sind als Hotspots für die Invasion verschiedenster Arten von Meeresorganismen bekannt. [...] Eine 29 km lange Teilstrecke des Panamakanals führt durch den Gatúnsee, dessen Süßwasser die meisten marinen Arten bisher davon abhielt, den Kanal zu überqueren. Ein brackiger Gatúnsee jedoch könnte bedeuten, dass Hunderte Fischarten, die einen niedrigen Salzgehalt vertragen, zukünftig durch den Panamakanal die Reise vom Pazifik zum Karibischen Meer und umgekehrt meistern könnten. [...] Der 2016 abgeschlossene Ausbau des Panamakanals verändert die Bedingungen, die den Gatúnsee zu einer erfolgreichen Barriere machen. [...] Es wurden neue Schleusen gebaut, um größere Schiffe durchzulassen, die die alten Schleusen von 1914 nicht passieren konnten. [...] In Zukunft könnte es diese Veränderung einigen Meeresorganismen ermöglichen, den See zu durchqueren und so durch den Kanal von einem Ozean zum anderen zu gelangen. [...]Es könnten sich also Faunen vermischen, die seit Millionen von Jahren voneinander getrennt sind.
Quelle: Suez- und Panamakanal: Hotspots für die Verbreitung invasiver Arten. Leibniz-Zentrum für Marine Tropenforschung 12.10.2020

M 9 Quellentext zu Bioinvasoren durch Meereskanäle

Der Panamakana leidet 2023 zum wiederholten Mal unter einem immer spürbareren Wassermangel infolge des klimawandelbedingten Rückgangs der Niederschlagsmenge in Mittelamerika. Die für den Kanalbetrieb zuständige Panama Canal Authority hat mehrfach den zulässigen Tiefgang für die großen Frachter und Tanker reduziert, um ein Auflaufen der Schiffe zu verhindern. Statt 15,24 Meter Tiefgang sind seit Ende Mai 2023 nur noch 13,41 Meter zulässig. Reedereien müssen weniger Container laden, um den Tiefgang ihrer Schiffe zu verringern. Zudem soll die Anzahl der den Kanal passierenden Schiffe abgesenkt werden. Ursache sind die langanhaltende Dürre und der Regenmangel, aufgrund derer die Wasserstände in zwei wichtigen, künstlich angelegten Seen dramatisch gesunken sind. Für die im Zuge der Kanalpassage erforderlichen Schleusungsvorgänge, die es ermöglichen, dass die Höhenunterschiede zwischen der Pazifik- und der Atlantik-Seite ausgeglichen werden können, sind rund 200 Millionen Liter Süßwasser pro Schleuse und Schiff erforderlich. Diese stammen aus dem Wasserreservoir der Seen Alajuela und Gatún, die aus natürlichen Niederschlägen aufgefüllt werden – wenn die klimatischen Verhältnisse normal sind.
„Die Aussage, dass der Klimawandel das globale Wachstum bedrohe, blieb für mich lange abstrakt. Ich konnte mir das nie so richtig vorstellen. Beim Panamakanal wird es konkret. [...] Der Wassermangel führt zu einer Lieferkettengeschwindigkeit, mithin einen Verlust von Wachstum und Wohlstand.“
Rainer Hank, deutscher Journalist (2023)

M 11 Panamakanal: Einschränkungen durch Dürre

3.6 Suezkanal: ein Nadelöhr der Globalisierung

Der Suezkanal ist eine wichtige Einnahmequelle Ägyptens. Etwa zwölf Prozent des gesamten Welthandels durchfahren die Wasserstraße. 2022 zahlten die 22 032 Schiffe, die ihn in südlicher oder nördlicher Richtung passierten, die Rekordsumme von 9,4 Mrd. US-$ an Gebühren. Ein Jahr zuvor lief das Containerschiff „Ever Given" im südlichen Abschnitt auf Grund und blockierte den Kanal fast eine Woche. Der Welt wurde mit einem Mal bewusst, wie groß die Bedeutung des 193 km langen Suezkanals für den globalisierten Welthandel ist.

1. Beschreiben Sie die Lage des Suezkanals (M5, M6, Atlas).
2. Erläutern Sie die Erweiterung des Kanals von 2015 (M1, M5).
3. Erklären Sie die Bedeutung des Suezkanals
   a) für die Weltwirtschaft (M6, M7, Atlas),
   b) für Ägypten (M1, M2).
4. Analysieren Sie die Entwicklung des Suezkanals und den Schiffsverkehr auf dem Suezkanal (M1, M2, M4).
5. Das 366 m lange Containerschiff „CMA CGM Nevada" (12 552 TEU Kapazität) hat voll geladen bei Höchstgeschwindigkeit von 24,5 Knoten (45,4 km/h) einen Tagesverbrauch von 312 Tonnen Schweröl (bei 20 Knoten/37 km/h: 150 t; bei 11 Knoten/20,4 km/h: 36 t). Die Durchfahrt durch den Suezkanal kostet das Schiff 600 000 US-$. Ab welchem Schwerölpreis (hilfsweise Rohölpreis) lohnt sich für den Reeder die Fahrt um das Kap der Guten Hoffnung bei einer Fahrt von Tokyo nach Rotterdam (M7, Internet)? Erörtern Sie die Alternativen.
6. Beurteilen Sie die Gefahr für die Weltwirtschaft, die von einem blockierten Suezkanal ausgeht (M8).

schleusenloser Kanal, erbaut 1859 – 1869 (damalige Länge: 164 km), heutige Länge: 193 km (mit Zufahrtskanälen und Erweiterungen), Tiefe: 24 m

Durchfahrt über Taktung geregelt, da in den Süd- und Nordabschnitten Befahrung nur „einspurig" möglich ist; Kanaldurchfahrt nur im Konvoi, Höchstgeschwindigkeit: 11–16 km/h

Erweiterung des Kanals (M5) 2015 fertiggestellt: Bau eines parallelen Kanalabschnitts bei Ismailia und Begradigung und Vertiefung der bisherigen Kanalstrecke in diesem Bereich, Ausbau hat Bypass-Funktion (nur 60 % des Kanals sind parallel befahrbar), Verdoppelung der Kapazität und Verkürzung der Durchfahrt (von 22 auf jetzt ca. 11 Stunden), Kosten des Projekts: 9 Mrd. US-$

Verstaatlichung des Kanals 1956, seitdem lukrativste Devisenquelle Ägyptens (Gebühren in US-$, Euro, Pfund zu entrichten), Einnahmen: 2000: 1,9 Mrd. US-$, 2010: 4,8 Mrd. US-$, 2022: 9,4 Mrd. US-$ (Ø 300 000 US-$/Schiff)

zulässige Schiffsgrößen: Länge unbeschränkt (da keine Schleusen); Tiefgang: 20,1 m (bei sehr breiten Schiffen weniger); Breite: 64 m bzw. 77,49 m (bei Anfrage); Höhe 68 m (Brückendurchfahrt). Der Suezkanal ist für alle Containerschiffe und 63 % der Tanker weltweit befahrbar.

M1   Steckbrief Suezkanal

M3   Containerschiff im Suezkanal

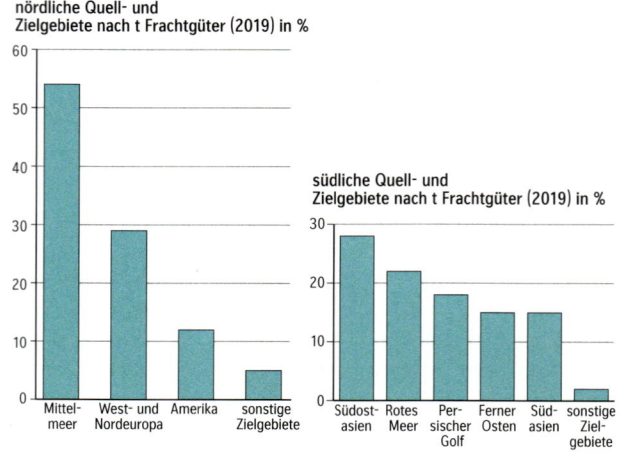

nördliche Quell- und Zielgebiete nach t Frachtgüter (2019) in %

südliche Quell- und Zielgebiete nach t Frachtgüter (2019) in %

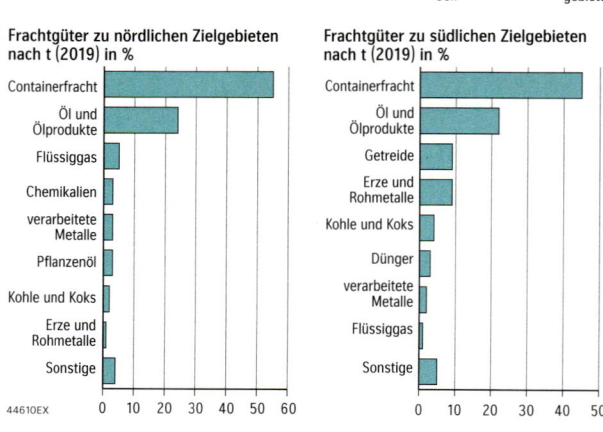

Frachtgüter zu nördlichen Zielgebieten nach t (2019) in %

Frachtgüter zu südlichen Zielgebieten nach t (2019) in %

44610EX

M4   Suezkanal: Zielorte und Frachtgüter (2019)

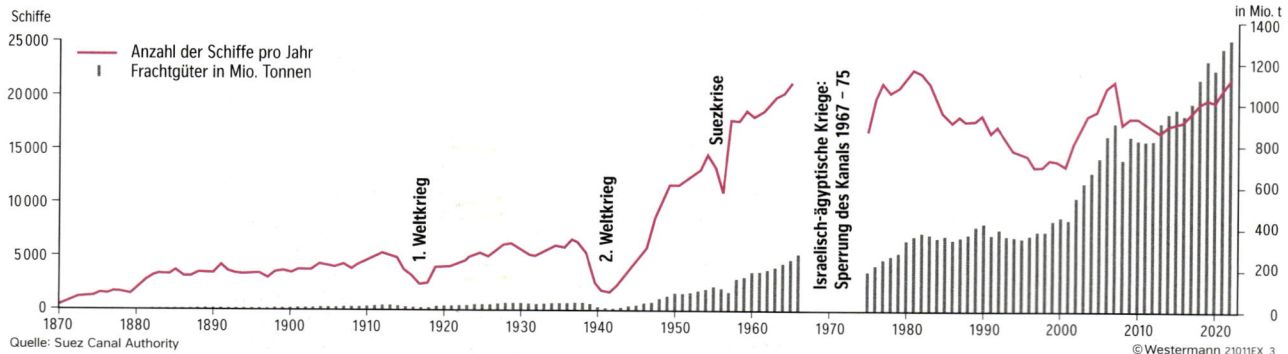

M2   Entwicklung des Verkehrs auf dem Suezkanal (1870 – 2022)

Quelle: Suez Canal Authority

© Westermann 21011EX_3

 100900-158-01
schule.diercke.de

 100900-284-01
schule.diercke.de

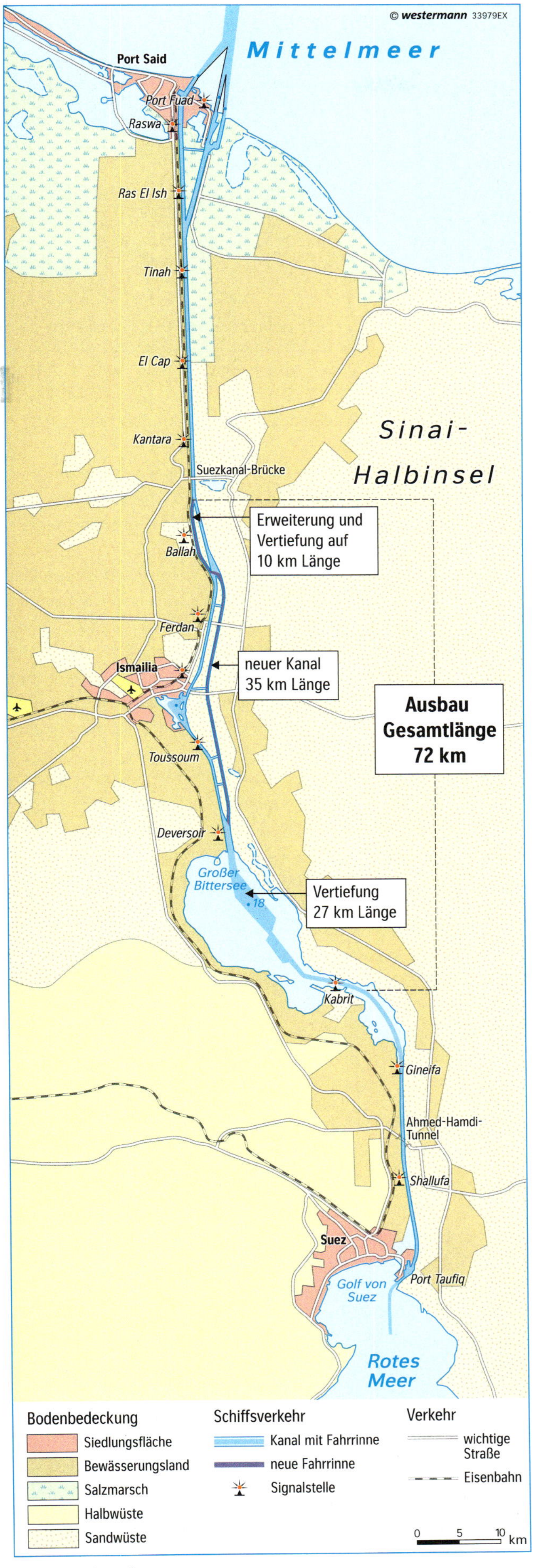

M5 Suezkanal

Mittelmeer

Port Said
Port Fuad
Raswa
Ras El Ish
Tinah
El Cap
Kantara
Suezkanal-Brücke

Sinai-Halbinsel

Erweiterung und Vertiefung auf 10 km Länge

Ballah
Ferdan
Ismailia

neuer Kanal 35 km Länge

Ausbau Gesamtlänge 72 km

Toussoum
Deversoir

Großer Bittersee
· 18

Vertiefung 27 km Länge

Kabrit
Gineifa
Ahmed-Hamdi-Tunnel
Shallufa
Suez
Golf von Suez
Port Taufiq

Rotes Meer

© westermann 33979EX

Bodenbedeckung
- Siedlungsfläche
- Bewässerungsland
- Salzmarsch
- Halbwüste
- Sandwüste

Schiffsverkehr
- Kanal mit Fahrrinne
- neue Fahrrinne
- ☆ Signalstelle

Verkehr
- wichtige Straße
- Eisenbahn

0   5   10 km

M5   Suezkanal

M6   Wartende Schiffe im Roten Meer vor Suez

Strecke	um Kap der Guten Hoffnung (in sm)	durch den Suez-kanal (in sm)
Rotterdam - Tokyo	14 507	11 192
Ras Tanura[1] - Rotterdam	11 169	6 436
Ras Tanura[1] - New York	11 794	8 281

[1] Ölhafen in Saudi-Arabien; 1 sm (Seemeile) = 1,852 km

M7   Ausgewählte Schifffahrtsrouten

Die „Ever Given" ist mit einer Länge von 400 m und einer Ladekapazität von annähernd 20 000 Standardcontainern eines der größten Container-schiffe der Welt. Sie fährt unter der Flagge Panamas, gehört aber einem japanischen Leasingunternehmen, wird von einem Unternehmen aus Taiwan betrieben und von einer deutschen Firma technisch gemanagt. Am 23. März 2021 lief die „Ever Given", die mit Lotsenunterstützung im Suezkanal auf ihrer Route zwischen Yangshan (China) und Rotterdam unterwegs war, auf Grund. Fast voll beladen kam sie leicht vom Kurs ab, stellte sich quer und blockierte den Kanal sechs Tage lang. Als Ursache werden starke Seitenwinde angenommen. Über 300 Schiffe konnten ihre Fahrt nicht fortsetzen. In der Folge verlangte die Suezkanal-Behörde vom Schiffseigner und von der Reederei über 600 Mio. US-$ Schadensersatz. Bei einem Unfall dieser Größenordnung („Havariegrosse") müssen nach internationalem Recht auch die Empfänger der vom Schiff beförderten Waren mit finanziellen Forderungen rechnen. Um diesem Nachdruck zu verleihen, haben die ägyptischen Behörden das Schiff vorüberge-hend festgesetzt. Es wird von einem jahrelangen Rechtsstreit zwischen Suezkanal-Gesellschaft und Versicherungen ausgegangen.

Quelle: Tobias Behnen: Internationale Wasserstraße - der Suezkanal. Geogra-phische Rundschau aktuell 5/2021

M8   Quellentext zum Ever-Given-Vorfall im Suezkanal

M9   Ever Given im Suezkanal 27.3.2021

3.7 Tourismus am Meer

Der Badetourismus, wie wir ihn kennen, ist eine relativ neue Entwicklung. Erste Seebäder gab es vor 250 Jahren für den Adel an britischen Küsten, nach Bau von Eisenbahnen auch für breitere Bevölkerungskreise. Heiligendamm an der Mecklenburger Ostseeküste ist der älteste Seebadeort Deutschlands (Gründung 1793). Mehrwöchige Aufenthalte am Meer waren lange Zeit das Privileg des Adels und des vermögenden Bürgertums und hatten oft einen medizinischen Zweck. Der Bade- und Erholungsurlaub am Meer kam erst Anfang des 20. Jh. in Mode, als Massenphänomen mit der individuellen Motorisierung der Menschen und dem Aufkommen billiger Flugreisen.

1. Beschreiben Sie die Entwicklung des Tourismus weltweit und des Badetourismus nach 1950 (M1 – M5).
2. a) Ordnen Sie die beliebten Reiseziele der Deutschen der Kategorie „Badetourismus am Meer" zu (M6, M11, Atlas).
   b) Charakterisieren Sie den Stellenwert des Badetourismus in Deutschland (M6, M7, M11).
   c) Vergleichen Sie diesen mit dem in Frankreich und den USA (M9, M12).
3. Stellen Sie entsprechend M8 Merkmale zum Städtetourismus auf.
4. Beurteilen Sie den Begriff „Badewanne Europas" für den Mittelmeerraum (M1, M10, Atlas).

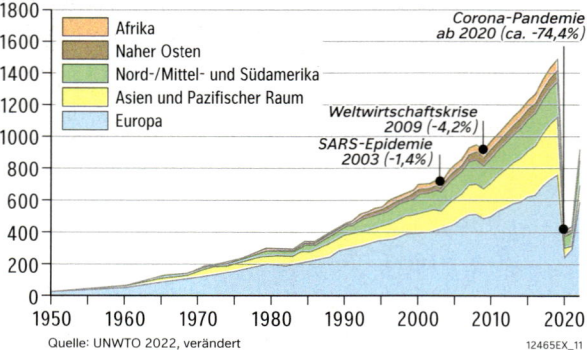

M3   Weltweite Entwicklung der Touristenankünfte (1950 – 2022)

- der zunehmende Wohlstand breiter Kreise der Bevölkerung,
- die wachsende Freizeit und der garantierte Jahresurlaub,
- die Einführung neuer Transporttechnologien (Düsenflugzeuge),
- die Gründung von Reiseveranstaltern.

Deutschland, Großbritannien und Skandinavien entwickelten sich nun zu wichtigen Quellmärkten des internationalen Badetourismus. Dabei erfuhr vor allem der Mittelmeerraum eine massenhafte touristische Inwertsetzung: Bereits Anfang der 1990er-Jahre stellte er die größte geschlossene Tourismusregion der Welt dar. Seine Erschließung verlief in mehreren Phasen:

- Da die Anreise in den 1950er- und 1960er-Jahren mit dem Pkw und der Eisenbahn erfolgte, war zunächst das nördliche Italien (Adria, Ligurien) ein wichtiges Ziel.
- Bereits in den 1960er-Jahren kamen die spanische Mittelmeerküste, die Balearen und die jugoslawische Adria hinzu.
- In den 1970er-Jahren wurden die langen Sandstrände im französischen Languedoc-Roussillon erschlossen [...] Mit staatlicher Förderung fand zu dieser Zeit auch in Griechenland, Ägypten, Tunesien und Marokko ein Ausbau der Tourismuseinrichtungen statt.
- Erst in den 1980er-Jahren wurden die Algarve in Portugal und die Südküste der Türkei in den internationalen Tourismus einbezogen.

Obwohl die Mittelmeerländer in den letzten Jahren Strategien zur Diversifizierung des touristischen Angebots und damit zur Reduzierung des Nachfragedrucks auf die Küstenregionen entwickelt haben, stellt der Badetourismus mit 70 bis 90 % der internationalen Ankünfte weiterhin die dominierende Urlaubsform dar.

Quelle: Albrecht Steinecke: Tourismus. Das Geographische Seminar. Braunschweig: Westermann 2011, S.150 – 151

Nach dem Zweiten Weltkrieg erfuhr der Badetourismus in Deutschland und vor allem in Südeuropa eine boomartige Entwicklung. Dort zählten zu den Pull-Faktoren vor allem die naturräumliche Ausstattung [...]:

- flache, sandige Küsten,
- eine lange jährliche Sonnenscheindauer,
- geringe Niederschläge,
- hohe Durchschnittstemperaturen.

Diese klimatischen Bedingungen finden sich – neben den wechselfeuchten Tropen – vor allem in den Subtropen und hier speziell in den Winterregengebieten wie dem gesamten Mittelmeerraum. Darüber hinaus wurden aber auch von staatlicher Seite Maßnahmen zur Erleichterung des Reiseverkehrs, zum Ausbau der allgemeinen und touristischen Infrastruktur sowie zur Förderung der Tourismusbranche ergriffen [...]. Die Entwicklung des Mittelmeers zur „Badewanne Europas" seit den 1960er-Jahren wurde aber erst durch eine Reihe von Push-Faktoren in den mittel- und nordeuropäischen Quellgebieten ermöglicht; dazu zählen:

M1   Quellentext zum Badetourismus

M2   Strand von Ramsgate (England, 1890)

M4   Strand und Promenade von S'Arenal auf Mallorca (Spanien)

M 5 Kreuzfahrtschiff legt während einer Karibikreise auf der tropischen Insel Ocean Cay (Bahamas) an

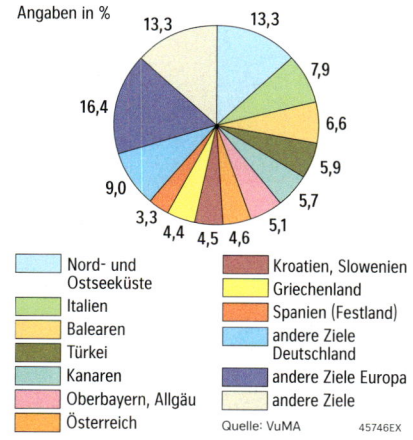

Angaben in %

Nord- und Ostseeküste 13,3
13,3
7,9
16,4
6,6
5,9
9,0
5,7
3,3
4,4 4,5 4,6 5,1

- Nord- und Ostseeküste
- Italien
- Balearen
- Türkei
- Kanaren
- Oberbayern, Allgäu
- Österreich
- Kroatien, Slowenien
- Griechenland
- Spanien (Festland)
- andere Ziele Deutschland
- andere Ziele Europa
- andere Ziele

Quelle: VuMA 45746EX

M 6 Deutschland: beliebteste Reiseziele (2021)

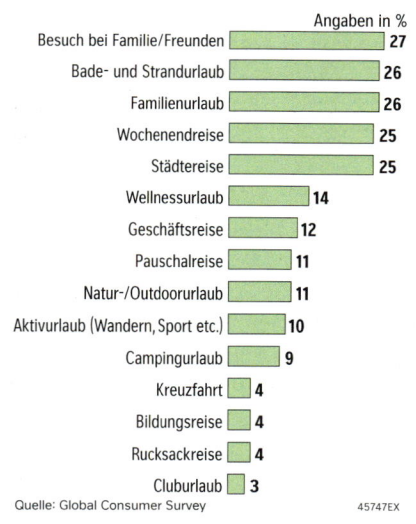

Angaben in %

Besuch bei Familie/Freunden	27
Bade- und Strandurlaub	26
Familienurlaub	26
Wochenendreise	25
Städtereise	25
Wellnessurlaub	14
Geschäftsreise	12
Pauschalreise	11
Natur-/Outdoorurlaub	11
Aktivurlaub (Wandern, Sport etc.)	10
Campingurlaub	9
Kreuzfahrt	4
Bildungsreise	4
Rucksackreise	4
Cluburlaub	3

Quelle: Global Consumer Survey 45747EX

M 7 Deutschland: Ranking der beliebtesten Arten zu reisen (2020 – 2022)

- eine relativ lange Aufenthaltsdauer der Gäste (im Vgl. zum Städtetourismus)
- relativ niedrige Pro-Kopf-Ausgaben (im Vergleich zum Wintersporttourismus oder zum Kulturtourismus)
- ein hoher Anteil von Flugreisenden
- ein hoher Anteil von Veranstalterreisenden (Pauschalreisende)
- eine ausgeprägte Saisonalität der Nachfrage
- aufgrund der Austauschbarkeit des Angebots (Strand, Wasser, Sonne) harter Wettbewerb der Destinationen

M 8 Merkmale von Badetourismus

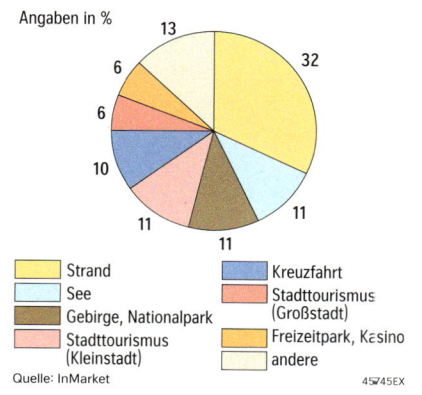

Angaben in %

13
6
6
10
11
11
11
32

- Strand
- See
- Gebirge, Nationalpark
- Stadttourismus (Kleinstadt)
- Kreuzfahrt
- Stadttourismus (Großstadt)
- Freizeitpark, Kasino
- andere

Quelle: InMarket 45745EX

M 9 USA: beliebteste Reiseziele im Sommer von US-Touristen im Inland (2022)

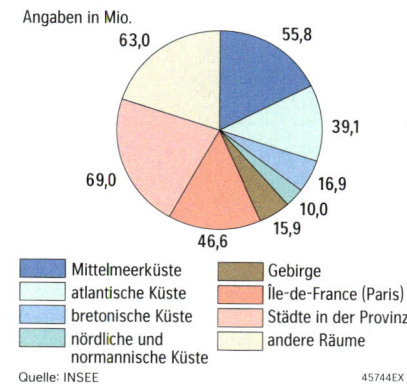

Angaben in Mio.

63,0
55,8
39,1
16,9
69,0
10,0
46,6 15,9

- Mittelmeerküste
- atlantische Küste
- bretonische Küste
- nördliche und normannische Küste
- Gebirge
- Île-de-France (Paris)
- Städte in der Provinz
- andere Räume

Quelle: INSEE 45744EX

M 12 Frankreich: Übernachtungen im Sommer

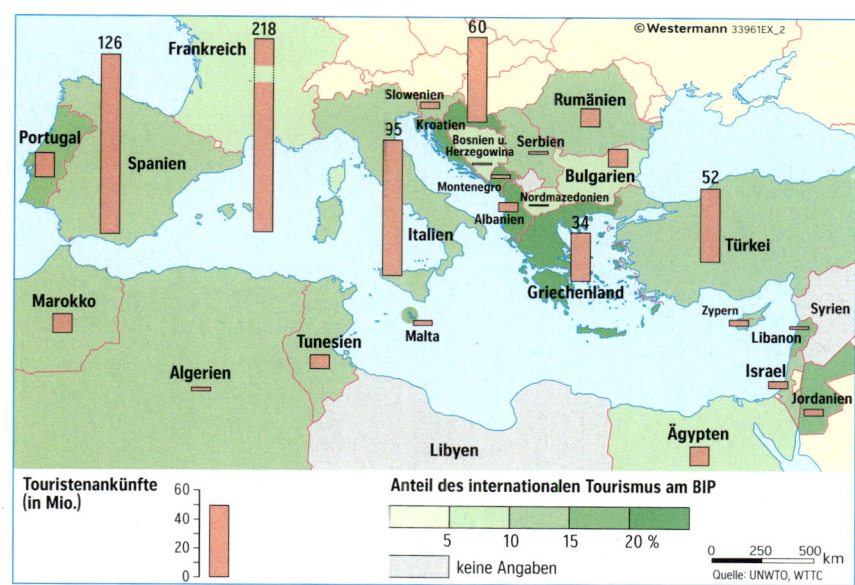

M 10 Touristenankünfte und Anteil des internationalen Tourismus am Bruttoinlandsprodukt in den Mittelmeeranrainerstaaten (2019)

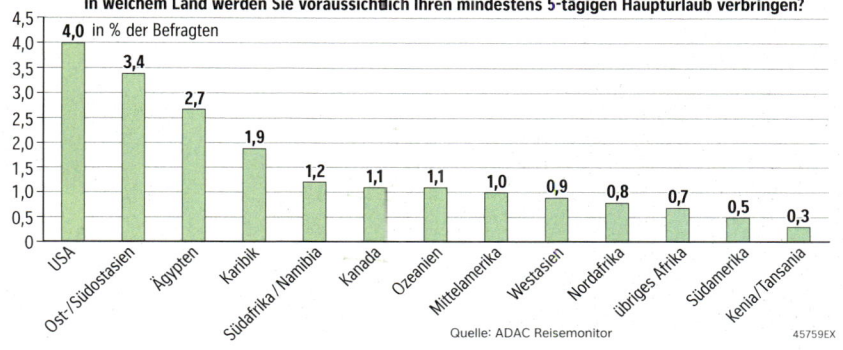

In welchem Land werden Sie voraussichtlich Ihren mindestens 5-tägigen Haupturlaub verbringen?

in % der Befragten

USA	4,0
Ost-/Südostasien	3,4
Ägypten	2,7
Karibik	1,9
Südafrika / Namibia	1,2
Kanada	1,1
Ozeanien	1,1
Mittelamerika	1,0
Westasien	0,9
Nordafrika	0,8
übriges Afrika	0,7
Südamerika	0,5
Kenia/Tansania	0,3

Quelle: ADAC Reisemonitor 45759EX

M 11 Fernreiseziele außerhalb von Europa von Deutschen (Umfrage, 2019)

3.8 Methode: Planen und Entscheiden

Eine Woche Urlaub in Cuxhaven

Planen Sie gruppenweise einen siebentägigen Sommerurlaub in Cuxhaven für folgende Zielgruppen:

- drei Oberstufenschülerinnen des 12. Jahrgangs, Leistungskurs Biologie, Anreise mit Ferienticket, sportlich interessiert
- ein Ehepaar mit einem dreijährigen Kind, Anreise mit Pkw
- ein älteres Ehepaar, Interesse Sehenswürdigkeiten und Kunst, Shopping, Vertrauen auf Wellnessangebote des Nordseeheilbades
- alleinerziehende Mutter mit 16-jährigem technikbegeistertem Sohn
- Großeltern in eigener Ferienwohnung mit 12-jähriger Enkelin, Pferdeliebhaberin, naturverbunden und 16-jährigem Enkel, Berufswunsch Offizier bei der Marine

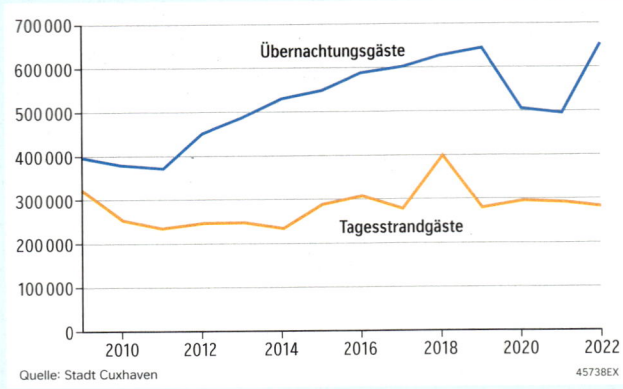

Quelle: Stadt Cuxhaven

M4   Cuxhaven: Übernachtungs- und Tagesgäste

Die Geschicke der Stadt waren immer mit dem Meer verbunden. Fisch bestimmte seit 1908 das Wirtschaftsleben. Auch nach der Fischereikrise ist Cuxhaven neben Bremerhaven der bedeutendste deutsche Fischereistandort. Der alte Fischereihafen mit seinen zu Fischrestaurants umgebauten Lagerhallen ist auch Touristenattraktion. Durch seine Lage an der Elbmündung hat Cuxhaven für den Short-Sea-Verkehr* nach Großbritannien, Skandinavien und ins Baltikum besondere Bedeutung. Für die Zukunft hofft die Stadt weiterhin auf die Windenergie: Cuxhaven hat sich zu einem Offshore-Basishafen entwickelt. Zudem fertigt Siemens in Cuxhaven seit 2017 Windturbinen für den Offshore-Windkraftmarkt. Aber wichtigster Wirtschaftsfaktor Cuxhavens ist der Tourismus. Mit 3,4 Mio. Übernachtungen pro Jahr liegt die Stadt an der Spitze der deutschen Kurorte. Die durchschnittliche Urlaubsdauer liegt bei 6,15 Übernachtungen pro Gast. Hinzu kommen besonders in den Sommermonaten die Tagesgäste. Nach den „Corona-Jahren" haben sich die Gästezahlen wieder konsolidiert.

Zentren sind heute die im Nordwesten beziehungsweise Westen der Stadt liegenden Kurortsteile Döse, Duhnen und Sahlenburg. Ferien in Cuxhaven stehen aber nicht nur für Strand und Badeurlaub. Anziehungspunkte sind der Hafen mit der „Alten Liebe", einem ehemaligen Schiffsanleger, wo vorbeifahrende Schiffe über Lautsprecher angesagt werden, sowie Schiffsfahrten nach Helgoland, Neuwerk, zu den Seehundbänken und zur Schleuse des Nord-Ostsee-Kanals. Mit dem Cuxliner, einem roten Doppelstöcker zur Stadterkundung, werden auch Fahrten nach Bremerhaven, Bremen, Hamburg und Stade angeboten. Attraktiv ist auch das Weltnaturerbe Wattenmeer. Cuxhaven wirbt mit der Lage am Meer: „Im Nordseeheilbad ist maritimes Leben zu Hause und die Sehnsucht nach dem Meer allgegenwärtig".

M1   Cuxhaven — Wirtschaftsfaktor Tourismus

- Dicke Berta (Leuchtfeuer) Altenbruch
- Alte Liebe (Schiffsansage)
- Feuerschiff Elbe 1
- Hapag-Hallen Steubenhöft (Austellungen: Auswanderung)
- Joachim-Ringelnatz-Museum
- Wattenmeer-Besucherzentrum
- Windstärke 10: Wrack- und Fischereimuseum
- geführte Wattwanderungen
- Erlebniszone Fischereihafen
- Kite-Surfen, Segeln, Reiten im Watt und in der Küstenheide
- Wattwagenfahrten zur Insel Neuwerk
- Helgoland per Seebäderschiff oder Katamaran
- Nordholz: Deutsches Luftschiff- und Marinefliegermuseum
- Bremerhaven: Deutsches Auswandererhaus, Zoo am Meer, Schifffahrtsmuseum, Klimahaus, Hafen mit Autoverladung

M5   Attraktionen von Cuxhaven und Umgebung

M6   Cuxhaven: Ortsteil Duhnen (im Vordergrund)

M2   Wattwagenfahrt

M3   Küstenheide

M7   Kite-Surfen in Sahlenburg

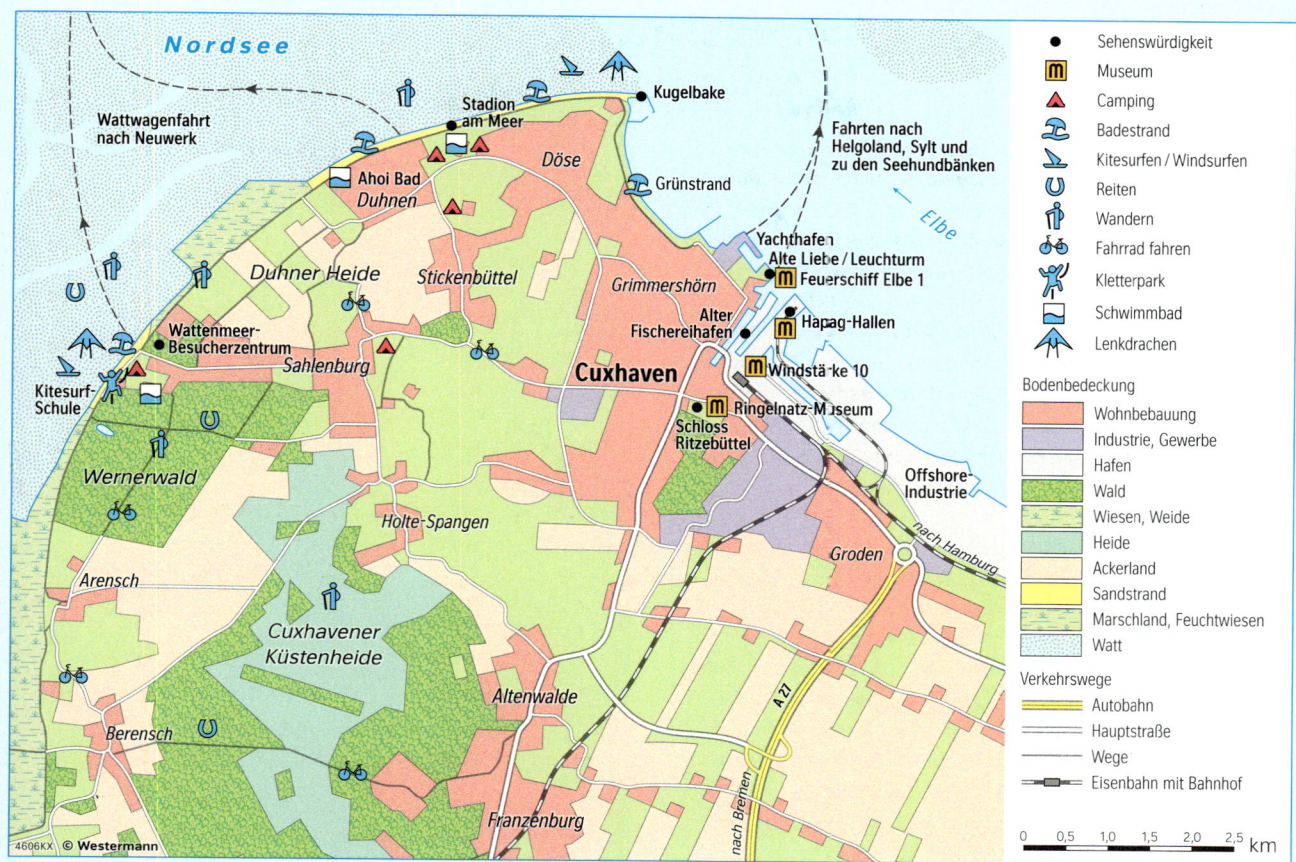

M 8 Cuxhaven (alle Orte auf der Karte gehören zum Stadtgebiet Cuxhaven)

Planung eines siebentägigen Urlaubs in Cuxhaven

Häufig werden Entscheidungen unbewusst getroffen. Besser ist jedoch, Entscheidungen zu planen, Alternativen abzuwägen und so zu Entscheidungen zu kommen. Hilfreich ist die Anfertigung einer Entscheidungsmatrix, in der Gesichtspunkte für die Entscheidungsfindung eingetragen werden.

Ausgangssituation Urlaubsplanung (Aufgabe siehe. S. 66)

Vorbereitung (Formulierung von Fragen für die Recherche)
• Was spricht für Cuxhaven als Urlaubsort?
• Welche Interessen haben die Urlauber?
• Was sollte unabhängig von der Interessenlage besucht werden?
• Wo (Stadtteil) und wie (Hotel, Jugendherberge) sollte die Übernachtung gewählt werden?

Durchführung (Recherche und Auswertung)
• Informationen der Doppelseite, insbesondere der Stadtplan von Cuxhaven
• Veranstaltungsheft der Stadt Cuxhaven (Cuxtipps), (www.cnv-medien.de/cux-tipps/cuxtipps-heft.html)
• Touristinformationen Cuxhaven (www.nordseeheilbad-cuxhaven.de)

Präsentation der Ergebnisse und Reflexion
• Ist der Ferienort Cuxhaven für die jeweilige Zielgruppe geeignet?
• Über welche touristischen Ausstattungsmerkmale verfügt Cuxhaven?
• Welche Aktivitäten werden ausgewählt und welche verworfen?
• Welche Gesichtspunkte sind für die Entscheidungen ausschlaggebend?
• Führt der Tourismus in Cuxhaven zu einem Konflikt mit dem Weltnaturerbe Wattenmeer?

Beispiel Entscheidungsmatrix

Unternehmungen der Oberstufenschülerinnen am Ferienort Cuxhaven

Gewählte Unterkunft im Stadtteil: ..Duhnen Jugendherberge........

	mögliche Unternehmung	Stadtteil	Wegbeschreibung Unterkunft - Unternehmung	Verkehrsmittel	Begründete Auswahlentscheidung
1	Reiterhof	Sahlenburg	Strandweg Duhnen -> S	Mietfahrrad	in 20 Minuten erreichbar
2					
3					
4 -					

3.9 Tourismus auf den Malediven

„Die Malediven bieten alles, wovon stressgeplagte Urlauber träumen: reine Luft, unberührte Natur und das Leben präsentiert sich in einer Unbeschwertheit wie das tanzende Glitzern auf den Wogen des türkisblauen Meeres." Trotz knapp 8000 km Entfernung haben auch die meisten deutschen Reiseanbieter die Malediven im Angebot. Dort begann der Tourismus Anfang der 1970er-Jahre, als die ersten beiden Resorts eröffneten. In der Folgezeit verpachtete die Regierung immer mehr der rund 1000 unbewohnten Inseln und Atolle zur Entwicklung meist luxuriöser Hotelanlagen. Und trotz ungelöster ökologischer Probleme wie der Müllbeseitigung soll der Tourismus massiv weiter ausgebaut werden, da andere Entwicklungsperspektiven fehlen. Inwieweit Konzepte nachhaltigen Tourismus der Resorts und Hotels das Paradies für die Touristen langfristig erhalten, ist jedoch ungewiss.

1. Beschreiben Sie das touristische Potenzial der Malediven (M2, M3, Atlas, Internet).
2. Erläutern Sie die Entwicklung der Malediven als globales Reiseziel anhand der Herkunft der Touristen (M1).
3. Charakterisieren Sie den Tourismus auf den Malediven (M4).
4. Analysieren Sie die räumliche Verteilung der Resort-Angebote und ihre Entwicklung anhand des Kartogramms M3.
5. Erläutern Sie die touristische Infrastruktur der Resort-Insel Veligandu Huraa (M5, M7, M8, M11, Internet).
6. Beurteilen Sie die Ansätze des nachhaltigen Tourismus auf den Malediven (M4, M6, M7, M10).
Ⓩ 7. Erörtern Sie den Tourismus auf den Malediven, auch vor dem Hintergrund fehlender Entwicklungsalternativen, der Corona-Pandemie und des Klimawandels.

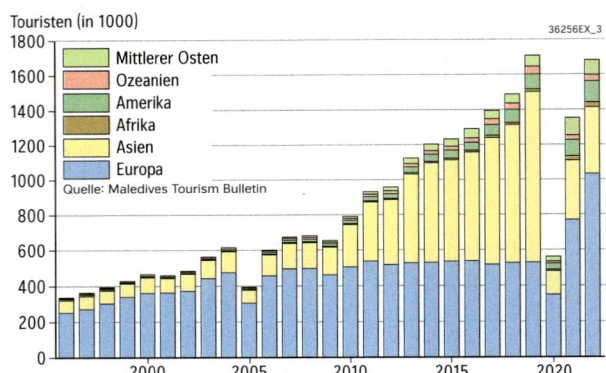

M1 Malediven: Touristen nach Herkunftsregion (1996 – 2022)

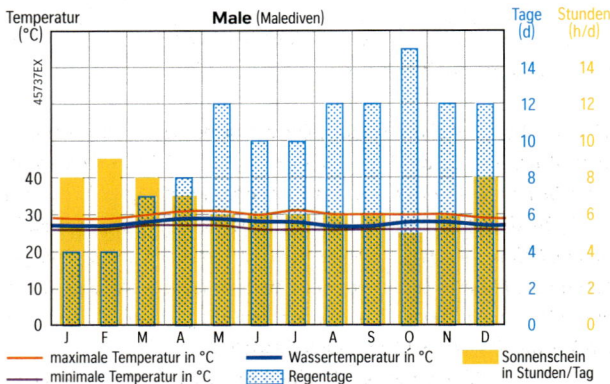

M2 Klimadaten Male (Malediven)

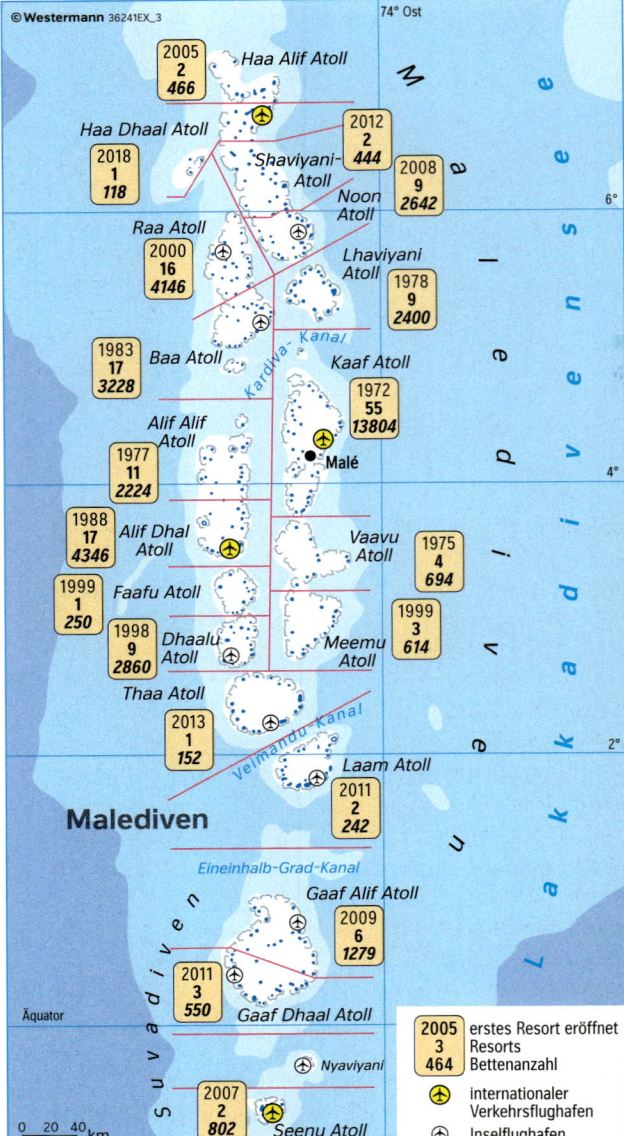

M3 Resort-Tourismus auf den Malediven (Daten: Stand 2023)

- Internationale Besucher übernachteten zu 75 Prozent in Resorts, zu 22 Prozent in Hotels und Pensionen und zu drei Prozent auf Safaribooten (für Tauchrundfahrten).
- Um vom internationalen Flughafen an ihren Aufenthaltsort zu kommen, benutzten 49 Prozent ein Schnellboot (speedboat), 30 Prozent ein Wasserflugzeug, 15 Prozent einen Inlandsflug und sechs Prozent eine öffentliche Fähre.
- 36 Prozent der internationalen Touristen hatten „all inclusive" gebucht, 22 Prozent Vollpension, 22 Prozent Halbpension, 18 Prozent Bed & Breakfast und zwei Prozent nur die Unterkunft.
- Die Europäer, aber auch die Chinesen, suchten in erster Linie Ruhe und Entspannung; Inder, Japaner und Saudis führte mehrheitlich ihre Hochzeitsreise auf die Malediven; Tauchen spielte vor allem für Italiener und Amerikaner eine wichtige Rolle.
- 58 Prozent blieben zwischen vier und sieben Nächten; deutsche Besucher blieben im Mittel neun Nächte.
- 26 Prozent aller Besucher, aber 63 Prozent der Schweizer und 43 Prozent der Italiener und Deutschen waren zum wiederholten Mal auf den Malediven.

Quelle: Ministry of Tourism: Maldives Visitor Survey February 2017

M4 Touristenbefragung 2017 auf den Malediven

M 5 Überwasser-Bungalows

Die Resorts auf den Inseln Dhigufinolhu (heute über 110 Villas und Suiten) und Veligandu Huraa (über 67 Überwasser-Bungalows) des Süd-Malé-Atolls sind seit den 1980er-Jahren in Betrieb. Auf der dritten Insel Bodu Huraa eröffnete 1998 ein Resort (über 20 Residenzen mit Swimming Pools). Pächter wie Betreiber sind Gesellschaften mit Sitz auf den Malediven, jedoch mit internationalen Verflechtungen. Nach der Schließung 2005 aufgrund von Tsunami-Schäden eröffneten die Resorts 2008 wieder. Das Management aller drei Insel-Resorts liegt jetzt in der Hand einer in Thailand ansässigen Holding unter der 2001 ins Leben gerufenen Marke Anantara.

M 7 Resort-Inseln des Süd-Malé-Atolls

M 11 Kleine Resort-Insel auf den Malediven

Der Tourismus stellt das wirtschaftliche Rückgrat des Inselstaats dar: Über 70 Prozent der Beschäftigten arbeiten im Dienstleistungssektor, der einen ebenso hohen Anteil [an den Deviseneinnahmen] erwirtschaftet. [...] Von den 1196 Inseln des Landes sind rund 190 bewohnt, und etwa 90 werden touristisch genutzt. Die Einnahmen aus dem Tourismus lassen sich einerseits in dringend benötigte Schutzmaßnahmen für die Inseln investieren, anderseits ist der Ressourcenverbrauch der touristisch geprägten Inseln immens. Der Tourismus stellt das Archipel auf eine harte ökologische Probe: Es fehlt vielfach an klaren Umweltauflagen, wie mit dem entstehenden Müll der Resortinseln umzugehen ist – und aufgrund der geringen Landfläche der Malediven sammelt sich der Müll auf der künstlichen Insel Thilafushi, deren Müllberg jeden Tag um mehrere Hundert Tonnen wächst. [...] Des Weiteren führt die steigende Anzahl an Unterkünften zu erhöhtem Flächenverbrauch auf den oftmals winzigen Inseln, und Motorboote, Tauchende, Abwasser und Süßwasserverbrauch schädigen das fragile Ökosystem.
Quelle: Martin Riecke: Urlaub am Korallenriff. Geographie heute 363/2023

Ein Umdenken hat eingesetzt: Immer mehr Resorts entwickeln inzwischen nachhaltige Konzepte. Durch ungewöhnliche Ideen werden die Ferienanlagen und Touristen so Teil der Lösung, statt nur Teil des Problems zu sein. [...] „Der Tourismus ist maßgeblich verantwortlich dafür, dass die Regierung angefangen hat, überhaupt Umweltgesetze zu erlassen und sich um das Abfallmanagement zu kümmern. Sie haben gemerkt, dass unsere Natur und unsere Korallenriffe das wichtigste sind, was die Malediven Touristen zu bieten haben", sagt [die maledivische Umweltschützerin] Shaahina Ali. [...]
[Das Luxusresort „Six Senses Laamu"] hat Plastik den Kampf angesagt: Die Gäste sollen während ihres Aufenthaltes nicht damit in Berührung kommen. Wer einen Cocktail bestellt, bekommt einen Trinkhalm aus Papier, auf dem Zimmer und im Bad stehen Duschgel und Sonnencreme in Spendern aus Keramik, die gesamte Einrichtung ist aus natürlichen Materialien gefertigt [...]. Und die Getränke kommen in Glasflaschen, die auf der Insel selbst abgefüllt werden. [...] Das „Coco Palm" im Baa-Atoll im Westen der Malediven betreibt zum Beispiel ein umfangreiches Schutzprogramm für Meeresschildkröten. Das Luxushotel „Soneva Fushi" im gleichen Atoll ist stolz auf sein „Waste to Wealth"-Programm, mit dem eines Tages alle Abfälle vollständig wiederverwertet werden sollen – und die Gäste somit keinen Müll mehr produzieren. Und im „Baros"-Resort in einem der östlichen Atolle können Urlauber lernen, wie man Korallen aufforstet, um so die Riffe zu schützen.
Quelle: Teresa Pfützner: Die Kehrseite des Traumurlaubs. Die Welt 30.1.2019

M 6 Quellentexte zur Entwicklung des Tourismus auf den Malediven

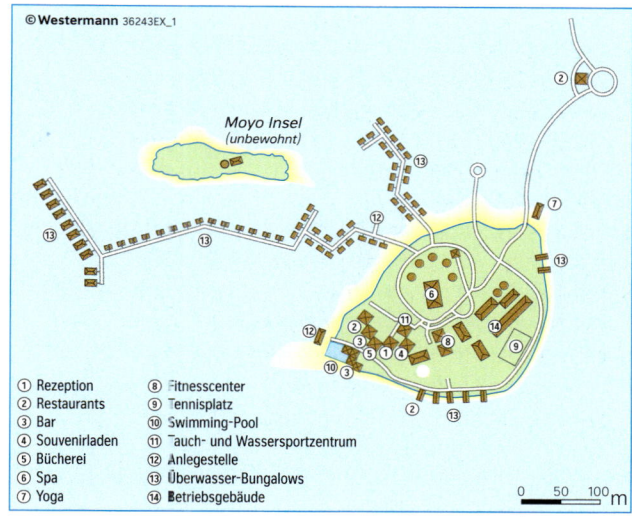

M 8 Resort-Insel Veligandu Huraa (Anantara Veli), Süd-Malé-Atoll auf den Malediven

① Rezeption ⑧ Fitnesscenter
② Restaurants ⑨ Tennisplatz
③ Bar ⑩ Swimming-Pool
④ Souvenirladen ⑪ Tauch- und Wassersportzentrum
⑤ Bücherei ⑫ Anlegestelle
⑥ Spa ⑬ Überwasser-Bungalows
⑦ Yoga ⑭ Betriebsgebäude

M 9 Müllberg auf Thilafushi

„Nachhaltigkeit allein füllt unsere Zimmer nicht. Erst wenn alles andere stimmt, der Service, das Essen, ist sie das I-Tüpferl. Besonders europäische Gäste, aus Deutschland oder Großbritannien, legen darauf Wert. [...] In bestimmten asiatischen Märkten ist das Gegenteil der Fall: in Indien, China, dem Nahen Osten. Wenn ich zu sehr die Nachhaltigkeit betone, denken einige Gäste, oh Gott, bei uns gibt es keine Klimaanlage. Natürlich haben wir eine, sie soll nur nicht die ganze Zeit an sein. Wir wollen die Zimmer nicht wie einen Eiskasten vorkühlen."

Sonu Shivdasani, britischer Hotelier auf den Malediven

M 10 Zitat

3.10 Kreuzfahrttourismus: Urlaub auf dem Meer

Die Weite des Horizonts, das Anschlagen der Wellen an den Bug, die rot glühende untergehende Sonne – all dies macht den besonderen Reiz einer Kreuzfahrt aus. Aktuell gibt es weltweit 323 Kreuzfahrtschiffe mit einer Gesamtkapazität von circa 500 000 Passagieren. 25 Schiffe werden derzeit gebaut, Bauzeit zwei bis vier Jahre. Die Kreuzfahrtschiffe fahren mit einer Durchschnittsgeschwindigkeit von 18 bis 20 Knoten, jedes Jahr eine Strecke, die einer dreimaligen Weltumrundung entspricht. Am beliebtesten sind Kreuzfahrten in Singapur. 6,0 Prozent der Bevölkerung machen dort jedes Jahr eine Kreuzfahrt. Es folgen die USA (4,0 %) und Deutschland (2,7 %). Ein Viertel aller US-Amerikaner hat bereits eine Kreuzfahrt gemacht. Im Durchschnitt gibt der Passagier 220 Dollar pro Tag an Bord aus; im Durchschnitt nimmt er durch das All-inklusive-Angebot ein Pfund pro Tag zu. Der Kreuzfahrttourismus boomt trotz vielfacher Kritik wegen der Umweltbelastung und überfüllter Hafenstädte.

1. Entwickeln Sie aus Ihrer persönlichen Perspektive Pro- und Kontra-Argumente für oder gegen eine Kreuzfahrt.
2. Stellen Sie die Entwicklung des Kreuzfahrttourismus dar (M1, M4, M5).
3. Analysieren Sie die Kreuzfahrttouristen nach Herkunft, Reisedauer und Alter (M5, M8).
4. Erklären Sie die beliebtesten Ziele von Kreuzfahrten weltweit und die Ziele der deutschsprachigen Schiffe (M6, M2).
5. Kreuzfahrttourismus findet zulasten der Umwelt statt. Erläutern Sie diese Aussage (M7, M9).
6. Die Schiffscrews werden ausgebeutet. Nehmen Sie Stellung zu dieser Behauptung (M10).

Kreuzfahrt geht auf das Wort *kruiser* im Niederländischen zurück, womit zwischen Herkunfts- und Zielort hin- und her kreuzende Schiffe bezeichnet wurden. Heute bezeichnet die Kreuzfahrt eine Pauschalreise auf einem für diesen Zweck gebauten Schiff mit der Möglichkeit, festgelegte Küstenstädte zu besichtigen. Dabei gleichen die modernen Kreuzfahrtschiffe eher einem riesigen Gebäudekomplex an Land als einem Schiff sowie mit ihren Angeboten einem großen Freizeitpark. Der Kreuzfahrttourismus wird wegen der Umweltschädigung kritisch gesehen. Städte wie Venedig, Dubrovnik, Amsterdam, Oslo und Barcelona beklagen den Massentourismus und haben das gleichzeitige Anlegen von Kreuzfahrtschiffen beschränkt. Miami verlangt während der Nachtzeit die Unterbringung der Passagiere in Hotels. Trotz aller Kritik schwören Kreuzfahrer auf diese Form des Reisens, wohl auch da die unterschiedlichsten Zielgruppen angesprochen werden. Angeboten werden Billigkreuzfahrten, bei denen die Kosten durch Einschränkungen in den Leistungen reduziert werden, Vergnügungskreuzfahrten mit Unterhaltungs- und Freizeitprogramm, Erholungskreuzfahrten für Ältere mit klassischem Musik- und Theater- sowie Reisevortragsprogramm, Studien- und Expeditionskreuzfahrten.

M1   Kreuzfahrttourismus

- Mitte Dezember – Ende Mai: Karibik, Weltumrundung
- Ende Mai – Anfang Juni: Kanarische Inseln, Madeira, Azoren
- Juni: Küste Westeuropas, Baltikum – Ostsee
- Mitte Juni – Mitte September: Norwegische Fjorde, Island, Spitzbergen, Grönland
- Mitte August – Mitte September: Kanada, St. Lorenz-Strom, USA
- Mitte September – Mitte Oktober: Baltikum – Ostsee, Küsten Westeuropas
- Mitte Oktober – Mitte November: östliches Mittelmeer
- Mitte Oktober – Mitte Dezember: Karibik
- Mitte November – Dezember: Kanarische Inseln, Madeira, Marokko

M2   Zielgebiete deutschsprachiger Kreuzfahrtschiffe

M3   Icon of the Seas

- Reederei: Royal Caribbean, Werft: Meyer Turku
- Größe: 250 800 BRZ*, Länge: 365 m, Breite: 50 m
- Passagiere: 7 600, Crew: 2 350
- Ausstattung: 20 Sonnendecks, 9 Whirl-Pools, 7 Swimming-Pools, riesiger Wasserpark mit Wasserrutschen, Hochseilgarten, Park mit echten Bäumen, Eiskunstlaufarena, Aquadome = Glaskuppel über Showtheater mit Pool, Sprungtürme und Wasserfall
- Umweltverträglichkeit: Antrieb mit Flüssigerdgas LNG statt Schweröl möglich, Ausstattung mit Brennstoffzellentechnologie, Abfallmanagementsystem, Umwandlung von Maschinenwärme in Strom
- Zielgebiet: Miami – Karibik sowie dort die private Reedereiinsel Coco Cay mit Vergnügungsparks (erste Kreuzfahrten 2024)

M4   Icon of the Seas: aktuell größtes Kreuzfahrtschiff der Welt

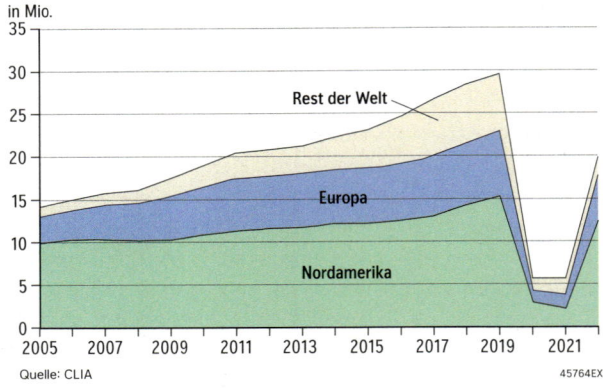

Quelle: CLIA   45764EX

M5   Kreuzfahrtpassagiere nach Herkunft (2005 – 2022)

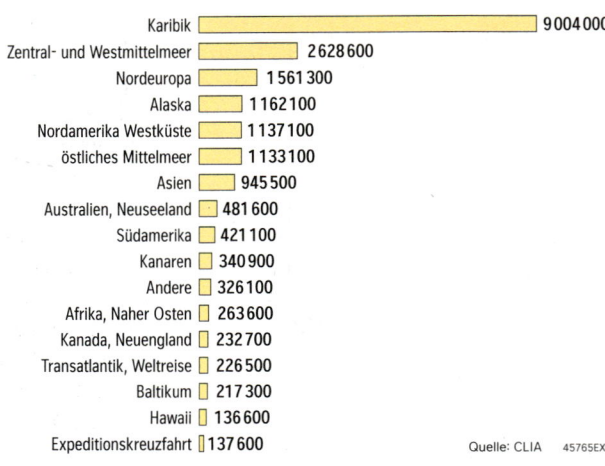

Ziel	Passagiere
Karibik	9 004 000
Zentral- und Westmittelmeer	2 628 600
Nordeuropa	1 561 300
Alaska	1 162 100
Nordamerika Westküste	1 137 100
östliches Mittelmeer	1 133 100
Asien	945 500
Australien, Neuseeland	481 600
Südamerika	421 100
Kanaren	340 900
Andere	326 100
Afrika, Naher Osten	263 600
Kanada, Neuengland	232 700
Transatlantik, Weltreise	226 500
Baltikum	217 300
Hawaii	136 600
Expeditionskreuzfahrt	137 600

Quelle: CLIA   45765EX

M6   Ziele von Kreuzfahrten (2022)

Den Preis für die Expansion der Kreuzfahrtbranche zahlen die Zielorte und vor allem die Umwelt. Zu den schwerwiegendsten Folgen zählen

- ein hohes Müllaufkommen: Auf großen Kreuzfahrtschiffen fallen pro Tag durchschnittlich 4400 Kilogramm Müll an, die häufig in Transithäfen entladen werden und die lokalen Mülldeponien oder -verbrennungsanlagen völlig überlasten. Immer wieder gibt es außerdem Berichte, dass Schiffe ihre Abfälle auch auf hoher See entsorgen.
- große Mengen Abwasser: Unzureichend geklärte Abwässer tragen Nährstoffe sowie Krankheitserreger wie Enterobakterien und -viren in das Meer ein, mit vielschichtigen Folgen für die maritimen Lebensgemeinschaften.
- viele Abgase: Kreuzfahrtschiffe setzen durch das Verbrennen fossiler Treibstoffe große Mengen an Gasen, Feinstaub und anderen Schadstoffen frei. Da die Motoren vielerorts auch im Hafen laufen müssen, um das Schiff mit Elektrizität zu versorgen, litt bislang vor allem die Luftqualität in den Hafenstädten unter der enormen Verschmutzung. [...]
- viel Ballastwasser: Auch das Ballastwasser von Kreuzfahrtschiffen enthält Abwässer, Öl und ölhaltige Substanzen sowie Bakterien und Organismen aus anderen Regionen der Welt. Wird dieses Wasser bei Bedarf in das Meer entlassen, hat dies viele, größtenteils unvorhersehbare Folgen für die lokalen Ökosysteme.
- enorme Lärm- und Lichtverschmutzung: Kreuzfahrtschiffe sind nachts hell erleuchtet und abgesehen von den kurzen Zwischenstopps für Landpartien immer in Fahrt. Daraus resultieren eine enorme Licht- und Lärmbelastung insbesondere für Meeresorganismen und Seevögel.

Die US-Umweltbehörde EPA schätzte vor einigen Jahren, dass an Bord eines Kreuzfahrtschiffes mit mehr als 3000 Betten pro Tag rund 80 000 Liter Schmutzwasser, eine Tonne Müll, mehr als 640 000 Liter Grauwasser, etwa 24 200 Liter ölverschmutztes Bilgenwasser, mehr als elf Kilogramm Batterien, fluoreszierende Lichter und Medizinabfälle sowie pro Passagier vier Plastikwasserflaschen anfallen.

Quelle: Lebensgarant Ozean – nachhaltig nutzen, wirksam schützen. World Ocean Review Bd. 7. Hamburg: Maribus 2021, S.136

M 7 Quellentext zu den Umweltschäden des Kreuzfahrttourismus

Raymond stammt von den Philippinen. [...] Ein Freund überredete ihn, zusammen eine Agentur in Manila zu besuchen, wo Seeleute für Schiffe aus aller Welt angeworben werden. [...] Die Gehaltssummen, die ihm vorgerechnet wurden, klangen verführerisch: 550 US-Dollar Grundgehalt, plus jede Menge Überstundenzuschläge, plus Trinkgelder. Und das alles bei freier Kost und Logis. [...] Die Kreuzfahrtschiffe haben gewechselt, aber er ist immer wieder übernommen worden, sagt er mit einigem Stolz. Jahresverträge sind die Regel, und nur die Fleißigen werden wieder genommen. Einen Anspruch auf einen unbefristeten Arbeitsvertrag hat er nicht. Aber auf dem Schiff ist er krankenversichert. Zuhause nicht. [...] Er arbeitet neun Monate am Stück. Dann hat er zwei Monate Pause. Unbezahlte Zeit, die er meistens für einen Heimaturlaub nutzt. [...] Raymond hat ein großes Ziel: Wenn er genug Geld auf dem Konto hat, will er in seiner Heimatstadt ein Hotel aufmachen. In der Hotelbranche kennt er sich schließlich bestens aus. Sein Leben lang hat er Zimmer gereinigt, Betten gemacht, die Wäsche der Passagiere zur Reinigung gebracht, die Kabinengänge gesaugt. Er weiß, wie man [...] die Sonderwünsche der Passagiere zu deren Zufriedenheit erfüllt. [...] Raymond ist einer von den circa 250000 Seeleuten, die aus den Philippinen stammen. Fast jeder dritte Mitarbeiter auf Kreuzfahrtschiffen kommt von dort. Die Armut treibt die Menschen dazu, Arbeit in der Fremde zu suchen. Fast 10 Prozent der Bevölkerung arbeiten außerhalb des Landes, um sich selbst und ihre Familien zu ernähren, und leisten damit einen erheblichen Beitrag zum Sozialprodukt ihres Staates. Kreuzfahrtschiffe sind bei den Männern und Frauen begehrte Arbeitsplätze, dort verdienen sie deutlich besser als in ihrer Heimat, wo 2018 die durchschnittlichen Monatslöhne eines Arbeiters je nach Branche zwischen 220 und 270 US-Dollar lagen. [...] Die Philippiner verfügen über schulische Bildung und sprechen in der Regel akzentfreies Englisch. Schiffseigner schätzen an ihnen, dass sie kaum Alkohol trinken, fleißig sind, klaglos Überstunden machen und sich geschickt anstellen. Außerdem gelten sie als freundlich.

Quelle: Wolfgang Meyer-Hentrich: Unternehmen Kreuzfahrt. Gefahr für Natur und Mensch. Bonn. Bundeszentrale für politische Bildung 2019, S. 63ff

M 10 Quellentext über einen Stewart auf einem Kreuzfahrtschiff

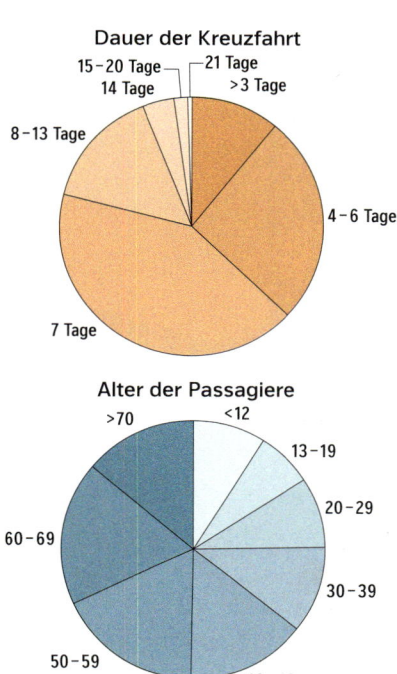

Dauer der Kreuzfahrt

15–20 Tage — 21 Tage
14 Tage — >3 Tage
8–13 Tage
4–6 Tage
7 Tage

Alter der Passagiere

>70 — <12
13–19
20–29
60–69
30–39
50–59
40–49

Quelle: CLIA   45766EX

M 8 Dauer von Kreuzfahrten und Alter von Kreuzfahrtpassagieren (2022)

Eine Antarktis-Kreuzfahrt zählt zu den letzten großen Abenteuern unserer Zeit. Expeditionsgefühl kommt zwischen kalbenden Eisbergen tatsächlich auf. Freilich mit viel Komfort – sogar die Gummistiefel für Landgänge sind gefüttert. [...] Auf Expeditionskreuzfahrten in die Antarktis, deren Saison gerade wieder beginnt, ist „Finger weg!" das oberste Gebot: Bloß nicht die Natur stören, immer auf den Wegen bleiben, nichts anfassen, nichts mitnehmen, stets Abstand halten zu den Tieren. [...] Das Erlebnis an Land, das Erkunden fremdartiger Lebensräume, ist das Ziel der noch jungen Expeditionskreuzfahrten, auf die viele Reedereien nach der Corona-Pandemie verstärkt setzen. Das Potenzial großer Partycruiser stagniert, und Wissens- und Abenteuerdrang, gepaart mit gestiegenem Klima- und Umweltbewusstsein, bieten neues Publikum: Touren mit kleinen Schiffen (bis 2540 Gäste), die in entlegene Regionen vordringen können, sich durch das Nord- und Südpolarmeer

kämpfen und auch in engen Fjorden oder den Seitenarmen des Amazonas zurechtkommen, finden viele Freunde. Es gibt keine Borddisco, dafür Vorträge in der Ocean Academy. Um der Natur möglichst wenig zu schaden, setzen Schiffe in der Antarktis auf schwefelarmen Marinediesel, SCR-Katalysatoren gegen Stickoxidemissionen und E-Zodiacs, also Beiboote mit Elektroantrieb.

Quelle: Pia Heinemann: Morgens Pinguine, abends Polonaise. Welt am Sonntag 6.11.2022, S.58

M 9 Quellentext zu Expeditionskreuzfahrten

3.11 Singapur: Wachstum aufs Meer hinaus

Im 14. Jahrhundert noch ein Fischerdorf und Piratennest, ein Hafen als Um-schlagplatz für Drogen und Prostituierte und heute eine Global City* mit flo-rierendem Handelshafen, Finanzplatz und Steueroase, Logistikknotenpunkt, Industrie-, Hochschul- und Forschungsstandort sowie Tourismuszentrum mit Spielkasino, Freizeitpark und Shopping Malls für Reisende aus aller Welt. Wie konnte Singapur zu einem der leistungsfähigsten Wirtschaftsstandorte der Welt werden? In dem südostasiatischen Kleinstaat mit knapp sechs Millionen Einwohnern wird langfristig geplant, groß gedacht und schnell gehandelt. Seit der Unabhängigkeit 1965 ist die PAP (People's Action Party) ununterbro-chen an der Macht und die Regierung hat den Einparteienstaat von einem Schwellenland zu einer modernen Wirtschaftsmacht verwandelt. Das Rezept: Öffnung des Landes nach außen, Schaffung attraktiver Bedingungen für Investoren, Innovationsbereitschaft, hohe Rechtssicherheit, gute staatlich finanzierte Infrastruktur, das Image einer sicheren und sauberen Stadt und Landgewinnung in der Malakka- und Singapurstraße.

1. Ordnen Sie Singapur topografisch ein (Atlas).
2. Beschreiben Sie die demografische, wirtschaftliche und Stadtentwicklung Singapurs (M2, M4, M5, M11, Atlas).
3. Charakterisieren Sie die Landgewinnung in Singapur (M4, M5, M8, M11).
Ⓩ 4. Charakterisieren Sie in Gruppenarbeit topografische, städte-bauliche und wirtschaftliche Merkmale der Neulandflächen auf Tekong Island, am Changi Airport, der Marina Bay und in Jurong (M1, M3, M6, M7, Atlas, Google Earth).
5. Vergleichen Sie die traditionellen und die modernen Landge-winnungsmaßnahmen (M12).
6. Erörtern Sie Neulandgewinnung in Singapur nach wirtschaft-lichen und ökologischen Kriterien (M2, M5, M8 – M10).
7. „Singapur frisst den Sand seiner Nachbarn!" Nehmen Sie Stellung zu dieser Aussage (M8, M13).

	Ew. (in Mio.)	Fläche (in km²)	Ew./km²	Touristen (in Mio.)	BIP* (in Mrd. US-$)
1960	1,65	582,8	2831	k. A.	0,7
1970	2,07	620,1	3338	0,58	1,9
1980	2,41	616,8	3907	2,56	11,9
1990	3,05	633,6	4814	5,32	36,1
2000	4,03	683,1	5900	7,69	96,1
2010	5,08	710,9	7146	11,64	239,8
2018	5,64	722,7	7804	18,51	376,9
2020	5,68	727,3	7810	2,70	348,4
2022	5,64	733,6	7688	6,31	466,8

Quelle: Statistics Singapore, World Bank

M4   Kenndaten Singapurs

Charakterisiert durch ein schnelles Wirtschaftswachstum und eine hohe Bevölkerungsdichte benötigt Singapur seit seiner Entstehung immer mehr Erweiterungsflächen. Aufgrund seiner Insellage kann Singapur aber nur auf das Meer hinaus expandieren. Wurden seit 1822 zunächst die umliegenden Hügel abgetragen und damit künstliche Inseln auf-geschüttet, ist Singapur heute seit Jahren auf Sandimporte aus seinen Nachbarländern angewiesen. Ein Drittel der Fläche Singapurs liegt nur knapp 5 m über dem Meeresspiegel. In den letzten 40 Jahren ist die Stadtfläche um 20 % gewachsen (M11), was einer Fläche von 130 km² entspricht. [...] Singapur importierte aus Malaysia, Indonesien und Kambodscha in den letzten 16 Jahren 448 Mio. t Sand. [...] Singapur wird sich weiter ausdehnen und bereitet sich gleichzeitig auf den Meeres-spiegelanstieg vor. Das kann es nur mit weiteren Sandimporten, auch wenn neue Methoden, wie z. B. Recycling, einen Teil des benötigten Sandes ersetzen könnten.

Quelle: Sand – ein unterschätzter Rohstoff? Geopolitische Information 1/2022, S. 25

M5   Quellentext zu Singapurs Expansion

M1   Satellitenbild des Changi Airports

M3   Gardens by the Bay (Marina Bay)

M6   Landgewinnung auf der Tekong Insel

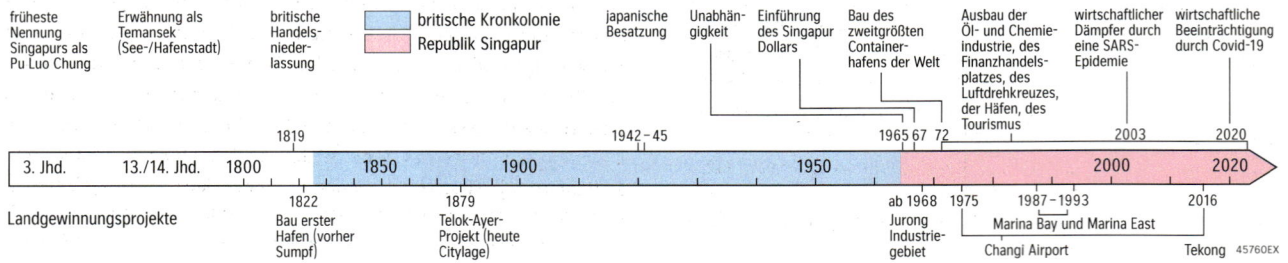

M2   Historische Entwicklung Singapurs

M 7   Aufschüttungsarbeiten im Osten des Changi Airports

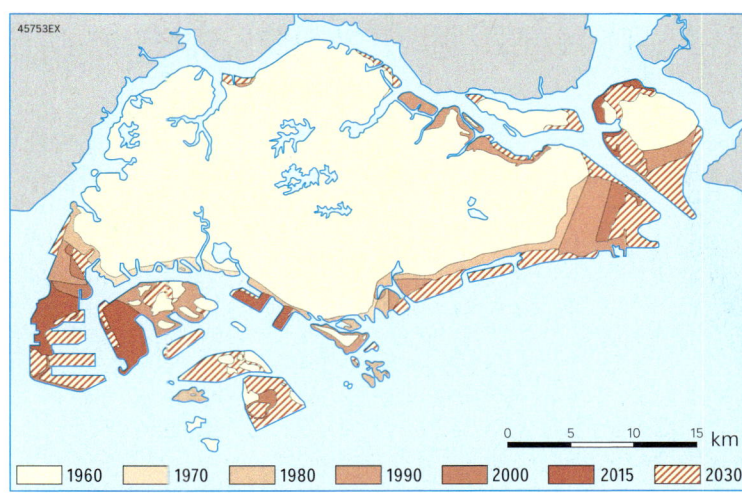

M 11   Neulandgewinnung in Singapur

Den internationalen Flughafen Changi, die Hafenanlagen, Industriegebiete, gar große Teile der Innenstadt haben die Regierenden des Stadtstaates seit der Unabhängigkeit von Großbritannien dem Meer abgerungen. Ein genauerer Blick aus dem All offenbart zudem, dass die Landgewinnung längst nicht abgeschlossen ist. [...] Ganze Stadtteile und Parks [z. B. Gardens by the Bay] sind inzwischen dort entstanden, wo einst nur tropisches Meer schwappte. [...] Diese beispiellose Landgewinnung machte Singapur in den vergangenen Jahrzehnten zum größten Sandimporteur der Welt. Das Material kam vor allem aus südostasiatischen Staaten wie Malaysia, Vietnam, Kambodscha und Indonesien. Laut UN fielen der Expansion Singapurs mindestens 24 indonesische Inseln zum Opfer, die einfach abgetragen wurden. An der kambodschanischen Küste bedroht der Abbau von Sand die Lebensgrundlage der Fischer. In Vietnam brechen immer wieder Teile des Ufers in den Fluss Mekong, weil zu viel Sand aus dessen Lauf gebaggert wird.

Quelle: Thomas Stölzel: Mit Flächen aus ärmeren Ländern: So wächst Singapur. Wirtschaftswoche 1.7.2020

M 8   Neulandgewinnung in Singapur

Verwendung von Sand	Sandmenge
Beton	70 – 80 %
Asphalt	90 – 95 %
Landaufschüttung	100 %

M 9   Sandproblematik Singapurs

Landschaft	verstärkte Erosion in Flussläufen, an Küsten; Veränderung des Flussbettbodens und der Meeresböden; Instabilität von Uferbereichen
Hydrologie	Veränderung von Fluss-, Meeresströmungen und von Wasserständen, verringerte Sandablagerungen
Wasserversorgung	Absenkung des Grundwasserspiegels in Flussnähe, Versalzung durch Eindringen von Meerwasser in Küsten- und Flussbereiche
Verschmutzung	Wassertrübung, Lärm, Schadstoffe
Biodiversität*	Verlust von Ökosystemen in Flüssen, Küsten und küstennahen Meeresbereichen
Klima	Emissionen durch Sandabbau und -transport, Emissionen durch Zementproduktion
Extremereignisse	Rückgang von Flusshochwasser, Verringerung des Sturmflutschutzes
Infrastruktur	Schäden an Brücken, Flussdämmen, Küsteninfrastruktur
Arbeitsplätze	Verluste in Landwirtschaft, Fischerei, Tourismus

M 10   Probleme bei der Neulandgewinnung in Singapur

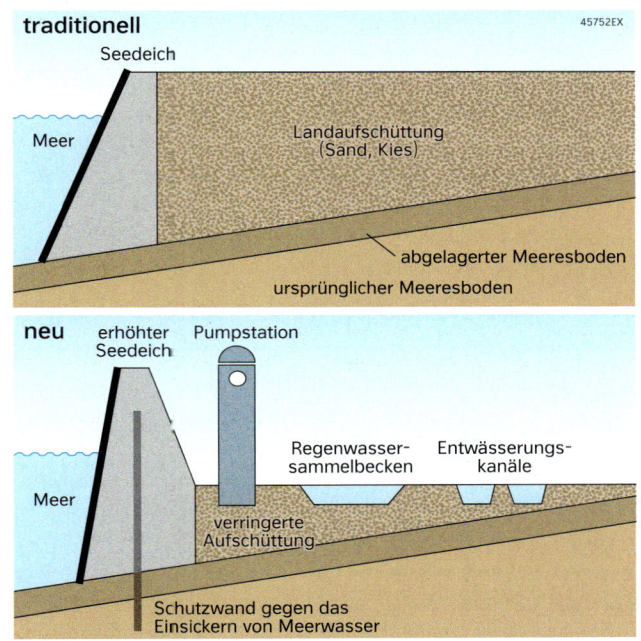

M 12   Traditionelle und neue Landgewinnungsmaßnahmen

Wie andere Rohstoffe ist [...] Sand Gegenstand eines harten Wettbewerbs geworden [...]. Sandlager werden schneller abgebaut, als sie sich natürlich erneuern, sodass die Nachfrage und damit der Preis – besonders in China, Indien und auf dem afrikanischen Kontinent – in die Höhe schießen. Durch die dadurch hervorgerufenen Profitmöglichkeiten im Sandhandel haben sich in vielen Ländern kriminelle Vereinigungen gebildet, die illegalen Abbau betreiben.

[Es] können politische Konsequenzen durch den Sandabbau drohen, wenn dieser dazu führt, dass sich Seegrenzen verschieben. Solche Grenzverschiebungen treten u. a. auf, wenn Sandabbau zu einer erhöhten Erosion der Küstenlinie führt und sich somit die Basislinie der Seegrenzen weiter ins Landesinnere verlagert. Dementsprechend führt Sandabbau über seine Auswirkungen auf die Küsten dazu, dass Staaten unter Umständen territoriale Besitzansprüche verlieren. Am Beispiel Singapurs wird aber deutlich, dass solche Prozesse auch anders laufen können. Durch umfangreiche Landaufschüttungen wurde die Küstenlinie Singapurs verbreitert, was zu [Konflikten] mit den Nachbarstaaten Indonesien und Malaysia führte.

Quelle: Sand – ein unterschätzter Rohstoff? Geopolitische Information 1/2022, S.20

M 13   Quellentext zu politischen Auswirkungen von Sandabbau

3.12 Schwimmende Häuser – schwimmende Städte

Ungefähr sechzig Prozent der Weltbevölkerung ist im Durchschnitt 60 Kilometer von der Küste entfernt beheimatet. Um sich vor Überschwemmungen bei Stürmen zu wappnen, wurden im Laufe der Zeit die unterschiedlichsten Schutzbauten erfunden und errichtet. Nur wie lange wird man das in Zeiten des Klimawandels und dem damit verbundenen Meeresspiegelanstieg noch leisten können? Welche Zukunftsstrategien gibt es? Was wäre, wenn man nicht gegen, sondern mit dem Wasser arbeiten würde, also amphibisch bauen? Neue Städte müssten dann so konstruiert werden, dass sie mit der Flut und dem steigenden Meeresspiegel aufschwimmen und sich bei ablaufendem Wasser wieder absetzen können. Das geht natürlich nicht bei bereits bestehenden Städten, aber es könnte eine Lösung für die von Hochwassern gefährdeten und demografisch schnell wachsenden Regionen sein.

1. Erstellen Sie eine Übersicht von Regionen mit schnell wachsender Bevölkerung und hohem Meeresspiegelanstieg (Atlas).
2. Ordnen Sie die Idee des „amphibischen" Bauens ein (M1).
3. Vergleichen Sie die Konzepte von Oceanix und der Dogen City (M3, M4, M6–M8).
4. Viele Bewohner von Inselkleinstaaten betrachten den Bau von Floating Cities als „Tech-Kolonialismus" aus dem Silicon Valley. Nehmen Sie Stellung zu dieser Auffassung.
5. Beurteilen Sie a) den Ansatz des Seasteading Institutes (M9), b) die Idee der schwimmenden Stadt für Klimaflüchtlinge (M8).

In den nächsten 50 Jahren wird sich die Menschheit zu einer Spezies entwickeln, die auch auf dem Meer lebt. Tatsächlich findet dieser Übergang bereits statt. Da die Küstenstädte mit dem rasanten Bevölkerungswachstum zu kämpfen haben, greifen viele auf die Landgewinnung zurück, was dem Meer und seinen reichen Ökosystemen schadet. [...] Aber es gibt die Technologie, mit der wir auf dem Wasser leben können, während die Natur darunter weiter gedeiht. [...] Alles ist so konzipiert, dass es mit der Zeit wächst, sich verändert und sich organisch anpasst und so einen Weg zu einer dauerhaften und verantwortungsvollen menschlichen Besiedlung des Ozeans schafft. [...] Es ist darauf ausgerichtet, [...] uns auf eine Zukunft vorzubereiten, in der ein erheblicher Teil der Weltbevölkerung ein neues, maritimes Zuhause braucht.

Quelle: Oceanix. Helena Los Angeles (Übersetzung: Klaus Claaßen)

M1   Quellentext zu maritimen Siedlungsstrategien

M3   Oceanix: geplante schwimmende Stadt in Busan (Südkorea)

- Aufbau aus schwimmenden Pontons (Schwimmplattformen), die zu größeren Einheiten verbunden werden können (Modulaufbau, M6), Verankerung am Meeresboden
- kleinste Einheit: sechseckige Nachbarschaft: 2 ha (Platz für ca. 300 Einwohner), zentrale Grünfläche (Park oder Urban Farming), Gebäudehöhe bis zu 7 Stockwerken (Verminderung der Windanfälligkeit und Minimierung des Schwerpunktes)
- größere Einheiten: Verbindung von Nachbarschaften mit Brücken, durch größeren Schwimmkörper nur langsame Auf- und Abbewegung der Pontons (Verringerung der Wellenanfälligkeit)
- Grundeinheit: Dorf aus 6 Nachbarschaften, autark in puncto Energie-, Wasser- und Nahrungsversorgung, Spezialisierung einzelner Nachbarschaften (Landwirtschaft, Energie, Produktion)
- relativ schnelle bauliche Vergrößerung/Verkleinerung der Schwimmstadt (hohe Flexibilität im Städtebau)
- Vorfertigung einzelner Nachbarschaften an Land, danach Schleppen der Pontons an den Verankerungsplatz und Zusammenbau zu Plattformen (Verankerung auf hoher See nicht möglich, da zu hoher Wellengang)
- Nachhaltigkeit: erneuerbare Energien (Solarpanels, Fotovoltaik, Windkraft, Strömungsturbinen, Energiespeicher), nachwachsende Rohstoffe (Lebensmittel aus Urban Farming, Aquakulturen: Fisch-, Muschel- und Algenzucht, Baumaterialen aus Bambus), Wiederverwertung (Kreislaufwirtschaft in der Abwasser- und Abfallaufbereitung), Sharing-Economy*
- Mobilität: zu Fuß, per Rad und Kajak, E-Fahrzeuge (auf den Plattformen, zu Wasser, in der Luft)
- Nutzung der Plattformen: Wohnen (mit lokalem Kultur-, Gastronomieangebot), Forschung, Tourismus, Versorgung (Einzelhandel, Ärzte), Arbeiten (auch Co-Working)
- Ziele: nachhaltiges städtisches Leben auf dem Wasser, Erweiterung des küstennahen Lebensraumes

M4   Merkmale und Ziele der Schwimmstadt Oceanix

M2   Schon lange Wirklichkeit in Asien: schwimmende Häuser in Vietnam (Provinz Kien Giang)

M5   Bereits Wirklichkeit in Europa: schwimmende Häuser in Almere (Markermeer, Niederlande)

 100900-268-01
schule.diercke.de

 100900-268-02
schule.diercke.de

 100900-292-01
schule.diercke.de

 100900-292-03
schule.diercke.de

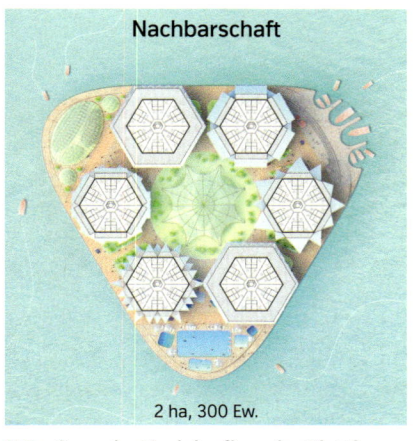
Nachbarschaft
2 ha, 300 Ew.

Dorf
12,2 ha, 1650 Ew.

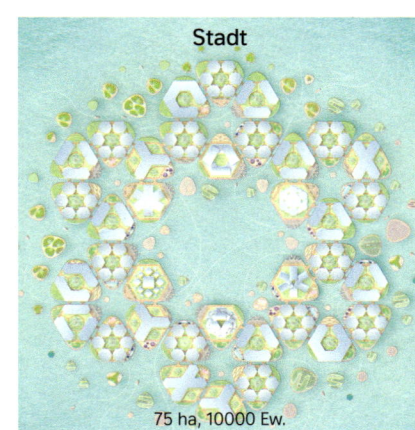
Stadt
75 ha, 10000 Ew.

M 6   Oceanix: Modulaufbau der Plattformen

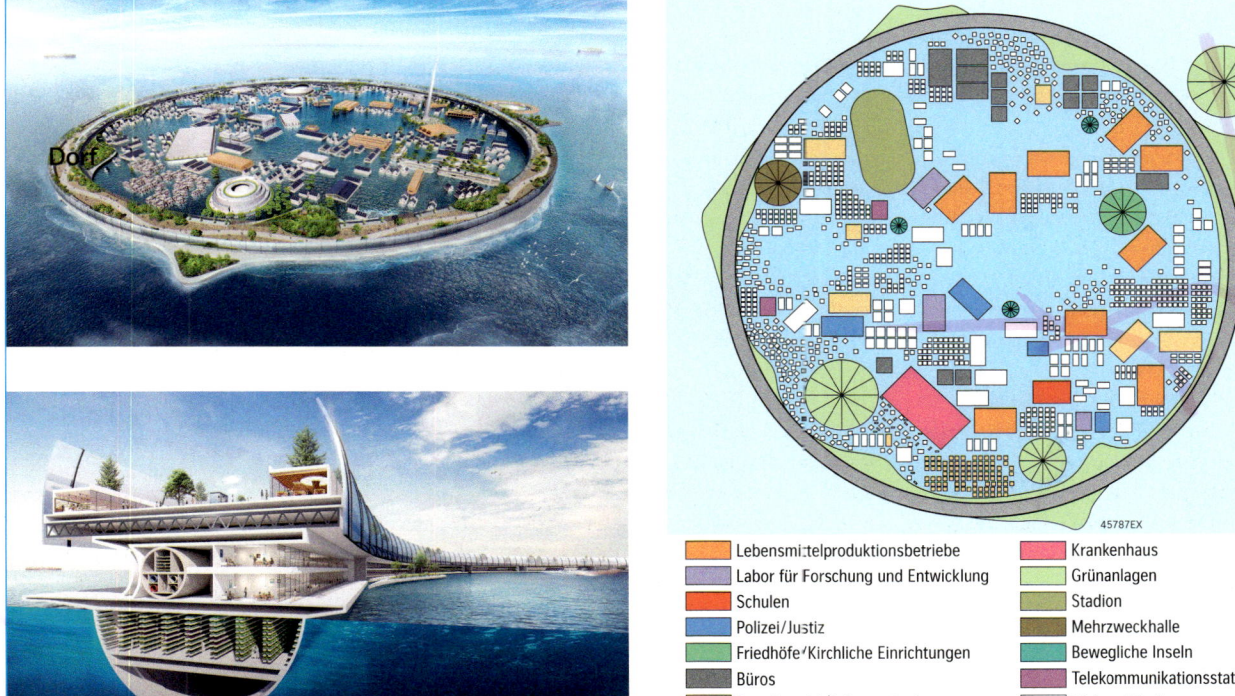

Dorf

Lebensmittelproduktionsbetriebe	Krankenhaus
Labor für Forschung und Entwicklung	Grünanlagen
Schulen	Stadion
Polizei/Justiz	Mehrzweckhalle
Friedhöfe/Kirchliche Einrichtungen	Bewegliche Inseln
Büros	Telekommunikationsstationen
Einzelhandel (Lebensmittel, Getränke, Kleidung, Elektro etc.)	Wohngebäude

M 7   Dogen City – Struktur einer schwimmenden Ringstadt

- Projekt eines japanischen Architektenbüros

Aufbau:
- sturm- und tsunamisicherer Außenring zum Schutz des Innenrings (bis 8 m hohe Wellen), Wohngebiete, Ver- und Entsorgungsleitungen, Fußgängerzone, Lebensmittelanbau; Umfang 4 km (fußläufige Umrundung: 1 Stunde, Aufbau aus 150 m langen Einzelelementen)
- Innenring: schwimmende Gebäude, Durchmesser: 1,58 km, Anpassung an die jeweiligen Bedürfnisse der Stadt
- Infrastruktur: Fußgängerverkehr (Außenring), Boote als Transportmittel (Innenring), Kühlung durch Meerwasser, erneuerbare Energien (Produktion von 22 265 000 kWh Strom), Kreislaufwirtschaft, Lebensmittelerzeugung über Aquaponik* (Produktion von 7000 t Lebensmittel/Jahr)

Mögliche Nutzungen:
- 40000 Einwohner (10000 davon dauerhaft, max. 30000 Touristen)
- hochwertige medizinische Versorgung für Gesundheitstouristen (Krankenhäuser, telemedizinische Betreuung über urbanes Intranet, Roboterchirurgie)
- Aufnahme von Klimaflüchtlingen und anderen Opfern von Naturkatastrophen

M 8   Merkmale der Dogen City

„Die Entwickler des Projekts [der Maledives Floating City auf den vom Meeresspiegelanstieg bedrohten Malediven] *werben bereits um Kunden. Die auf sechseckigen Modulen angeordneten Häuser sollen eine Wohnfläche ab 100 Quadratmetern bieten und ab 250 000 US-Dollar (216 000 Euro) aufwärts kosten. Mit den „erschwinglichen" Preisen wolle man „ein möglichst breites Spektrum an potenziellen Käufern" ansprechen, heißt es auf der Webseite des Projekts."*
Quelle: Kai Stoppel: Pläne für schwimmende Städte. ntv 8.10.2021

„[Das Seasteading Institute, USA] arbeitet an der Verwirklichung von schwimmenden Städten, die politisch von anderen Staaten unabhängig sein sollen. Diese Städte sollen mit ihren jeweils unterschiedlichen Ideen und politischen Ansätzen um Einwohner konkurrieren [...]. Wer als Bewohner mit dem Regierungssystem auf seiner Insel unzufrieden ist, soll mit seinem schwimmenden Haus einfach den „Anbieter" wechseln können. Dadurch sollen sich mit der Zeit die beliebtesten und besten politischen Ideen herausbilden und zu einem zentralen Bestandteil immer größerer Inselstaaten werden."
Quelle: Jakob Pallinger: Schwimmende Städte. Der Standard 3.11.2021

M 9   Zitate

Zusammenfassung

Seeschifffahrt als Motor der Globalisierung

Der Container hat die Schifffahrt revolutioniert; er ist die Triebkraft der Globalisierung. Riesige Containerschiffe mit einer Länge von bis zu 400 Metern und einer Kapazität von 24 000 Containern sind insbesondere auf den Routen zwischen Asien, Europa und den USA unterwegs. Hinzu kommen Tanker und Massengutfrachter. Auf den Seehandel entfallen 95 Prozent des internationalen Warenaustausches. Während die Besatzungen oft von den Philippinen, aus Russland und Indonesien kommen, überwiegen bei den Reedern Chinesen und Griechen.

Im Gegensatz zu früher ist die Seeschifffahrt in intermodale Transportketten eingebunden. Deren Vorteil ist, dass die transportierten Güter selbst nicht umgeschlagen werden, sondern lediglich die standardisierte Ladeeinheit (Container) das Verkehrsmittel wechselt. So werden Container vom Haupthafen über Feederschiffe an kleinere Häfen verteilt und/oder mittels Binnenschiffen und Lkw weitertransportiert.

Der heutige Warenhandel über See ist immer wieder eine logistische Herausforderung. Schiffsverspätungen durch das Wetter (Stürme, Nebel) und Streiks in den Häfen führen zu Warteschlangen vor den Häfen, bis das Terminal frei wird. Weiter wirken sich Produktionseinschränkungen, Pandemien, Kriege, Piraterie und Seekabelstörungen bei der Kommunikation auf die Transportketten aus. Diese sind durch den Abbau von Lagerkapazitäten und die Just-in-time-Belieferung krisenanfällig.

Die Containerhäfen sind die wichtigsten Güterumschlagplätze in der Welt. Sechs der acht größten Containerhäfen liegen in China. In Europa ist Rotterdam der weitaus größte Hafen, der jährlich von 30 000 Hochseeschiffen angelaufen wird. Es bestehen Verbindungen zu 1000 internationalen Häfen in der Welt; für Europa ist Rotterdam das Drehkreuz für den Weitertransport. Wilhelmshaven ist in Deutschland hinter Hamburg und Bremerhaven nur der drittgrößte Seeumschlagplatz – spezialisiert auf Energierohstoffe, durch den Bau des JadeWeserPorts zunehmend auch auf Container. Seine Bedeutung wird zunehmen, da Wilhelmshaven der einzige deutsche Tiefwasserhafen ist. Der Standort sieht sich durch die zukünftige Anlandung grünen Wasserstoffs als Dreh- und Angelpunkt der deutschen Energieversorgung.

Meereskanäle, wie der Suez-, Panama- und Nord-Ostsee-Kanal, verkürzen die Seestrecken enorm. Der bedeutendste ist der Suezkanal, erspart er doch bei Routen zwischen Asien und Europa den Weg um Afrika. Er ist aber auch das Nadelöhr der Globalisierung, wie die Havarie des Containerschiffs Ever Given mit Blockade für die nachfolgenden Schiffe im März 2021 zeigte. Für Ägypten ist der Kanal eine enorme Devisenquelle. Der Panamakanal muss bei Dürren, die zu Niedrigwasser führen, für die großen Containerschiffe gesperrt werden. Der Bau von Kanälen ist wegen der erforderlichen Breite und Tiefe sowie der Schleusen enorm aufwendig und teuer. Neue Bauten wie der Nicaraguakanal und der Kra-Kanal sind seit Langem in Planung. China hat Interesse am Kra-Kanal, da die enge Straße von Malakka für die Ölimporte störanfällig ist.

Die Meere als Freizeit- und Erholungsraum

Das Meer und die Küsten üben auf Urlaubsuchende einen enormen Reiz aus. Nord- und Ostsee sind in Deutschland die beliebtesten Reiseziele. Cuxhaven ist mit 3,4 Mio. Übernachtungen im Jahr das größte deutsche Seebad. Anfang der 1950er-Jahre setzte der Badetourismus rund um das Mittelmeer ein, das mit der „immer scheinenden Sonne" lockte. Ermöglicht wurden die Reisen in die Mittelmeerländer durch den zunehmenden Wohlstand in Nord- und Mitteleuropa, die Verlängerung des Jahresurlaubs, die Pauschalreiseangebote von internationalen Reiseveranstaltern und preiswerte Urlaubsflüge. Heute ist auch eine Fernreise in die Karibik, auf eine Südseeinsel oder ein Atoll im Indischen Ozean für breitere Bevölkerungskreise erschwinglich geworden. Angelockt von traumhaften Stränden und spektakulärer Natur sind die Urlauber dort für zahlreiche ökologische und soziale Probleme verantwortlich, sodass sich langsam auch nachhaltigere Reiseangebote durchsetzen.

Seit den 1970er-Jahren boomt zudem der Kreuzfahrttourismus. Die großen Kreuzfahrtschiffe stechen mit fünf- bis sechstausend Passagieren und rund zweitausend Besatzungsmitgliedern in See. Bevorzugte Ziele sind die Karibik und das Mittelmeer sowie Nordeuropa. Kreuzfahrten sind wegen der Umweltschädigungen und überfüllter Hafenstädte höchst umstritten.

Wohn- und Lebensraum Meer

Landgewinnung ist in etwa in den Niederlanden schon lange eine Maßnahme gegen den Mangel an Wohn- und anderen Nutzflächen. In Singapur sind ganze Stadtteile durch Sandaufschüttungen entstanden. Die hohe Bevölkerungsdichte und das enorme Anwachsen der Wirtschaft erforderten neue Landflächen. Auch schwimmende Häuser existieren bereits in Vietnam und den Niederlanden. Der Meeresspiegelanstieg durch den Klimawandel zwingt dazu, vermehrt schwimmende Städte zu projektieren, in denen das gesamte Leben auf dem Meer stattfindet.

Weiterführende Literatur und Internetlinks

Informationen zu Seeverkehr

International Maritime Organization
• www.imo.org

Bundesamt für Seeschifffahrt und Hydrographie
• www.bsh.de

UN Conference of Trade and Development (Daten zum maritimen Handel)
• www.unctad.org/statistics

Online-Schiffspositionsdienste
• www.marinetraffic.com
• www.vesselfinder.com
• www.vesseltracker.com

Hafen Wilhelmshaven
• www.portofwilhelmshaven.de
• www.jadeweserport.de

Hafen Rotterdam
• www.portofrotterdam.com/de

Piraterie (Live-Daten und -Karten)
• www.icc-ccs.org/index.php/piracy-reporting-centre/live-piracy-map

Kanäle
Nord-Ostsee-Kanal
• www.wsa-nord-ostsee-kanal.wsv.de

Suezkanal
• www.suezcanal.gov.eg

Panamakanal
• pancanal.com/en

Internationale Tourismusorganisationen
World Travel & Tourism Council
• www.wttc.org

World Tourism Organisation
• www.unwto.org

Deutscher Tourismusverband
• www.deutschertourismusverband.de

Malediven
• visitmaldives.com/de
• www.tourism.gov.mv

Cruise Lines International Association
• cruising.org

Landgewinnung in Singapur
• www.sg101.gov.sg/resources/connexionsg/landreclamationinsingapore

Schwimmende Städte
Dogen City
• www.n-ark.jp/en/dogen-city

OCEANIX
• oceanix.com

Maledives Floating City
• maldivesfloatingcity.com

Plastikmüll vor der indonesischen Insel Bali

4.1 Plastikmüll in der Hochsee

Jährlich gelangen Schätzungen nach zwischen acht und zwölf Millionen Tonnen Kunststoffmüll in die Ozeane. Dies hat verheerende Auswirkungen auf das Ökosystem Meer und seine Lebewesen. Augenfällig sind Plastikflaschen, Fischernetze, Tragetaschen und Lebensmittelverpackungen an Stränden und der Meeresoberfläche. Doch der Großteil der Plastikverschmutzung befindet sich fernab in den Tiefen der Meere. Eine weitere Bedrohung stellt das sogenannte Mikroplastik dar. Die klein zerriebenen Plastikpartikel gelangen in jeden Winkel der Meere, werden von Meereslebewesen gefressen und gelangen nicht selten wieder zum Menschen, beispielsweise durch den Verzehr von Speisefischen.

1. Beschreiben Sie die Lage der Plastikmüllteppiche und ihre Zusammensetzung (M5–M7, M8, S.8: M1, Atlas).
2. Erläutern Sie Auswirkungen des Plastikmülls (M2, M4, M9).
3. „Asiatische Staaten tragen wesentlich zur Verschmutzung der Meere bei." Überprüfen Sie diese Aussage kritisch (M11, M14).
4. Beurteilen Sie die Wirksamkeit der Maßnahmen gegen Plastikmüll (M3, M10, M12).
5. Es ist weitaus effektiver, die Ursachen der Plastikverschmutzung zu bekämpfen, bevor sie entstehen, als die Folgen im Nachhinein zu beseitigen. Nehmen Sie Stellung.

M1   Toter Delfin und Plastikmüll an einem Strand

An einem Strand der Isle of Harris im Nordwesten Schottlands ist ein toter Wal gestrandet. Im Magen des Jungtiers sind 100 Kilogramm Müll entdeckt worden. Der hatte sich zu einer Art großem „Ball" geformt. Das haben Mitglieder der Organisation „Scottish Marine Animal Stranding Scheme (Smass)" bei der Autopsie des Tieres festgestellt. [...] „Das Tier war in keinem besonders schlechten Zustand und, obwohl es plausibel erscheint, dass diese Menge Müll ein Faktor dafür gewesen sein könnte, dass der Wal gestrandet ist, konnten wir keine Beweise dafür finden, dass dieser den Darm beeinflusst oder gar verstopft haben könnte." Die gefundene Menge sei trotzdem entsetzlich groß und müsse die Verdauung des Tieres in jedem Fall beeinflusst haben. [...] Der Pottwal hatte [...] Reste von Fischernetzen, Seile, Tüten, Verpackungsbänder und Plastikbecher im Magen.
Quelle: Gestrandeter Pottwall hat 100 Kilogramm Müll im Magen. MDR Wissen 3.12.2019

M2   Quellentext über einen gestrandeten Wal

Bis 2015 sind bereits 60 Prozent allen jemals produzierten Plastiks zu Abfall geworden, ein erheblicher Teil davon ist im Meer gelandet. Schätzungen gehen weit auseinander, aber es wird davon ausgegangen, dass sich heute zwischen 86 und 150 Millionen Tonnen in den Ozeanen angereichert haben. [...] Die Plastikverschmutzung der Ozeane ist nicht gleichmäßig verteilt. Zu den planetaren Hotspots gehören die fünf großen Ozeanwirbel (berüchtigte „Müllstrudel", in denen sich schwimmendes Plastik anreichert), Küsten- und Meeresgebiete in der Nähe großer Quellen wie Mündungen von Flüssen, die durch Ballungsgebiete fließen, Korallenriffe, Mangroven und der tiefe Meeresboden, insbesondere Tiefsee-Schluchten.
Quelle: WWF: Die Auswirkungen von Plastikverschmutzung in den Ozeanen auf marine Arten, die biologische Vielfalt und Ökosysteme. Berlin: 2022, S. 4

M5   Quellentext zum Plastikmüll

	Herkunft
Makroplastik (sichtbar)	• absichtliche und unabsichtliche Entsorgung von Kunstoffprodukten in Flüsse und Meere durch den Menschen (unangebrachte Entsorgung, fehlende Recyclingsysteme) meist aus Küstenregionen • Fischernetze, andere Fischereimaterialien • Ladungsverluste von Schiffen • Folge von Überschwemmungen und Tsunamis
Mikroplastik (<5 mm)	• Bestandteile von Produkten (Kosmetikprodukten, Zahnpasta) • unbeabsichtigte Nebenprodukte (Reifenabrieb, Plastikfasern, die sich beim Waschen synthetischer Kleidung lösen, Kunststoffgranulat aus Kunstrasen) • Zersetzungsprodukte von Makroplastik im Meer

M6   Herkunft von Makro- und Mikroplastik

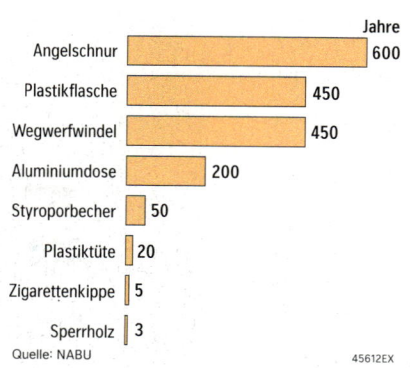

M3   Weltweite und europäische Kunststoffproduktion (1950–2021)

M4   Zersetzungsdauer von Produkten im Meer

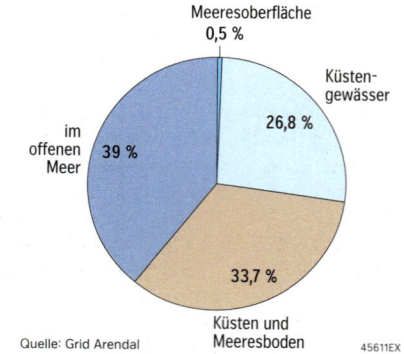

M7   Verteilung des Plastikmülls in den Weltmeeren (2018)

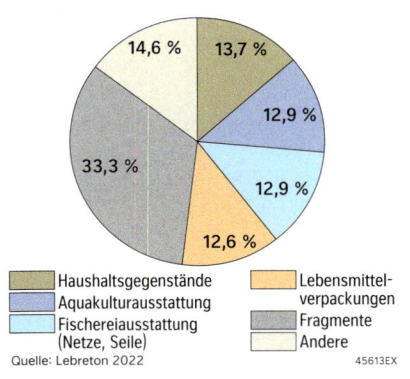

Quelle: Lebreton 2022   45613EX

M 8 Zusammensetzung des Inhalts des Nordpazifikwirbels (2022)

Haushaltsgegenstände
Aquakulturausstattung
Fischereiausstattung (Netze, Seile)
Lebensmittelverpackungen
Fragmente
Andere

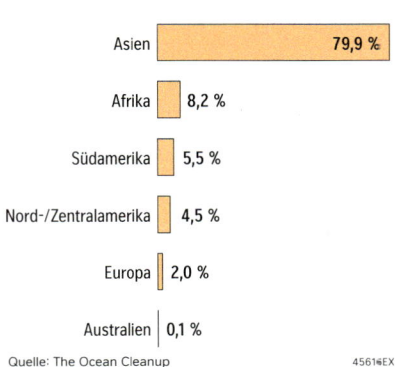

Quelle: The Ocean Cleanup   45614EX

M 11 Geschätzter Anteil der über Flüsse ins Meer emittierten Kunststoffe

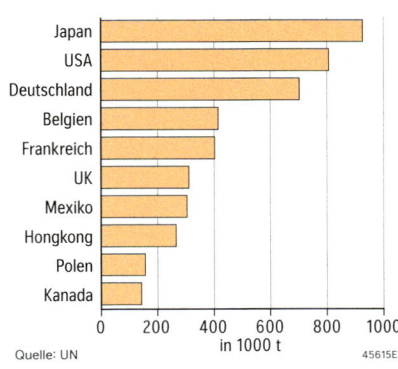

Quelle: UN   45615EX

M 14 Länder mit den höchsten Plastikmüllexporten (2018)

Die Plastikverschmutzung der Meere hat dramatische Ausmaße angenommen und schadet Mensch und Tierwelt auf direkte und indirekte Weise. Von Plastik verstopfte Flussmündungen und Meeresbuchten sind eine Brutstätte für Krankheiten und mindern die Lebensqualität und die Verdienstmöglichkeiten in vielen Küstenstädten. Touristen meiden solche verdreckten Orte; Fischer machen in der Müllsuppe kaum noch einen Fang; Küstengemeinden in Urlaubsregionen müssen inzwischen viel Geld ausgeben, um ihre Strände sauber zu halten. [...] Die Tier- und Pflanzenwelt der Meere leidet auf unterschiedliche Weise unter der Müllverschmutzung. Probleme entstehen dadurch, dass

- sich Lebewesen im Plastikmüll oder in entsorgten Fischernetzen und -leinen verfangen und sterben, sofern es ihnen nicht gelingt, sich wieder zu befreien;
- Meeresorganismen Kunststoffreste für Beute halten, diese fressen und anschließend mit vollem Magen verhungern – oder aber die Giftstoffe aufnehmen, die aus dem Kunststoff austreten beziehungsweise sich während der Zeit im Meer an diesem angereichert haben;
- Raubtiere des Meeres Beutetiere verspeisen, die ihrerseits Plastik im Verdauungstrakt hatten und den Kunststoff auf diese Weise aufnehmen;
- sich vor allem kleinere Meeresorganismen auf treibendem Müll festsetzen, mit ihm über weite Strecken verdriften und möglicherweise anderenorts als fremde Arten einwandern;
- Müll oder Treibnetze marine Lebensräume zerstören, indem sie sich dort ansammeln;
- chemische Schadstoffe aus den Kunststoffen austreten und ihre schädliche Wirkung im Meer entfalten.

Quelle: Sia Löschke: World Ocean Review 7: Lebensgarant Ozean – nachhaltig nutzen, wirksam schützen. Hamburg: Maribus, S. 218

M 9 Quellentext zu den Folgen von Plastikmüll

Aufgrund der Schwierigkeiten beim Sammeln von Plastik im Meer und der Beständigkeit von Plastik in der Umwelt ist es fast unmöglich, Plastik wieder herauszuholen, wenn es einmal im Meer ist. Außerdem zerfällt es, sobald es ins Meer gelangt ist, weiter: Makroplastik wird zu Mikroplastik und Mikroplastik zu Nanoplastik, was ein Entfernen des Plastikmülls noch unwahrscheinlicher macht. Selbst wenn der Eintrag von Plastik in die Ozeane heute gestoppt würde, bedeutet dieser Abbauprozess, dass sich die Menge an Mikroplastik in den Ozeanen und an den Stränden zwischen 2020 und 2050 mehr als verdoppeln wird. Und es gibt kaum Anzeichen dafür, dass der Eintrag von Plastikmüll in die Meere in naher Zukunft aufhören oder sich auch nur verlangsamen wird. Auch wenn „Business-as-usual"-Prognosen sehr unterschiedlich ausfallen, sagen alle einen erheblichen Anstieg der Abfallmenge voraus. Die Kunststoffindustrie hat seit 2010 180 Milliarden US-Dollar in neue Fabriken investiert, was im nächsten Jahrzehnt zu einem Anstieg der Produktion um 40 % führen dürfte. Es wird erwartet, dass sich die Kunststoffproduktion bis 2040 mehr als verdoppeln und die Vermüllung der Meere durch Kunststoff der Meere verdreifachen wird. Dies könnte bis 2050 zu einer Vervierfachung der Makroplastikkonzentration in den Ozeanen und bis 2100 zu einem alarmierenden Anstieg des Mikroplastiks in den Ozeanen um das 50-fache führen. Wenn die Plastikverschmutzung in den Ozeanen weiter ansteigt, werden alle dokumentierten schädlichen Auswirkungen zunehmen. [...] Forschende prognostizieren, dass 99,8 % aller Seevogelarten bis 2050 Plastik aufnehmen werden, wenn die Kunststoffverschmutzung wächst wie bisher. Bei allen Meeresschildkrötenarten wurden Belege für den Verzehr und/oder Verstrickung in Plastik gefunden.

Quelle: WWF: Die Auswirkungen von Plastikverschmutzung in den Ozeanen auf marine Arten, die biologische Vielfalt und Ökosysteme. Berlin: 2022, S. 5

M 12 Quellentext zur zukünftigen Entwicklung von Plastikmüll

- internationale Abkommen, nationale Gesetze:
  - Aufbau funktionierender Abfallentsorgungssysteme, verbessertes Abfallmanagement
  - Einführung einer Kreislaufwirtschaft für kohlenstoff-basierte Kunststoffe
  - Unterbindung der Nutzung von Einweg-Plastikprodukten (Verkaufsverbote, hohe Steuern auf die Produkte)
  - Entwicklung neuer, weniger umweltschädlicher Materialien bzw. biologisch abbaubarer Kunststoffarten
  - Entwicklung neuer Technologien zur Müllsammlung und -entsorgung auf dem Meer (z. B. Plastikbarrieren, die an der Meeresoberfläche treibenden Müll einfangen sollen, Müll-Sammelboote mit großen Förderbändern, Wasser-Filteranlagen und autonome Müll-Roboter)
  - Müllsammelaktionen an Stränden und Flüssen (International Coastal Cleanup Day, dritter Sonntag im September)

M 10 Maßnahmen gegen Plastikmüll im Meer und weitere Einträge

M 13 Ozean-Reinigungssystem

4.2 Great Barrier Reef: Tourismus am bedrohten Weltnaturerbe

„Sie werden diese Unterwasserwelt lieben. Es ist eine farbenprächtige und leuchtende Tauchzone aus Riffen und Untiefen sowie kleinen Koralleninseln und Schiffswracks, in denen es von tropischen Meereslebewesen nur so wimmelt." So preist ein deutscher Tauchreiseführer das Great Barrier Reef (GBR) an der Nordostküste Australiens an. Trotz der gewaltigen Größe des Riffs werden die Areale, in denen eine solche Unterwasserwelt zu bewundern ist, immer kleiner. Das UNESCO-Weltnaturerbe ist ernsthaft in Gefahr, da eine ganze Reihe von Ursachen dazu beiträgt, das einzigartige Ökosystem zu zerstören. Schutzmaßnahmen sollen zum Erhalt des Weltnaturerbes beitragen, auch um eine der größten australischen Attraktionen für Touristen zu erhalten. Doch der Tourismus trägt selbst dazu bei, die Korallen zu zerstören.

1. Ordnen Sie das GBR topografisch, klimatisch auf dem australischen Kontinent ein (M1, Atlas).
2. Charakterisieren Sie den Tourismus am GBR (M1, M3–M5).
3. Gliedern Sie die Einflussfaktoren auf die Lebensfähigkeit des GBR nach klimatischen, ökologischen und wirtschaftlichen Faktoren (M6, M1, M2, M7, M8).
4. Fertigen Sie ein Kurzreferat an
   a) zur Korallenbleiche,
   b) zur Massenausbreitung von Dornenkronenseesternen,
   c) zur Rettung der Riffe durch 3D-Drucker (Internet).
5. Erörtern Sie folgende Vorschläge zum Schutz des GBR, um einer Einstufung als „gefährdetes" Welterbe zu entgehen:
   a) Verbesserung der Wasserqualität des Oberflächenabflusses aus dem GBR-Einzugsgebiet,
   b) Reduzierung des Touristenzugangs zum GBR.

- Größe: 344 400 km² (entspricht ungefähr der Landfläche Deutschlands oder 48,5 Mio. Fußballfeldern)
- circa 2300 km Länge (fast die Länge der US-amerikanischen Westküste von Vancouver bis zur mexikanischen Grenze)
- circa 3000 Einzelriffe
- circa 600 Koralleninseln
- Heimat von 1625 Fischarten, 600 Korallenarten (Weich- und Hartkorallen), 100 Quallenarten, 3000 Muschel-, 2500 Schwamm-, 1300 Krebstier-, 630 Stachelhäuterarten (Seesterne, Seeigel, Seewalzen, Seegurken), 30 Arten von Walen und Delphinen, 136 Hai- und Rochen-, 400 bis 500 Algen-, 6 Meeresschildkröten-, 41 Küstenvogelarten, 1 Seekuhart
- Arbeitsmarkt: 64 000 direkte und indirekte Arbeitsplätze hängen vom GBR ab.

M2 Kurzportrait des GBR Marine Parks

M3 Taucherboot im Great Barrier Reef

Als Kapitän James Cook im Jahr 1770 mit seinem Schiff von Süden her in Australien ankam, segelte er genau in die bis zu 270 Kilometer breite Senkung zwischen Riff* und Festland. Erst nach mehreren Tagen merkte er, dass er sich nicht auf dem offenen Meer befand, und suchte nach einem Durchschlupf. Nach mehreren Hundert Kilometern Fahrt fand er schließlich eine Passage mit einer Breite von zwei Kilometern auf der Höhe des heutigen Cooktown, durch die er das Riff verlassen konnte. [...] Große Gebiete des Riffs gehörten vor langer Zeit noch zum Festland. Durch den steigenden Wasserspiegel wurden Erhebungen auf dem Festland zu Inseln. Neben den echten Barriere-Riffen entstanden durch das steigende Wasser auch Saumriffe* und Atolle*, die zu einem mehr oder weniger eng verbundenen Komplex verschmolzen sind. In dieser Zeit haben sich auch die rund 700 sogenannten Kontinentalinseln gebildet, die zwischen Küste und Riffgürtel liegen. Bislang wurden nur 20 dieser Inseln für den Tourismus erschlossen. Von ihnen aus lassen sich die einzelnen Riffe sehr gut erkunden, denn teilweise ist der Abstand von der Küste zum Riff so groß, dass man eine eintägige Bootstour einplanen muss. Für die Regierung ist der Tourismus in dieser Region ein Balanceakt: Auf der einen Seite sind die Menschen auf die Einnahmen angewiesen, auf der anderen Seite muss die Regierung das Great Barrier Reef, das den Status eines UNESCO-Weltnaturerbes genießt, schützen. Bis in die 1970er-Jahre hinein hat ein unkontrollierter Tourismus an den küstennahen Regionen des Riffs große Schäden angerichtet. [...] Leider sind sich viele Wissenschaftler darüber einig, dass das Riff im Jahre 2100 kaum noch an das Naturparadies von heute erinnern wird.
Quelle: Götz Bolten: Great Barrier Reef. Planet Wissen, BR 24.3.2020

M4 Quellentext zum Tourismus im Great Barrier Reef

© Westermann 18838EX_1

Papua-Neuguinea

Pazifischer Ozean

Cape Flattery
Cooktown

Grafton Passage

Cairns

Mourilyan

Palm Passage

Lucinda

Townsville

Hydrographers Passage

Abbot Point
Proserpine

Mackay

Australien

Capricorn Channel

Rockhampton
Port Alma
Gladstone
Curtis Channel

Bundaberg

— Grenze des Great Barrier Reef Marine Parks
Kontinentalabhang
Korallenriff
Lagune
Zuckerrohranbau (und Zuckerverarbeitung)
Wassereinzugsgebiet des GBR
■ Haupthafen
— Hauptschifffahrtsrouten

0 100 200 km

M1 Great Barrier Reef (GBR)

 100900-200-04
schule.diercke.de
 100900-212-04
schule.diercke.de

M 5 Unterwasserwelt am Great Barrier Reef

M 9 Korallenbleiche

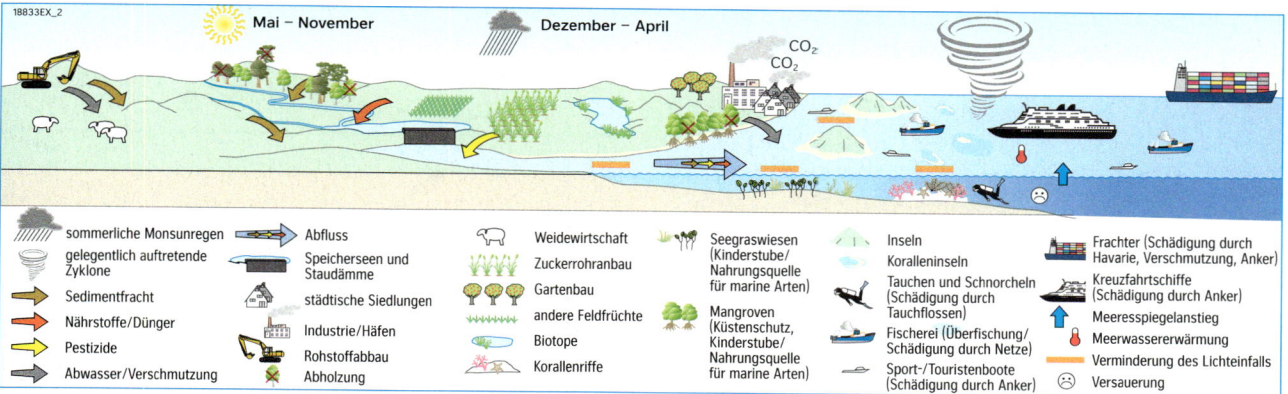

M 6 Einflüsse auf das Great Barrier Reef

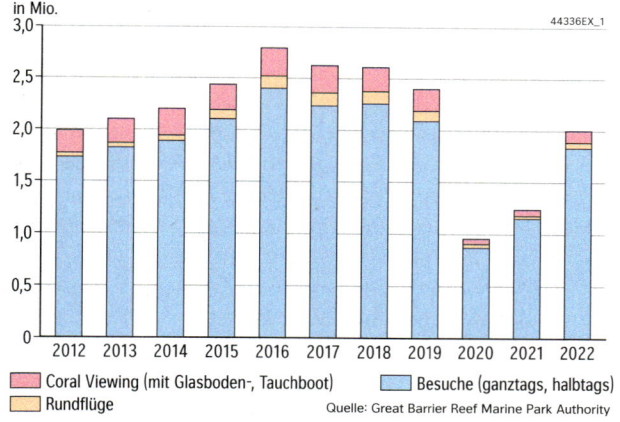

M 7 Entwicklung der Besucherzahlen im GBR Marine Park

Quelle: Great Barrier Reef Marine Park Authority

Coral Viewing (mit Glasboden-, Tauchboot) — Besuche (ganztags, halbtags) — Rundflüge

Das Great Barrier Reef ist das größte Korallenriff der Welt. Fische schätzen es als Kinderstube, Touristen als Ausflugsziel. [...] Das UNESCO-Welterbekomitee hat das größte Korallenriff der Welt 1981 als Weltnaturerbe eingestuft. Der Zustand des Riffs verschlechterte sich aber seither so stark, dass dieser Status in Gefahr ist. Die UNESCO drohte in den vergangenen Jahren immer wieder, das Riff auf die Rote Liste des gefährdeten Welterbes zu setzen. Die australische Regierung stellte deshalb im September 2014 einen Katalog an Schutzmaßnahmen unter dem Titel „Riff 2050 Langzeit-Nachhaltigkeitsplan" vor und bringt seither erste Maßnahmen auf den Weg. Anfang Juli 2017 lenkte dann das zuständige UNESCO-Komitee ein und setzte das Great Barrier Reef vorerst nicht auf die Rote Liste. Mit verschiedenen Maßnahmen soll das Ökosystem gemäß dem „Riff 2050 Langzeit-Nachhaltigkeitsplan"

bis 2050 besser geschützt werden. Unter anderem will die Regierung umgerechnet rund 1,3 Milliarden Euro investieren, um die Wasserqualität zu verbessern und das Absterben der Korallen zu verhindern. [...] [Der Nachhaltigkeitsplan] sieht unter anderem ein Verbot zur Entwicklung neuer Häfen im Fitzroy Delta, in der Keppel Bay und auf der Insel Curtis im Bundesstaat Queensland vor. Für zehn Jahre sollen zudem in und um das Korallenriff keine Aushubarbeiten für neue Häfen oder zum Ausbau bestehender Häfen vorgenommen werden dürfen. Allerdings sind Ausnahmen für als wichtig eingestufte Entwicklungsprojekte vorgesehen. Umweltorganisationen kritisierten den Plan als ungenügend. Auch die australische Akademie der Wissenschaften erklärte, die Pläne der Regierung berücksichtigten weder die Auswirkungen des Klimawandels, noch gäben sie eine Antwort auf die Probleme der Wasserqualität, der Küstenentwicklung und der Fischerei. [...]
[Seit der starken Korallenbleiche im Jahr 2016 gab es innerhalb von nur sechs Jahren drei weitere Massenbleichen (2017, 2020, 2022). 2020 wurden zwei Drittel der Korallen am GBR beschädigt.]
Ausgelöst wird die Korallenbleiche von hohen Wassertemperaturen. Durch den Klimawandel und das Klimaphänomen El Niño* hat sich das Meer zeitweise auf bis zu 33 Grad erwärmt. Dann produzieren Algen, die die Korallen normalerweise mit Nährstoffen versorgen und die bunten Farben erzeugen, Gift und werden abgestoßen. Die Korallenstöcke werden weiß und anfälliger für Krankheiten. Tropenstürme, die wegen des Klimawandels immer stärker werden, und Dornenkronen (Acanthaster planci), Korallen fressende Seesterne, setzen dem Great Barrier Reef ebenfalls zu. [...] Den Korallen setzen jedoch [...] auch die Wasserverschmutzung durch die Schifffahrt und die Landwirtschaft in Küstennähe zu.
Quelle: Korallenriff auf der Intensivstation. BR Wissen 13.9.2018

M 8 Quellentext zum Schutz des Great Barrier Reef

4.3 Pacific Islander kämpfen um ihre versinkenden Nationen

Wirbelstürme und extreme Springfluten, Dürren und Meeresspiegelanstieg, Versalzung und Erosion – den flachen Inselatollen* im Südpazifik droht die Unbewohnbarkeit. Klimaflüchtlinge aus Tuvalu bekommen mittlerweile ein Bleiberecht in Neuseeland und Kiribati hat Land für seine Bewohner auf den Fidschi-Inseln gekauft. Die Marshall-Inseln mit knapp 60 000 Einwohnern entsandten gleich fünf Delegierte zur Klimakonferenz 2021 nach Glasgow, um ihre Probleme der Weltöffentlichkeit zu präsentieren.

1. a) Beschreiben Sie den globalen Meeresspiegelanstieg und den im Südpazifik (M1, M2, M3).
   b) Erklären Sie die Ursachen.
2. Fassen Sie die klimawandelbedingten Probleme der kleinen südpazifischen Inseln zusammen (M4, M6, M9).
3. a) Beschreiben Sie South Tarawa (Internet, Google Earth).
   b) Analysieren Sie Kiribatis spezifische Probleme (M5 – M9).
   c) Erklären Sie die Erosionsgefährdung und die Schwierigkeiten bei der Trinkwasserversorgung (M6, M8, M9).
4. Umzug oder Erhöhung – erörtern Sie beide Optionen (M6).
5. Umsiedlung bedeutet Verlust der Kultur. Nehmen Sie Stellung.
6. Beurteilen Sie die Aussage von Ruth Arotaing Garry (M9).

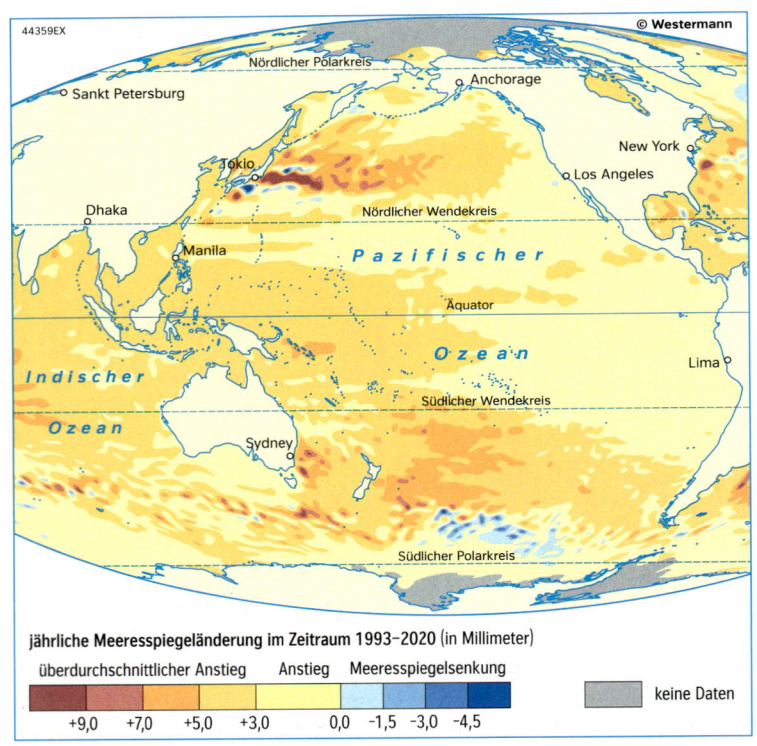

M1   Meeresspiegelveränderungen 1993 – 2020

jährliche Meeresspiegeländerung im Zeitraum 1993–2020 (in Millimeter)

überdurchschnittlicher Anstieg   Anstieg   Meeresspiegelsenkung

+9,0   +7,0   +5,0   +3,0   0,0   –1,5   –3,0   –4,5   keine Daten

In den letzten Jahrzehnten ist der Meeresspiegel global um knapp 4 mm pro Jahr gestiegen, deutlich schneller als in den Jahrzehnten davor. Der Meeresspiegelanstieg ist allerdings nicht überall gleich, weil er regional von unterschiedlichen Prozessen beeinflusst wird. Dazu gehören neben den großen Meeresströmungssystemen (angetrieben durch Wasser mit unterschiedlicher Temperatur und Salzkonzentration) auch Windströmungen. So haben etwa die Passatwinde, starke Ostwinde, dazu geführt, dass sich im westlichen Südpazifik warme Wassermassen aufgestaut haben, sodass hier der Anstieg dreimal höher als im globalen Durchschnitt ausfällt. Schließlich tragen auch das regionale Anheben und Absinken von Landmassen zu Unterschieden bei.

M2   Globaler und regionaler Meeresspiegelanstieg

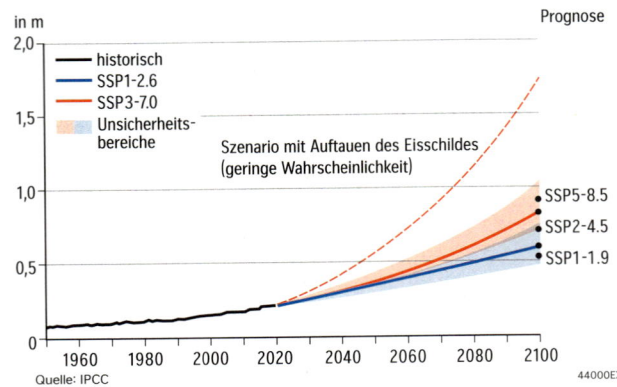

M3   Änderung des mittleren globalen Meeresspiegels (Prognose nach den sozioökonomischen Entwicklungsszenarien (SSP*))

Wenn der Baum umfallen wird, weiß er, dass sein Dorf umziehen muss, sagt Willy Kenneth. […] Von seiner Hütte aus blickt er auf den Dorfplatz, pickende Hühner, Kokospalmen, die im Wind flattern, in der Mitte: ein Baum so dick, dass die Bewohner der Insel Pele auf Holzbänken drumherum sitzen können. Dahinter liegt der Pazifische Ozean. Türkisblau und bedrohlich. Wenn das Salzwasser den Baum erreicht, wird er absterben, sagt Willy Kenneth, und dann wird auch sein Haus vom steigenden Meeresspiegel bedroht sein. „Wir haben immer gehört, dass es sechs Millimeter sind, aber dann wurden daraus ein bis zwei Zentimeter. Wenn es große Stürme gibt, dann kommt das Wasser jetzt schon sehr nah." Etwa zwei bis drei Tropenstürme wüten jedes Jahr über Vanuatu. […] Pele ist eine von 83 Inseln. Die rund 500 Bewohner leben hier hauptsächlich von Fischerei und Landwirtschaft. 90 Prozent haben ihre Häuser direkt an der Küste gebaut, dort, wo die Strände schwinden. Umgefallene Grabsteine liegen am Strand von Pele, die Gräber unterspült vom Meer. Die Knochen der Vorfahren sind am Ufer verteilt. Spazieren gehende Bewohner legen sie auf die abgestorbenen Bäume […]. Willy Kenneth hat eine einfache Antwort auf die Frage, warum das Meer immer näher kommt: „Wir haben lernen müssen, dass das Meer sauer wird, weil die Temperaturen steigen und dadurch die Korallen ausgeblichen sind. Durch den Schaden haben wir fast 90 Prozent unseres Korallenriffs verloren. Wenn das Riff angeschlagen ist, werden die Wellen nicht mehr abgehalten. Sie erreichen die Küste und spülen die Erde weg. Alles hängt zusammen." Erosion, Dürre und Hitze, unregelmäßige Regenfälle, der Anstieg des Meeresspiegels und Tropenstürme. In Vanuatu treffen all diese Phänomene aufeinander. […]

„Wir tragen nichts zu dem Problem bei, das für uns einen erheblichen finanziellen Verlust bedeutet. Das Ergebnis des Tropensturms Pam hat uns 60 Prozent unseres Bruttoinlandsprodukts gekostet. Ein gewaltiger Schaden, verursacht von einem Ereignis, von dem uns die Wissenschaft sagt, dass es in Zukunft noch intensiver und noch zerstörender sein wird" [, sagt Außenminister Ralph Regenvanu]. Fünf Jahre ist es her, dass der Zyklon* Pam den Großteil der Obstbäume und Wurzelpflanzen zerstörte. „Der Kategorie-5-Sturm hinterließ ein Viertel der Bevölkerung obdachlos. „In der Vorhersage für Zyklone sehen wir Anzeichen, dass die Häufigkeit zwar gleich bleibt, aber die Intensität immer stärker wird. Das heißt, wir werden mehr Stürme der Kategorie fünf haben."

Quelle: Ann Esswein, Felie Moucir Zernack: Inselstaat Vanuatu will Industrieländer in die Pflicht nehmen. DLF 20.3.2020

M4   Quellentext zum Meeresspiegelanstieg auf Pele (Vanuatu)

100900-208-01
schule.diercke.de
100900-267-06
schule.diercke.de

M 5   Eine Springflut hat die Insel South Tarawa (Kiribati) vollständig mit Meerwasser überspült.

M 7   Mit selbstgebauten Dämmen versuchen sich die Bewohner von South Tarawa vor der Flut zu schützen.

Kiribati, der Inselstaat mitten im Pazifik, ist zu trauriger Berühmtheit gelangt als das Land, das womöglich als erstes Opfer des Klimawandels wird. [...] Der höchste Punkt der Hauptinsel Süd-Tarawa liegt drei Meter über dem Meeresspiegel. [...] Kaum ein Haus ist hier nicht nahe am Wasser gebaut; [...] 60 000 Menschen leben in einer Dichte, die vergleichbar mit Tokio ist. [...] An der breitesten Stelle ist die Insel einige Hundert Meter breit, wenig Platz für viele Menschen, also versuchen sie mit Seawalls, Schutzmauern, dem Meer Land abzugewinnen und das, was da ist, zu beschützen. Diese Mauern sind aus Sand, Autoreifen, Zementsäcken, Korallenstücken, aus allem, was verfügbar ist. [...] Kiribati geht unter, die steigenden Meeresspiegel machen dem Land den Garaus – so hieß es lange. [...] Doch es ist wie so oft etwas komplizierter. Studien neuseeländischer Wissenschaftler haben die Veränderungen einiger Pazifikinseln studiert, über den Verlauf von 40 Jahren. Dabei stellten sie fest, dass viele der Inseln wachsen, dass zwar Land, also Sand und Kies, an einigen Stellen durch Erosion abgetragen wird. Aber an anderen Stellen dehnen sich die Inseln dafür aus, dort wird Material angespült. Atolle sind demnach dynamische Strukturen, nicht statisch, wie oft angenommen, sie können sich also anpassen, was die Fläche angeht. [...] Ihre stetige Erneuerung [...] kann [aber] zum einen nur funktionieren, wenn die Riffe gesund sind. Doch viele Riffe sterben ab, denn die steigenden Wassertemperaturen führen zur Korallenbleiche, die den Riffen schwer zusetzt. Zum andern sagt das noch lange nichts über die Bewohnbarkeit der neu gewachsenen Bereiche, über die Möglichkeit, hier zu leben und Nahrung anzubauen.
Quelle: Lena Bodewein: Der sterbende Südseestaat Kiribati. DLF 12.12.2019

Vor fünf Jahren hat der damalige Präsident von Kiribati, Anote Tong, für sein Land einen Plan der „Auswanderung in Würde" entworfen. Er erwarb 20 Quadratkilometer Boden auf den südpazifischen Fidschi-Inseln, um dort im Ernstfall 115 000 Menschen aus Kiribati auf höherem Grund ansiedeln zu können. „Wenn es zur Katastrophe kommt, braucht mein Volk einen sicheren Zufluchtsort", sagte Tong. [...] Für Tongs Nachfolger [...] Taneti Maamau ist es dagegen keine Option, Kiribati zu verlassen. Stattdessen verfolgt er den ambitionierten Plan, die Küsten der Inselrepublik zu verstärken – mithilfe von Aushub, der aus dem Meeresboden gebaggert werden soll. Auf diese Art, so die Vorstellung, könne sogar für die Landwirtschaft schon verlorener Boden wiedergewonnen werden. [...] [Die Kosten werden auf eine halbe Milliarde US-Dollar geschätzt.] „Das Inselerhöhungsprojekt ist mit der zur Verfügung stehenden Technik absolut machbar." China bot dem Land günstige Kredite und seine eigene Erfahrung mit dem Inselausbau im Südchinesischen Meer an.
Quelle: Joshua McDonald: Fliehen oder dem Meer standhalten? Welt-Sichten 6.12.2020 (Übersetzung: Barbara Erbe)

M 6   Quellentexte zu den Folgen des Klimawandels in Kiribati

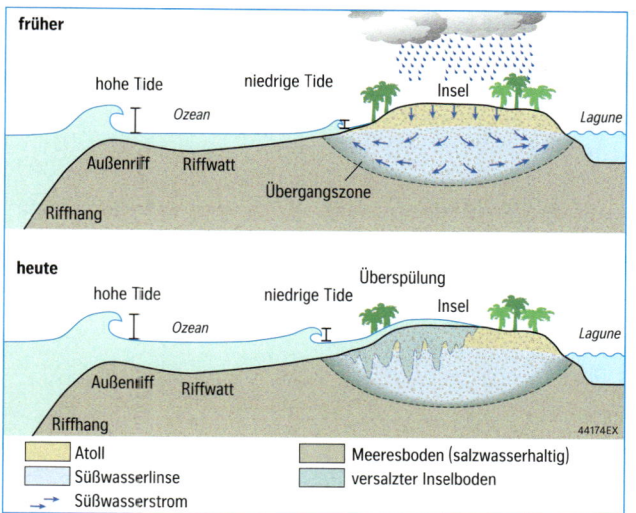

M 8   Veränderung der Süßwasserlinse bei Meeresspiegelanstieg

„Der Klimawandel ist eines der häufigsten Themen meines Schulalltags – in meinem Wahlfach Geographie lernen wir, weshalb der Meeresspiegel steigt und was das für unser Land bedeutet. Für den lokalen Umweltschutz ist jedoch das Wissen unserer Vorfahren noch viel wichtiger. [...] „Te Buibui" ist ein traditioneller Prozess der Landgewinnung. Aus natürlichen Materialien bauen wir kleine Dämme, deren bürstenartige Struktur den Sand bei Ebbe aufhält."
Mererita Thomas (19), Highschool-Schülerin

„Wasser ist das größte Problem hier. Wenn Dürre herrscht und es nicht genügend Regenwasser gibt, dann versalzt das Grundwasser. Und wenn das Meer in unser Land eindringt und in unsere Brunnen, dann wird es noch salziger. Also, wir haben ein Wasserproblem."
Claire Anterea (42), Klimaktivistin bei KiriCan

„Wir I-Kiribati gelten als die robustesten Männer an Bord großer Containerschiffe. [...] Die meisten Männer in meinem Alter haben schon einmal auf dem Schiff gearbeitet, denn viele berufliche Möglichkeiten gibt es auf Kiribati nicht. Schuld daran ist auch der Klimawandel. Fischer haben durch den Anstieg der Wassertemperatur und die Korallenbleiche Schwierigkeiten, in naher Umgebung gute Fänge zu machen. Auch für Landwirte ist es schwer, auf unserem versalzenen Boden lokale Gemüsesorten wie die Tarowurzel anzubauen."
Nawere Tatake (36), Seemann

„Wir müssen fordern, dass die Industriestaaten endlich ihrer Verantwortung gerecht werden und ihre Emissionen eindämmen. Außerdem muss es konkrete Pläne geben, um unsere Rechte als Migranten im Ausland zu sichern, wenn es eines Tages wirklich zur Umsiedlung kommt."
Ruth Arotaing Garry (22), Studentin

M 9   Zitate von Bewohnern Kiribatis

4.4 Mangrovenwälder: Gefahr durch Aquakulturen

Weltweit kommen Mangrovenwälder in subtropischen und tropischen Regionen vor. Vor allem im Gezeitenbereich von Küsten, Mündungs- und Deltagebieten sind sie vorzufinden. Unter Mangroven versteht man verschiedene Pflanzenfamilien und -arten, die besonders salztolerant sind und auch in sauerstoffarmem und instabilem Sediment* wachsen können. Mangrovenwälder bieten einen Lebensraum für zahlreiche Tierarten sowohl über als auch unter Wasser und stellen ein Bindeglied zwischen dem Meer und dem Land dar. Sie dienen nicht nur als Nahrungsgrundlage, sondern haben in Zeiten steigender Meeresspiegel eine wichtige Schutzfunktion.

1. Lokalisieren Sie die Verbreitung von Mangrovenwäldern (Atlas).
2. Erklären Sie den besonderen Stellenwert von Mangroven in ihrem Ökosystem (M2, M6).
3. Analysieren Sie die Entwicklung von Mangrovenflächen (M1, M4).
4. Beschreiben Sie die Shrimpszucht in Thailand (M5 – M8).
5. Beurteilen Sie die Gefährdung der Mangrovenwälder durch die Shrimps-Produktion (M1, M5, M6, M9).
6. Verbraucher in den Hauptabnehmerländern der südasiatischen Shrimpsproduktion erwarten immer mehr eine Produktion nach Nachhaltigkeitskriterien. Nehmen Sie Stellung.

M3 Mangrovenwald im Tha Pom Khlong Song Nam National Park

	1996	2020	Veränderung
Afrika	29 993	29 345	-648 (-2,2 %)
Nord/Südamerika	44 465	43 205	-1 260 (-2,8 %)
Asien/Ozeanien	78 146	74 809	-3 338 (-4,3 %)
gesamt	152 604	147 359	-5 245 (-3,4 %)

Quelle: Global Mangrove Watch

M4 Entwicklung der Mangrovenflächen nach Regionen (in km²)

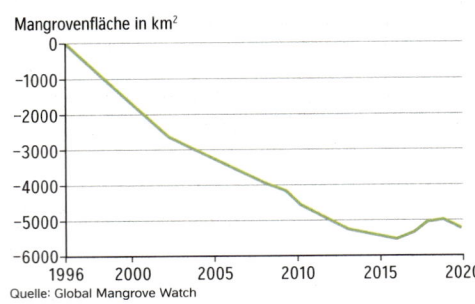

Quelle: Global Mangrove Watch

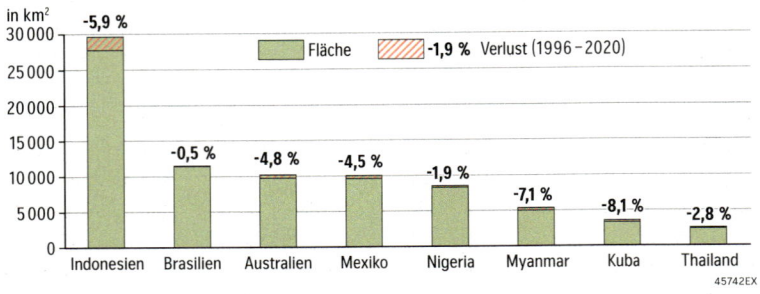

45742EX

M1 Entwicklung der Mangrovenflächen weltweit und in ausgewählten Ländern von 1996 bis 2020

Größtes Verbreitungsgebiet

5° nördl. Breite
5° südl. Breite

- entlang von Küsten im Salzwasser
- bedecken weniger als 1 % der weltweiten tropischen Waldflächen

Funktionen
- CO_2-Speicher (speichern 2- bis 5-mal mehr CO_2 als voll entwickelte tropische Wälder)
- Lebensraum für Tiere und Pflanzen
- Schutz vor Überschwemmungen

Bedrohungen
- Garnelenzuchten
- Plantagen (Reis, Kokosöl, Palmöl)
- Bebauung
- Holzgewinnung
- Umweltverschmutzung

Quellen: WCMC, FAO, mangrove.at, Eos

M2 Mangroven

Insgesamt existieren rund 70 verschiedene Arten
(Bäume, Palmen, Sträucher, Farne)

Vermehrung

Blüte   Samen   Keimling

- reifer Samen fällt vom Baum und bohrt sich mit der Spitze in den Boden
- fällt er ins Meer, wurzelt er dort, wo er angespült wird

Blätter
- Schadstoffe und überschüssiges Salz lagern sich in älteren Blättern ab, sie werden gelb und fallen ab

Wurzeln

Lentizellen
nehmen Sauerstoff auf und leiten ihn an die Wurzeln im sauerstoffarmen Boden weiter (Gasaustausch)

- wirken wie Filter, verbessern die Wasserqualität
- Lebensraum vieler (Jung-)Tiere und Pflanzen
- schützen Lebensräume (z. B. Korallenriffe) und Küsten
- stabilisieren den Boden

© Globus 14487

Strand
Mangroven
Garnelenzuchtbecken
Pflanzungen (Kokos, Kautschuk)
dichter Wald
offenes Waldland
Buschland
buddhistisches Kloster
chinesischer Schrein
Schule
Gehöft, Wohnhaus
Hauptstraße
Nebenstraße
Fahrweg
Fußweg

M5 Shrimpszucht in Don Sak (Thailand)

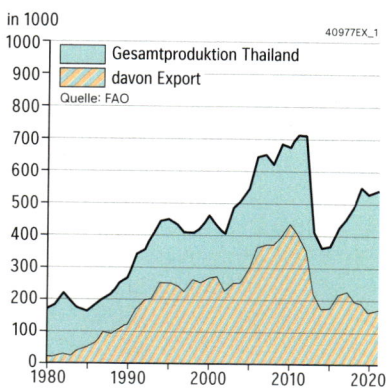

M8 Thailand: Produktion und Export von Krebstieren (1980–2021)

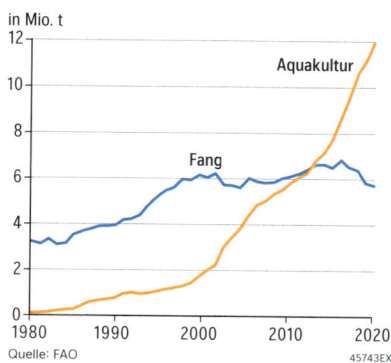

M9 Weltweite Produktion von Krebstieren (1980–2021)

Mangroven sind in vielerlei Hinsicht durch menschliche Aktivitäten bedroht. Weltweit ist der Verlust von Mangrovenwäldern drei- bis fünfmal höher als der von Landwäldern. [...] Seit 1980 sind schätzungsweise 20 bis 35 Prozent der Mangrovenwälder weltweit verloren gegangen. Von 1961 bis 1996 verlor Thailand etwa 56 Prozent seiner Mangrovenwälder durch die Ausdehnung von Garnelen- und Salzfarmen. Die Wälder werden abgeholzt, um Platz für Garnelenfarmen und andere Formen der Aquakultur zu schaffen, aber auch wegen ihres Holzes. [...] Weitere Bedrohungen sind Landwirtschaft und veränderte Landnutzung, Verschmutzung, Sedimentation* und Klimawandel.

Die Zerstörung der Mangrovenwälder ist für etwa zehn Prozent der weltweiten CO_2-Emissionen verantwortlich, die durch Entwaldung verursacht werden – 240 Millionen Tonnen CO_2 pro Jahr. [...] Systeme in Küstengebieten wie Mangroven, Seegras und Gezeitensümpfe können bei der Speicherung von Kohlenstoff um ein Vielfaches effizienter sein als terrestrische Ökosysteme. Mangroven sind natürliche „Kohlenstoffwäscher", die CO_2 aus der Atmosphäre aufnehmen und es über Jahrtausende oder länger in ihren reichen Böden speichern. Es wird geschätzt, dass Mangroven drei- bis viermal mehr Kohlenstoff speichern als tropische Regenwälder. [...] Mangrovenwälder bieten den Küstengemeinden viele weitere Vorteile. Sie wirken als Sturmbarrieren und schützen das Landesinnere vor Überschwemmungen und Erosion, indem sie die Energie großer Wellen ableiten. [Sie haben die Fähigkeit, sich dem steigenden Wasserspiegel anzupassen, indem sie ihre Wurzelsysteme erhöhen und Sediment aufbauen.] Sie helfen dabei, eine Vielzahl von Wasserschadstoffen zu filtern, und halten überschüssige Sedimente zurück. Sie unterstützen die Wirtschaft in den Küstengebieten, indem sie Fischaufzuchten und Nahrungsmittelproduktion ermöglichen. In Thailand beispielsweise wird der Wert der Mangroven laut einer Studie des Umweltprogramms der Vereinten Nationen (UNEP) auf 3,5 Millionen Dollar pro Quadratkilometer und Jahr geschätzt. [Die Fläche der Mangroven in Thailand hat sich in den letzten Jahren stabilisiert. Momentan entsprechen die abgeholzten den wiederaufgeforsteten Flächen. Naturschutzverbände und kommunale Projekte werden bei der Wiederaufforstung von der Privatwirtschaft unterstützt.]
Quelle: Thailand celebrates its first National Mangrove Forest Day. IUCN 8.5.2020 (Übers.: Nicole Serazin)

M6 Quellentext zu Mangroven und Shrimpszucht in Thailand

M10 Mangrovenwiederaufforstung in Indonesien

Neben dem Schutz bestehender Mangroven gibt es weltweit Projekte, Mangrovenwälder zu renaturieren. Dabei werden die Setzlinge nicht nur arbeitsaufwendig per Hand gepflanzt, sondern neuerdings auch per Drohne.

M7 Shrimpsfarm in Chanthaburi (Thailand)

4.5 Wattenmeer: geschützter und bedrohter Raum

Wattenmeer bezeichnet ein untiefes Gebiet, in dem man waten kann (alt-friesisch wad heißt seicht). Schon römische Schriftsteller formulierten, „dass man nicht weiß, ob diese Gegend zum festen Lande oder zum Meere gehört." Auf alle Fälle zählt das Wattenmeer der Nordsee zu den faszinierenden Natur- und Kulturlandschaften Europas. Es ist das größte zusammenhängende Wattgebiet der Welt und Lebensraum für mehr als 10 000 Tier- und Pflanzenarten sowie Rastraum für zehn bis zwölf Millionen durchziehende Zugvögel pro Jahr. Wegen seiner Einzigartigkeit wurde der Nationalpark* Wattenmeer 2009 von der UNESCO zum Weltnaturerbe erklärt.

1. Definieren Sie den Naturraum Wattenmeer in zwei Sätzen (M1, M2).
2. Erklären Sie den Schutz des Naturraumes Wattenmeer (M5, M6, M9).
3. Stellen Sie die ökologische Bedeutung des Wattenmeeres dar (M7).
4. Erläutern Sie die Gefährdung des Weltnaturerbes Wattenmeer (M10).
5. Erörtern Sie die Gefährdung des Wattenmeeres durch den Klimawandel (M1, M8).
6. Nehmen Sie Stellung zu dem Statement des Rangers aus dem Nationalpark (M11, M3, M4).

M3   Zugvögel im Wattenmeer

M4   Wattenmeer bei Baltrum

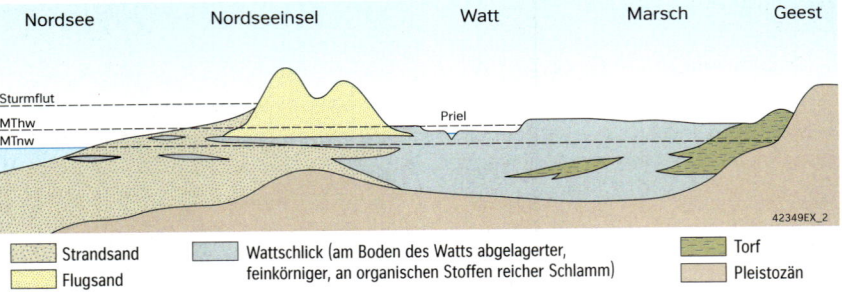

Nordsee   Nordseeinsel   Watt   Marsch   Geest

Sturmflut
MThw
MTnw
Priel

42349EX_2

☐ Strandsand   ☐ Wattschlick (am Boden des Watts abgelagerter,   ☐ Torf
☐ Flugsand   feinkörniger, an organischen Stoffen reicher Schlamm)   ☐ Pleistozän

M2   Profil zwischen Nordsee und Geest

Das etwa 9000 km² große Wattenmeer der südöstlichen Nordsee zwischen Den Helder in den Niederlanden und Blavandshuk in Dänemark ist mit ca. 450 km Länge und 40 km Breite das größte der Erde. Als Watt bezeichnet man den bei Niedrigwasser freiliegenden Grund der Nordsee. Im südlichen Teil von Den Helder über die Ems bis hin zur Wesermündung liegt das Wattenmeer im Schutz einer Kette von Barriere-inseln, die aus Sandbänken entstanden sind (Ostfriesische Inseln, Westfriesische Inseln). Hier reicht die Breite des Wattenmeers von 6 km zwischen den Ostfriesischen Inseln und dem Festland bis hin zu 50 km in den großen Buchten des Jadebusens, des Dollart und der Leybucht. Das Gebiet von der Weser über die Elb- bis zur Eidermündung nimmt das zentrale Wattenmeer ein. Hier bilden die Gezeiten vor allem Sandbänke, die sich kaum zu Inseln entwickeln konnten. Nördlich von Eiderstedt bis hin zum dänischen Blåvand erstreckt sich im Schutz der nordfriesischen Geestkern- und Marscheninseln das nördliche Wattenmeer. [...] Was führte zur Entstehung des Wattenmeeres, und was erhält diese Naturlandschaft noch heute?

- Zuerst: Der Meeresboden muss flach abfallen. Steilküsten kommen nicht in Frage. Einen Sonderfall stellt das Helgoländer Felswatt dar. Die Nordsee ist ein küstennahes Flach- oder Schelfmeer. Das Schelf ist der

überflutete Kontinentalsockel. Die Bedingung „Flachküste" ist also bestens erfüllt.
- Das Hinterland muss ebenfalls flach sein, damit die Flüsse nicht zu grobes, sondern schon sehr feines Material herbeiführen, das sich absetzen kann. Hinter der Nordseeküste liegt das norddeutsche Flachland.
- Große Flüsse müssen vorhanden sein, die Feinmaterial herantransportieren. An der deutschen Nordseeküste sind es Elbe, Weser, Jade, Ems, in Holland Rhein und Maas.
- Genügend Sediment* muss auch von der See herangeführt werden. Dieses wird für die Aufschichtung der Watt- und Vorlandflächen benötigt. Das vorhandene Material genügt sogar zur Ausbildung von Düneninseln und Ketten von Küstendünen.
- Die Küste muss sich allmählich absenken, z. B. durch tektonische Bewegungen der Erdkruste. Dies ist an der Nordseeküste ge-

geben. Ohne diese Absenkung könnten nicht immer neue Schichten aufgetragen werden. Ein Ansteigen des Meeresspiegels kann die gleiche Folge haben.
- Strandwälle, Sandbänke oder Inseln bilden einen Schutz gegen die vom offenen Meer her kommende Brandung. Fehlten diese Wellenbrecher, so würden die entstandenen Sedimente leicht wieder abgetragen.
- Der Tidenhub* muss mehr als 1,50 m betragen, sodass genügend große Strömungen das Material heranbringen und dann auf großer Fläche verteilen. Der Tidenhub darf aber auch nicht zu groß sein.
- Nur in gemäßigtem Klima kann sich ein solches Watt ausbilden. Unter sonst ähnlichen Bedingungen entstehen in den Tropen Mangrovenwälder.

Quelle: Martin Stock, Hans-Heiner Bergmann, Herbert Zucchi: Watt. Lebensraum zwischen Land und Meer. Heide: Boyens 2009, S. 25

M1   Quellentext zum Naturraum Wattenmeer an der Nordsee

  100900-032-01
schule.diercke.de    100900-032-02
schule.diercke.de   100900-033-05
schule.diercke.de

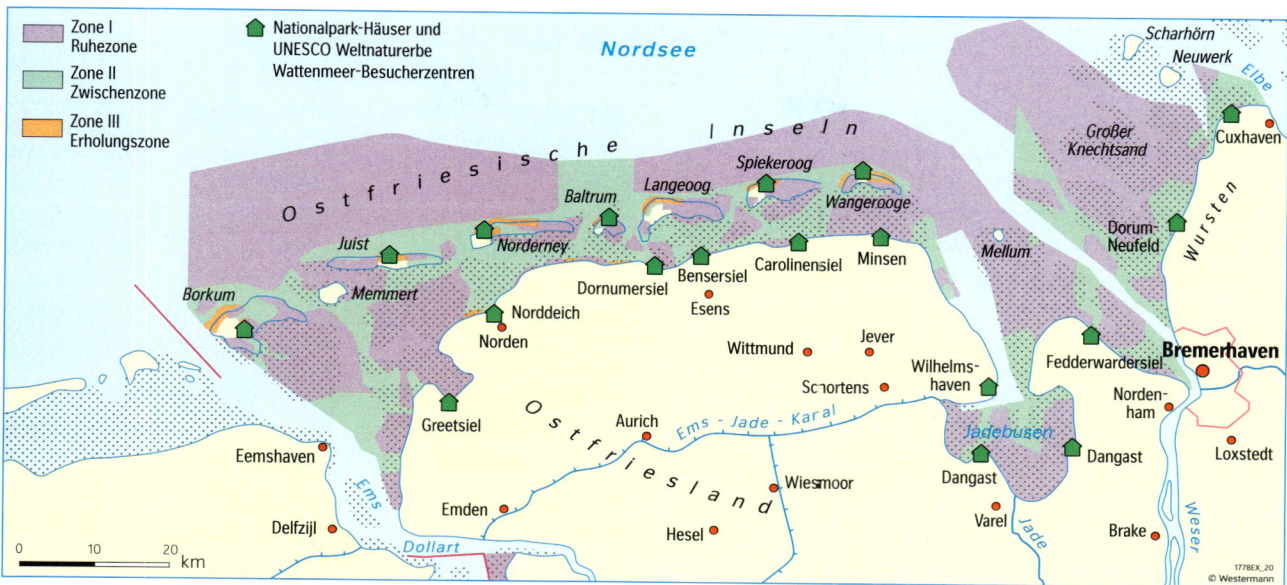

M5 Nationalpark* Niedersächsisches Wattenmeer (Einrichtung 1986)

Zone 1: Ruhezone (2368 km², 69,74 %)
- Sicherung der empfindlichsten Räume, strengste Schutzbestimmungen, Betreten ganzjährig nur auf markierten Wegen erlaubt

Zone 2: Zwischenzone (1071 km², 29,72 %)
- Betreten auch abseits der Wege mit Ausnahme der Brutgebiete in den Salzwiesen während der Brutzeit (1.4. bis 31.7.) erlaubt, Betreten von Schutzdünen nur auf Wegen

Zone 3: Erholungszone (17 km², 0,54 %)
- Badestrände, motorisierte Fahrzeuge untersagt

M6 Schutzzonen im Nationalpark Niedersächsisches Wattenmeer

- Im Nationalpark Niedersächsisches Wattenmeer soll die besondere Eigenart der Natur und Landschaft der Wattenregion vor der niedersächsischen Küste einschließlich des charakteristischen Landschaftsbildes erhalten bleiben und vor Beeinträchtigungen geschützt werden.
- Die natürlichen Abläufe in diesen Lebensräumen sollen fortbestehen.
- Die biologische Vielfalt der Tier- und Pflanzenarten im Gebiet des Nationalparks soll erhalten werden.
- Selbstverständlich sollen Menschen diese Natur erleben können.

Quelle: Willkommen im Nationalpark. Nationalpark Wattenmeer 1/2020

M9 Selbstdarstellung: Nationalpark Niedersächsisches Wattenmeer

- Lebensraum für Seehunde und Kegelrobben
- zentraler Rastplatz („Drehscheibe") des ostatlantischen Vogelzuges: Nur hier finden Zugvögel ausreichend Nahrung, um auf dem Tausende Kilometer langen Flug zwischen den nördlichen Brutgebieten und den südlichen Winterquartieren ausreichend Fettreserven anzufressen.
- Brut- und Mausergebiet für Wat- und Wasservögel
- Winterquartier für arktische Brutvögel
- Kinderstube der Nordseefische
- Speisekammer der Nordsee: Kleinstlebewesen verwerten die eingetragenen Nährstoffe und dienen selbst wieder höheren Tieren als Nahrung.
- Lebensraum für besondere Pflanzen, die sich an den Einfluss von Salz und Wind, Überflutung oder Übersandung angepasst haben (z. B. Seegras, Queller, Strandaster, Strandhafer)
- Kulturraum und Heimat der hier lebenden/arbeitenden Menschen
- Erholungsgebiet für Millionen von Urlaubsgästen

M7 Bedeutung des Wattenmeers

„Durch die zunehmende globale Erwärmung dehnt sich das Wasser weiterhin aus, das heißt der Meeresspiegel steigt auch in Zukunft beständig. Durch die Deiche kann die See aber nicht länger landeinwärts wandern – das Wattenmeer ertrinkt also bald an sich selbst. Dieser Tatbestand stellt künftig eine echte Bedrohung für das Ökosystem Wattenmeer dar, wenn der Mensch nicht von sich aus zurückweicht. Dabei könnten sich die Interessen der Natur- und Küstenschützer nach rationalen Kriterien durchaus in der Mitte treffen. Das Stichwort heißt Rückdeichung. [...] Das heißt, man rechnet vorher aus, was die Erhaltung von Land kostet. Wenn der Kosten-Nutzen-Faktor nicht mehr gegeben ist, die Erhaltungskosten einer bestimmten Fläche höher sind, als das Land letzten Endes wert ist, dann sollte man das Stück Boden besser wieder der Nordsee überlassen."

Rainer Borcherding, Biologe, Wattexperte

M8 Zitat

- **Klimawandel:** Auswirkung des Temperaturanstiegs auf Lebensbedingungen von Tieren und Pflanzen
- Anstieg des Meeresspiegels, vermehrte Sturmfluten: Bedrohung der Existenz des Wattenmeers und Abbruch der Salzwiesen, Strände und Dünen; Ausweitung des Küstenschutzes zulasten des Naturschutzes
- **Schifffahrt:** Verschlickung durch Vertiefungen der Flussmündungen, Störung des Ökosystems durch eingeschleppte Algen aus anderen Teilen der Welt (auch durch Aquakulturen)
- Weltschifffahrtsweg am Rand des Wattenmeeres: Ölverschmutzung durch Schiffshavarien, illegale Einleitung von Altöl statt ordnungsgemäßer Entsorgung mit Auswirkungen auf die Strände und die Vogelwelt
- **Fischerei:** Schädigung von am Meeresboden festsitzenden Tieren durch Schleppnetze
- **Großbaustellen:** Beeinträchtigung des Orientierungssinns von marinen Säugetieren durch Baulärm der Offshore-Windkraftanlagen und Kabelverlegungen, Gefahr für Zugvögel durch Rotoren der Anlagen
- **Abfälle/Schadstoffe in der Meeresumwelt:** Schädigung von Flora und Fauna durch Plastikmüll (40 %) von Verpackungen und verlorenen Fischernetzen (28 %), aber auch von durch Flüsse mitgeführte organische und anorganische Schadstoffe sowie landwirtschaftliche Altlasten (Stickstoff, Phosphat)
- **Massentourismus:** Störung von brütenden Vögeln und Robbenkolonien durch Reiter, Fun-Sportler, aber auch Wattwanderer

M10 Bedrohung des Wattenmeers

„Wenn ich [...] die Schönheit des Wattenmeers sehe, dann mache ich mir sehr große Sorgen für die zukünftigen Generationen. Ich habe hier ja sehr viel Kontakt mit jungen Leuten, die sich im Naturschutz engagieren, und dann denke ich mir schon, Mensch, was übergeben wir denen?"

Martin Kühn, Ranger im Nationalpark Wattenmeer

M11 Zitat

4.6 Das Nordpolarmeer: ein Ozean vor dem Kollaps?

Zeitungsmeldungen, dass Eisbären hungrig durch kanadische und russische Dörfer streichen, häufen sich in letzter Zeit. Die größten Raubtiere auf dem „Lande" haben ein Problem. Der Lebensraum, auf dem sie die meiste Zeit des Jahres verbringen, ist auf dem Rückzug: das Eis des Arktischen Ozeans (auch Nordpolarmeer). Der kleinste Ozean der Erde macht etwa zwei Drittel der Fläche der Arktis* aus. Zwar führt die zunehmende Eisfreiheit zur Begehrlichkeit, einen bisher relativ unberührten Naturraum wirtschaftlich zu nutzen, als Schifffahrtsroute, für Fischerei und Tourismus oder zum Abbau von Roffstoffen. Allerdings ist all dies mit einer Gefährdung des sensiblen Ökosystems verbunden.

1. Beschreiben Sie die Folgen des Eisrückgangs für Eisbären (M5).
2. Stellen Sie die Entwicklung der arktischen Temperaturen (Meer, Luft) und der Meereisfläche dar (M1, M2, M3, Atlas).
3. Erläutern Sie den Begriff arktische Verstärkung (M1).
4. Vergleichen Sie die Transportwege von Shanghai nach Hamburg (M6, Atlas, Kap 3.7).
5. Erklären Sie das russische und chinesische Interesse an der Nordostpassage (M6, M8).
6. Erörtern Sie die zunehmende Nutzung des Nordpolarmeers.

M4   Eisbär

Das Nordpolargebiet hat sich in den zurückliegenden 50 Jahren mehr als doppelt so schnell erwärmt wie die restliche Welt – Trend anhaltend. [...] [Dazu tragen verschiedene Phänomene bei.] Mit den polwärts fließenden Meeresströmungen erreicht heute mehr Wärme als früher die Arktis. [...] Gestiegen ist auch die Meeresoberflächentemperatur in den meisten eisfreien Regionen des Arktischen Ozeans, weshalb das Meer heutzutage nicht nur später im Jahr gefriert; das Meereis der Arktis schmilzt auch früher im Jahr, sodass große Flächen des Nordpolarmeers im Sommer länger eisfrei sind und somit mehr Sonnenenergie absorbieren können, wodurch ihre Temperatur weiter steigt. [...] Welche Effekte in welchem Ausmaß zur Verstärkung beitragen, wird in der Wissenschaft kontrovers debattiert. Manche Forscher argumentieren, die drastische Erwärmung sei in erster Linie auf die schrumpfenden Schnee- und Meereisdecken in der Arktis zurückzuführen. Je weniger helle Flächen vorhanden seien, desto geringer sei die Rückstrahlkraft der Arktis und desto mehr Sonnenenergie würde im Nordpolargebiet verbleiben und Veränderungen in den Meeren und in der Atmosphäre anstoßen. Andere verweisen darauf, dass die wärmer werdende Luft über der Arktis mehr Wasserdampf aufnehme und sich demzufolge auch häufiger Wolken bildeten, die wiederum die Abstrahlung von Wärmeenergie in das Weltall behinderten.
Quelle: World Ocean Review 6. Hamburg: Maribus 2019, S. 111 – 119

M1   Quellentext zur arktischen Verstärkung

Die Weltnaturschutzunion IUCN (International Union for Conservation of Nature and Natural Resources) und ihre Polar Bear Specialist Group geben den weltweiten Eisbärenbestand mit etwa 26 000 Tieren an. [...] Ihr Lebensraum ist die Küste um und das Eis auf dem Arktischen Ozean. Das Eis ist die Basis, von der aus sie jagen. Ringelrobben sind ihre bevorzugte Nahrung, manchmal auch Belugawale oder Walrosse. [...] Meeresgebiete über dem Kontinentalschelf, die zu mehr als der Hälfte zugefroren sind, bieten ihnen ideale Jagdbedingungen. [...] [Eisbären werden seit den 1970er-Jahren geschützt, zunächst vor der Jagd.] Heute kann über den Schutz des Lebensraums des Eisbären nicht mehr gesprochen werden, ohne auf den Klimawandel Bezug zu nehmen, denn Klimaveränderungen und der Rückgang des Polareises gefährden den Bestand etlicher Subpopulationen. Auch Öl- und Gasförderung, die Öffnung der Schifffahrtswege, Infrastrukturprojekte und Tourismus beeinträchtigen ihren Lebensraum. [...] Der Eisbär wurde [seit 2008] als bedroht eingestuft und ist damit die erste Tierart, die wegen des Klimawandels als gefährdet gilt. [...] [Die Weltnaturschutzunion warnt,] dass der Verlust an Meereis durch Klimaerwärmung eine Bedrohung für das langfristige Überleben dieser Tierart und ein Rückgang des Bestands um mehr als 30 Prozent in den kommenden 35 bis 40 Jahren sehr wahrscheinlich [sei]. Zudem scheinen Eisbären im Sommer, wenn sie auf Land sind, ihren Energieverbrauch nicht so weit zurückfahren zu können, dass sie gut über die Hungerzeit hinwegkommen. [...] Die an Land zu findende Nahrung könne den Verlust an Jagdmöglichkeiten und fetthaltiger Nahrung nicht ersetzen.
Quelle: Gerd Braune: Die Arktis. Porträt einer Weltregion. Berlin: Links 2016, S. 46

M5   Quellentext zur Bedrohung der Eisbärpopulationen

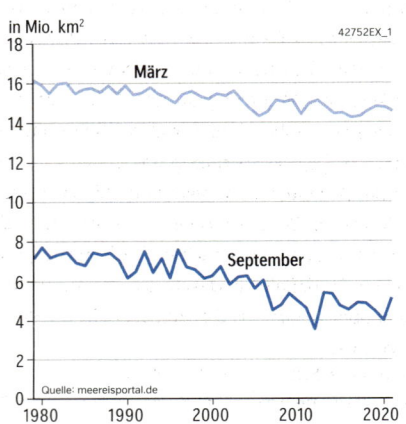

M2   Arktische Meereisfläche (1979 – 2022)

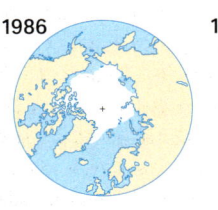
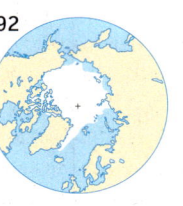

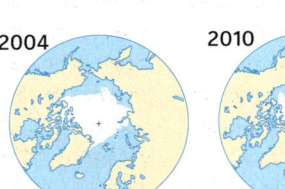
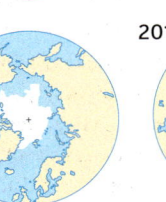
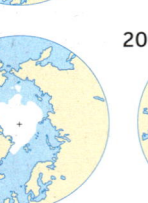
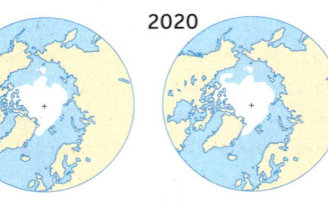

M3   Arktische Meereisfläche im September (minimale Ausdehnung)

M 6   Routen der Nordostpassage

M 7   Russischer Atomeisbrecher bei Konvoifahrt bei Jamal

wirtschaftlich

- hohe Kosten für den Bau eisgängiger Schiffe mit polartauglicher Ausrüstung
- Beschränkung auf 30 m breite Schiffe (Fahrrinne der Eisbrecher) und einen Tiefgang von max. 12m (geringe Wassertiefe)
- teure Schiffsversicherungen (20 bis 100 Prozent über den Standardpreisen)
- besonders ausgebildetes Personal
- hohe Ausgaben für kältetauglichen Spezialtreibstoff, hoher Treibstoffverbrauch
- Kosten für die Begleitung durch russische Eisbrecher
- die Gefahr zeitlicher Verzögerungen und entsprechender Strafzahlungen aufgrund der unberechenbaren Eisbedingungen

ökologisch

- länger anhaltende ökologische Auswirkungen und bleibende Schäden bei Tankerunfällen bzw. Ölverlust von Schiffen (besonders bei Schweröl, als Schiffstreibstoff im Gegensatz zur Antarktis erlaubt)
- aufwendige, langwierige Säuberungsmaßnahmen bei Unfällen
- Emission großer Mengen Kohlendioxid sowie Luftschadstoffen wie Schwefeloxide, Stickoxide, Feinstaub
- Ablagerung brauner und schwarzer Rußpartikel auf Schnee und Eis, Verminderung der Albedo*
- weitreichende Lärmbelästigung z. B. von lärmempfindlichen Walen durch Schiffsmotoren (Schallwellen wandern in kaltem Wasser weiter als in wärmerem)
- langsamer Abbau von Abfällen/Abwasser

M 9   Herausforderungen für Schiffsbewegungen im Nordpolarmeer

---

Im 21. Jahrhundert ist die legendäre Nordostpassage durchs Polarmeer Wirklichkeit geworden und eine reguläre, in ihrem Hauptabschnitt von Russland verwaltete Schifffahrtstraße. [...] Erst seit den späten 2000er-Jahren wagen sich ausländische Reedereien auf die Strecke. Nicht nur wegen des Klimawandels, der im Sommer die Meere vor Sibirien größtenteils von Eis befreit, sondern auch, weil Moskau begann, die Infrastruktur der arktischen Schifffahrt systematisch zu modernisieren. Die stärkste Eisbrecherflotte der Welt und Lotsendienste, in Echtzeit über Satelliten übertragene Wetter- und Eisdaten sowie neue Reparatur- und Rettungsdienste haben eine der abgelegensten und anspruchsvollsten Schifffahrtstrecken der Welt einigermaßen kalkulierbar gemacht. [...] Die Nördliche Seeroute (NSR) jenseits des Polarkreises ist zugleich ein Teilstück der „neuen Seidenstraße*". [...] [Nach gut sechs Wochen Fahrt, begleitet von zwei russischen Atomeisbrechern, legte ein chinesischer Schwergutfrachter mit Bauteilen für eine neue LNG*-Anlage auf der Jamal-Halbinsel am 17. 2.2022 im Arktishafen von Murmansk an.] [Die] Lieferung wirft ein dreifaches Schlaglicht auf das aktuelle Interesse Beijings am Hohen Norden. Erstens ist China an dem Import von (insbesondere) fossilen Rohstoffen aus der russischen Arktis interessiert und investiert Kapital sowie Know-how – etwa in die schwierige Erschließung arktischer Gas- und Ölfelder, die sich unterhalb des Meeresbodens befinden. Zweitens macht der Klimawandel das auftauende Nordpolarmeer als alternativen Transportweg für Chinas Exportwirtschaft interessant. Russlands NSR verkürzt die Verbindung zwischen Shanghai und Rotterdam, die wichtigste Schifffahrtsroute der Welt, um ein Fünftel (von 19 500 auf 15 800

km). Das spart Zeit, Treibstoff und Emissionen. Die NSR ist außerdem ein internationaler Seeweg, der nicht von der US-Marine kontrolliert wird. Sie umgeht die Meerenge von Malakka, das leicht blockierbare Nadelöhr des Warenaustauschs zwischen Ostasien, Arabien und Europa. [...] Drittens profitiert China auf der NSR vom Ukrainekrieg. Westliche Länder stoppten [Techniklieferungen und Erdöl/Erdgasimporte.] [Hingegen] konnte Moskau seine Öl- und Gasexporte nach China gegenüber dem Vorjahr um über 50 Prozent steigern, auch dank der in den vergangenen zehn Jahren ausgebauten Seeverbindung durch die Arktis. Das Reich der Mitte kaufte mit günstigen Rabatten ein. [...] Die LNG-Transporte von der Jamal-Halbinsel machen mehr als die Hälfte sämtlicher über den NSR verschifften Güter aus – zusammen mit Erdöl sogar zwei Drittel. Jeder dritte Exporthafen lag 2021 in China. [...] Mit chinesischer Hilfe hergestelltes LNG stellt knapp die Hälfte aller russischen Gasexporte nach China (die wiederum nur fünf Prozent des chinesischen Bedarfs decken). Beeindruckende Wachstumszahlen auf niedrigem Niveau wies lange Zeit auch Chinas Transitverkehr über die NSR auf. Seit 2017 ist die Zahl der Transitfahrten über die Nördliche Seeroute, die entweder in einem chinesischen Hafen starteten oder endeten, von 11 auf 53 gestiegen [62 % aller Transitfahrten]. [...] Zunächst hatte die arktische Schifffahrt für das Reich der Mitte einen experimentellen und symbolischen Charakter. [...] Die Rechnung war einfach: Weltweit werden 80 Prozent aller Güter über die Ozeane transportiert, und China verfügt über die größte Handelsflotte der Welt. Nur einen Bruchteil dieser Warenströme in die Arktis zu verlagern, könnte andernorts Kapazitäten freimachen. [...] Chinas experimentelle Phase im arktischen Schiffsverkehr ist definitiv abgeschlossen. Doch im Vergleich mit dem Suezkanal, den jedes Jahr über zweitausend chinesische Schiffe durchfahren, wirken die Zahlen fast bedeutungslos.

Quelle: Andreas Renner: Die polare Seidenstraße. APuZ 21.10.2022

4.7 Epizentrum der Geopolitik: der Indopazifik

Geopolitische Ambitionen auf den Weltmeeren, also raumbezogenes, außenpolitisches Agieren von Großmächten geht bis in die Antike zurück. Schon die Ägypter und Phönizier wussten, dass sich zur See Waren leichter, schneller und in größerer Menge transportieren ließen als auf dem beschwerlichen und oft gefährlichen Landweg. Später beherrschten spanische, niederländische und britische Flotten die Ozeane. Heute werden 94 Prozent des interkontinentalen Handelsvolumens über See abgewickelt, hauptsächlich zwischen den großen Regionen der Weltwirtschaft Nordamerika, Europa sowie Ost- und Südostasien. Nach dem 2. Weltkrieg schlossen die USA weltweit Abkommen über 700 Militärstützpunkte insbesondere an den Küsten zur Sicherung des freien Schiffsverkehrs. Nicht nur mit dem Aufstieg Chinas ist der indopazifische Raum in den Fokus der Geopolitik gelangt. Hier bestehen zahlreiche maritime Grenzkonflikte fort.

1. Stellen sie die Grenzkonflikte in Ost- und Südostasien dar (M 2, M 8, M 9).
2. Ordnen Sie den Namensstreit um das Japanische Meer in die maritimen Grenzkonflikte ein (M 4, M 2).
3. Erläutern Sie die Bestrebungen Chinas im Indopazifik (M 7, M 9).
4. Erklären Sie die Positionen Australiens und Japans zu den chinesischen Ambitionen (M 7).
5. Stellen Sie die außen- und sicherheitspolitische Bedeutung des indopazifischen Raumes dar (M 1, M 3, M 6, M 7, M 9).
6. Die USA sehen sich als Schutzmacht für die „Freiheit der Meere". Nehmen Sie Stellung (M 3, M 7).
7. Die geopolitischen Machtrivalitäten machen den Indopazifik zu einem Pulverfass. Nehmen Sie Stellung (M 1, M 5).

Australien rüstet gegen China auf: Spannungen im Indopazifik (24.4.2023)
Philippinen werfen China aggressive Taktiken vor. Beinahe Kollision im Meer (28.4.2023)
USA und China geraten aneinander – Vorfall im Südchinesischen Meer (4.6.2023)
Josep Borrell: „Epizentrum der internationalen Spannungen liegt hier im Indopazifik" (4.6.2023)

M 1   Schlagzeilen der deutschen Presse im Jahr 2023

M 2   Maritime Grenzkonflikte in Ost- und Südostasien

Die Benennung des Randmeeres des Pazifiks zwischen Südkorea und Japan ist ein Politikum erster Güte. Der international übliche Name Japanisches Meer wird von Südkorea abgelehnt. Es soll in Ostmeer umbenannt werden, was Japan kategorisch ablehnt. Auch Nordkorea möchte einen Namenswechsel und zwar in Koreanisches Ostmeer. Der vierte Anrainer Russland verhält sich in dem Namensstreit zurückhaltend. Die für die weltweite Standardisierung verantwortliche United Nations Conference on Standardization of Geographic Names (UNCSGN) wartet ab, empfiehlt aber Japanisches Meer für den internationalen Gebrauch. Süd- und Nordkorea verwenden ihre Namen durchgehend in den eigenen Karten und Medien. Beide Seiten versuchen ihre Sichtweise mit einer Reihe geographischer und historischer Argumente zu unterfüttern. Zudem argumentiert Japan, eine Umbenennung würde einen Präzedenzfall schaffen, der international für Unruhe sorgen würde. Südkorea betont hingegen, dass aus dem Namen Japanisches Meer ein Besitzanspruch auf die internationalen Gewässer zwischen beiden Ländern durch Japan herausgestellt wird. Beide Länder versuchen, im Ausland intensiv für ihre Position zu werben und eine Umbenennung bzw. die Beibehaltung des Namens in Schulbüchern und Atlanten durchzusetzen.

M 4   Namensstreit um das Japanische Meer

	Militärbudget (in Mrd. US-$)	Soldaten		Kriegsschiffe				Flugzeuge
		gesamt	Marine	Flugzeugträger[1]	Kampfschiffe[2]	U-Boote	gesamt	
USA[3]	877	1 328 000	349 593	11 (9)	156	63	480	2 623
China	292	2 035 000	260 000	3 (3)	170	79	623	527
Indien	81,4	1 455 550	67 252	2	42	22	150	300
UK[4]	68,5	196 453	33 390	2	19	10	70	160
Frankreich[4]	53,6	209 000	37 000	1 (3)	21	9	100	178
Südkorea	46,4	500 000	70 000	(2)	80	20	150	70
Japan	46,0	247 150	50 800	2 (4)	45	22	154	346
Australien	32,3	60 330	15 285	(2)	11	6	43	14

[1] in Klammern Hubschrauberträger [2] Kreuzer, Zerstörer, Fregatten [3] United States Indo-Pacific Command: 325 000 Soldaten [4] Überseegebiete in der Region   Quelle: IISS

M 3   Militärbudget und Streitkräfte der größten Indopazifikanrainer (2022)

„Obwohl jedes Land ein eigenes Verständnis des Konzeptes [„Indopazifik"] hat, sowohl was die geographische Ausdehnung des indopazifischen Raumes betrifft als auch seine strategische Ausrichtung und seine wesentlichen Attribute, gibt es einen gemeinsamen Nenner: Die beiden Ozeane, Indischer Ozean und Pazifik, sind als ein zusammenhängender Raum zu betrachten. Diese Annahme stützt sich darauf, dass der überwiegende Anteil der weltweiten Warenströme, aber auch Energielieferungen, über die Seewege dieser beiden Meere transportiert wird. Darüber hinaus ist der Indopazifik zurzeit der Schauplatz der zunehmenden Rivalität zwischen den USA und China in Asien. Demgemäß hat er geopolitisch und geoökonomisch in den letzten beiden Jahrzehnten an Bedeutung gewonnen. Mehr noch, viele Akteure Asiens verstehen ihn [...] als ordnungspolitischen Gegenentwurf zur chinesischen „Belt and Road"-Initiative."*

Felix Heiduk, Gudrun Wacker, deutsche Politologen (2020)

M 5 Zitat zur neuen räumlichen Kategorie Indopazifik oder indopazifischer Raum

M 6 Der US-amerikanische Flugzeugträger USS Ronald Reagan mit Begleitschiffen im Südchinesischen Meer

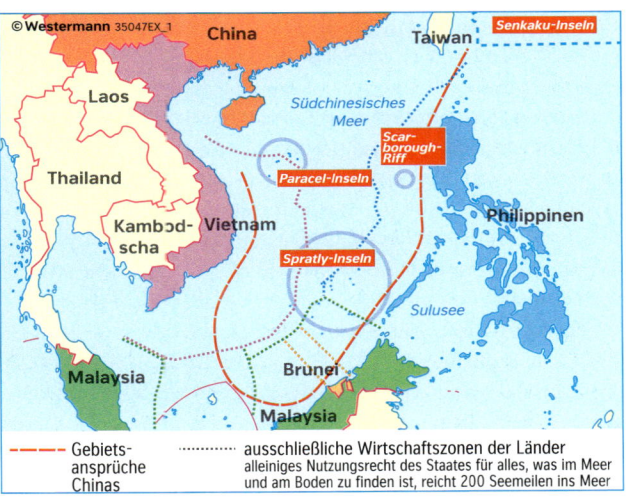

M 8 Konflikte im Südchinesischen Meer

Die USA haben rund 750 Militärbasen in der Welt. China hat eine einzige: in dem Kleinstaat Dschibuti am Horn von Afrika. [...] Militärische Macht in Übersee zu demonstrieren, war bis vor kurzem kein vorrangiges Ziel der chinesischen Außenpolitik. Doch nun beschleunigt Peking offenbar die Suche nach zusätzlichen Militärstandorten im Ausland. In einem militärischen Weißbuch hieß es bereits 2015, dass Chinas Marine nicht mehr nur der „Verteidigung naher Gewässer" diene, sondern künftig auch zum „Schutz der Offenen See". Zu diesem Zweck rüstet China die gesamte Marine seither massiv auf. [...] Damit verfolge China zugleich sein Ziel, bis 2049 eine Weltmacht zu werden [so Chinaexpertin Helena Legarda]. Peking werde höchstwahrscheinlich versuchen, neue Übersee-Militärstützpunkte oder andere Arten von Einrichtungen in Ländern der Indopazifik-Region zu errichten. „Jüngste Entwicklungen deuten darauf hin, dass die Pazifischen Inseln, Südasien, der Golf und Ostafrika spezifische Zielregionen sein könnten – die alle Winkel des Indopazifik und entlang wichtiger Seeverbindungen abdecken."
Quelle: Christiane Kühl: Aufrüstung in Übersee: China sucht nach neuen Militärstützpunkten im Ausland. Münchener Merkur 21.6.2022

Ein Abkommen sorgte Ende März 2022 für große Aufregung in den Vereinigten Staaten: Fernab vom Ukrainekrieg rücken die Inselgruppe der Salomonen und die Volksrepublik China sicherheitspolitisch zusammen. [...] Laut offizieller Vereinbarung unterstützt das Reich der Mitte den kleinen Inselstaat in den Bereichen Gesellschaft und Sicherheit. Die USA und ihre engsten regionalen Verbündeten Australien und Japan befürchten hingegen die Errichtung einer chinesischen Militärbasis. Die dort stationierten Kriegsschiffe wären weniger als 2000 Kilometer von der australischen Küste entfernt. [...] Bereits zwei Monate später strebte die asiatische Großmacht einen regionalen Kooperationsvertrag mit mehreren Inselstaaten an. Hierzu zählten neben den Salomonen Fidschi, Kiribati, Mikronesien, Osttimor, Papua-Neuguinea, Samoa, Tonga und Vanuatu. [...] Das Vorhaben scheiterte, da insbesondere Mikronesien, Papua-Neuguinea und Samoa dem Abkommen misstrauten. Trotz des Scheiterns gilt der Vorstoß Chinas als Coup.
Quelle: Julius Vellenzer: Indopazifik im Blick: Chinas Netzwerke und Amerikas Antwort. Loyal 9.1.2023

M 7 Quellentexte zu Militärstützpunkten

Das Südchinesische Meer ist nach Ansicht Pekings chinesisches Gebiet, ungeachtet der Proteste asiatischer Nachbarn und internationaler Beobachter. Gebietsansprüche stellen China (und Taiwan), Vietnam, Malaysia, Brunei und die Philippinen. Die Volksrepublik China erklärt fast die gesamte Fläche zu ihrem Hoheitsgebiet. Aus Sicht der Nachbarstaaten und internationaler Stimmen handelt es sich um internationale Gewässer, in denen Rechte zur Freiheit der Navigation und jederzeitigen Durchfahrt herrschen. Laut Internationalem Seerecht können Anrainer Anspruch auf eine [AWZ*] über 200 Seemeilen erheben, wenn die beanspruchten Inseln eine gewisse Größe haben, auf denen menschliches Leben und wirtschaftliches Handeln ganzjährig möglich sind. Riffe, Sandbänke und Atolle* gehören nicht dazu. Die Volksrepublik China hat solche kleinen Strukturen mit Sand und Beton zu Inseln mit Landebahnen, Tiefseehäfen und Militärbasen ausgebaut. Das Südchinesische Meer gilt als strategischer Flaschenhals: Ein Drittel der weltweiten Frachtschifffahrt und Rohöltransporte passiert das Gebiet. Alle großen Volkswirtschaften Asiens sind abhängig von Energieimporten. Das Seegebiet hat reiche Fischbestände und verfügt über Öl- und Gasvorkommen. Außerdem ist die tropische Inselwelt ein Investitionsziel für das Multimillionengeschäft Tourismus. Das Südchinesische Meer wurde zum Teil der „Maritimen Seidenstraße des 21. Jahrhunderts" erklärt. Nach chinesischen Angaben sind es andere Akteure, die illegal chinesische Inseln und Riffe okkupieren, gemeint sind die USA und ihre Verbündeten. Dieser maritime Disput lässt wenig Hoffnung auf Deeskalation und friedliche Einigung zu. Peking wird seine Gebietsgewinne nicht aufgeben. Zusätzlich hat China entlang strategischer Seeverkehrswege Versorgungsstützpunkte und militärische Installationen oder entsprechende Kooperationen aufgebaut. Aus all diesen Gründen hat China weder Interesse an einer militärischen Konfrontation noch an der Unterbrechung von Seehandelswegen.
Quelle: Sven Bernhard Gareis: China: eine weltpolitische Herausforderung? Aus Politik und Zeitgeschichte 17.1.2023

M 9 Quellentext zum Konflikt im Südchinesischen Meer

Zusammenfassung

Die Weltmeere bieten in der Zukunft nicht nur viele Chancen einer wirtschaftlichen Nutzung. Die Nutzung selbst (z. B. die Überfischung oder die Erdölemissionen der Offshore-Ölindustrie), aber auch regionale und globale Umweltverschmutzung sowie der Klimawandel sind eine große Gefahr für den Fortbestand der Lebensräume im und am Meer.

Meeresverschmutzung und Plastikmüll

Pro Jahr gelangen bis zu 400 Millionen Tonnen Schadstoffe in Seen, Flüsse und letztendlich auch in die Meere – darunter Abertausende Chemikalien, Nährstoffe, Plastik und andere Kunststoffe, giftige Schwermetalle, Arzneimittel, Kosmetikprodukte, Krankheitserreger, radioaktive Substanzen und vieles mehr. Die meisten Schadstoffe, die die marine Tier- und Pflanzenwelt bedrohen, stammen aus Quellen an Land, aus Haushalts- und Industrieabfällen oder aus der Landwirtschaft. Der Rest kommt aus Fischerei und Aquakulturen sowie der Seeschifffahrt. Ein besonderes Problem stellt der Eintrag von Plastikmüll dar, der aus der (illegalen) Entsorgung von Plastikprodukten und -verpackungen sowie Fischereimaterialien stammt. Auf allen Weltmeeren haben sich aufgrund der Meeresströmungen „Müllstrudel" gebildet. Aus den Zersetzungsprodukten des Plastikmülls oder durch direkten Eintrag (z. B. Reifenabrieb, Bestandteile von Kosmetikprodukten) belastet Mikroplastik die Organismen zahlreicher Meereslebewesen. Mithilfe technischer Verfahren wird versucht, das Meer von Plastikmüll zu reinigen. Die bisherigen Erfahrungen zeigen aber, dass die Vermeidung der Plastikmülleinträge durch strengere Gesetze, funktionierende Abfallentsorgungssysteme und eine geringere Produktion von Plastikprodukten die bessere Strategie bei der Bekämpfung des Plastiks im Meer ist.

Bedrohte Lebensräume durch menschliche Aktivitäten

Auch wirtschaftliche Aktivitäten belasten die Lebensräume im Meer. So ist das weltweit einzigartige Great Barrier Reef in Australien neben klimawandelbedingten Einflüssen von der Landwirtschaft, dem Tourismus und dem Rohstoffabbau bedroht. Die Mangrovenwälder in den tropischen und subtropischen Regionen haben in den letzten Jahrzehnten stark abgenommen und sich erst in letzter Zeit langsam erholt, auch durch Wiederaufforstungsmaßnahmen. Neben Abholzung und Umweltverschmutzung waren die Mangroven in vielen Ländern durch eine Ausweitung der küstennahen Aquakulturen unter Druck geraten. Ähnlich wie Mangrovenwälder gehört das Wattenmeer zu einem Lebensraum, der durch die Gezeiten maßgeblich geprägt ist. Dieser für zahlreiche Tiere und Pflanzen wichtige Lebensraum ist von Fischerei und Schifffahrt, Tourismus und Großbaustellen etwa von Offshore-Windkraftanlagen sowie durch den Meeresspiegelanstieg in Gefahr. Das norddeutsche Wattenmeer ist als Nationalpark geschützt, und die Nutzung wird in verschiedenen Zonen reglementiert.

Vielfältige Gefahren durch den Klimawandel

Die steigenden Wassertemperaturen (um 0,88 °C seit 1900), die zunehmende Versauerung der Meere und die damit gekoppelte Verringerung des Sauerstoffgehalts verändern die Lebensräume vieler Tiere und Pflanzen im Meer. Hinzu kommen zunehmende und verstärkte Wetterextreme wie tropische Wirbelstürme. Diese bedrohen zusammen mit dem stetig ansteigenden Meeresspiegel (jährlich 3,6 mm) die Existenz zahlreicher Inselstaaten, die nur wenig aus dem Meer ragen, aber zunehmend auch dicht besiedelte Küstenräume. Eine Evakuierung und Umsiedlung ist bis heute noch weitgehend unklar. Ein weiterer Lebensraum, der durch die hier besonders starke Erwärmung einer massiven Veränderung unterliegt, sind die Arktis und das Nordpolarmeer. Ausbreitung und Stärke des Sommereises gehen immer weiter zurück, sodass weitreichende Nutzungen der Arktis für die Schifffahrt und den Rohstoffabbau immer wichtiger werden.

Geopolitische Auseinandersetzungen im Indopazifik

Die Meere waren schon immer ein Raum machtpolitischer Auseinandersetzungen zwischen Staaten. Zu einem Hotspot der letzten Jahre hat sich der indopazifische Raum entwickelt. Zum einen streiten die Anrainer des Südchinesischen Meeres um kleine Inseln und Felsen, um ihre Ausschließliche Wirtschaftszonen auszudehnen. Zum anderen hat China den Wunsch nach einer wachsenden Einflusssphäre im Indopazifik, was den Interessen der USA und ihrer Verbündeten entgegensteht. Schließlich hat das Bestreben der VR China, Taiwan zu besetzen, bedrohliche Züge angenommen.

Weiterführende Literatur und Internetlinks

Meeresschutz
Umweltbundesamt
• www.umweltbundesamt.de/themen/wasser/meere/meeresschutz-geht-uns-alle-an#gemeinsam-fur-den-meeresschutz
Bundesumweltministerium
• www.bmuv.de/themen/wasser-ressourcen-abfall/meeresschutz
• www.meeresschutz.info
• www.wwf.de/themen-projekte/meere-kuesten
• www.nabu.de/natur-und-landschaft/meere
• www.greenpeace.de/biodiversitaet/meere

Ozeanverschmutzung
Ocean Health Index
• oceanhealthindex.org

Online Portal für Müll im Meer
• litterbase.awi.de/litter

Coastal Cleanup Day / Plastikmüll
• www.nabu.de/natur-und-landschaft/aktionen-und-projekte/meere-ohne-plastik/cleanup

• worldcleanupday.de
• www.wwf.de/themen-projekte/plastik/plastikmuell-im-meer
• www.eskp.de/grundlagen/schadstoffe/faq-plastikmuell-935854
• marine.copernicus.eu/de/services/plastikverschmutzung/vom-plastik-zur-meeresverschmutzung

Great Barrier Reef
• www.queensland.com/de/de/places-to-see/experiences/great-barrier-reef
Great Barrier Reef Marine Park Authority
• www.gbrmpa.gov.au

Mangrovenwälder
Global Mangrove Watch
• www.globalmangrovewatch.org

Wattenmeer
Nationalpark Wattenmeer
• www.nationalpark-wattenmeer.de
• www.waddensea-worldheritage.org
• www.schutzstation-wattenmeer.de
• www.wattenmeer-besucherzentrum.de

Nordpolarmeer
Meereisportal
• www.meereisportal.de

NOAA Arctic
• arctic.noaa.gov

Meeresspiegelanstieg
Deutsche IPCC-Koordinierungsstelle
• www.de-ipcc.de

GEOMAR
• www.geomar.de/entdecken/ozean-und-klima/meeresspiegel-xxxx

Deutsches Klimakonsortium
• www.deutsches-klima-konsortium.de/de/meeresspiegel.html

The Kiribati Climate Action Network
• kirican.wordpress.com

Geopolitik / Indopazifik
• www.swp-berlin.org/publikation/sicherheit-im-indo-pazifik
• www.bmvg.de/de/themen/dossiers/engagement-im-indopazifik

Verbindliche Operatoren

Anforderungsbereich I	Anforderungsbereich II	Anforderungsbereich III
beschreiben strukturiert und fachsprachlich angemessen Materialien vorstellen und/oder Sachverhalte darlegen	**analysieren** Materialien, Sachverhalte oder Räume beschreiben, kriterienorientiert oder aspektgeleitet erschließen und strukturiert darstellen	**begründen** komplexe Grundgedanken durch Argumente stützen und nachvollziehbare Zusammenhänge herstellen
darstellen Sachverhalte detailliert und fachsprachlich angemessen aufzeigen	**charakterisieren** Sachverhalte in ihren Eigenarten beschreiben, typische Merkmale kennzeichnen und diese dann gegebenenfalls unter einem oder mehreren bestimmten Gesichtspunkten zusammenführen	**beurteilen** den Stellenwert von Sachverhalten oder Prozessen in einem Zusammenhang bestimmen, um kriterienorientiert zu einem begründeten Sachurteil zu gelangen
gliedern einen Raum, eine Zeit oder einen Sachverhalt nach selbst gewählten oder vorgegebenen Kriterien systematisierend ordnen	**einordnen** begründet eine Position/Material zuordnen oder einen Sachverhalt begründet in einen Zusammenhang stellen	**entwickeln** zu einem Sachverhalt oder zu einer Problemstellung eine Einschätzung, ein Lösungsmodell, eine Gegenposition oder ein begründetes Lösungskonzept darlegen
wiedergeben Kenntnisse (Sachverhalte, Fachbegriffe, Daten, Fakten, Modelle) und/oder (Teil-)Aussagen mit eigenen Worten sprachlich distanziert, unkommentiert und strukturiert darstellen	**erklären** Sachverhalte so darstellen – gegebenenfalls mit Theorien und Modellen –, dass Bedingungen, Ursachen, Gesetzmäßigkeiten und/oder Funktionszusammenhänge verständlich werden	**erörtern** zu einer vorgegebenen Problemstellung eine reflektierte, abwägende Auseinandersetzung führen und zu einem begründeten Sach- und/oder Werturteil kommen
zusammenfassen Sachverhalte auf wesentliche Aspekte reduzieren und sprachlich distanziert, unkommentiert und strukturiert wiedergeben	**erläutern** Sachverhalte erklären und in ihren komplexen Beziehungen an Beispielen und/oder Theorien verdeutlichen (auf Grundlage von Kenntnissen bzw. Materialanalyse)	**Stellung nehmen** Beurteilung mit zusätzlicher Reflexion individueller, sachbezogener und/oder politischer Wertmaßstäbe, die Pluralität gewährleistet und zu einem begründeten eigenen Werturteil führt
	vergleichen Gemeinsamkeiten, Ähnlichkeiten und Unterschiede von Sachverhalten kriterienorientiert darlegen	**überprüfen** Inhalte, Sachverhalte, Vermutungen oder Hypothesen auf der Grundlage eigener Kenntnisse oder mithilfe zusätzlicher Materialien auf ihre sachliche Richtigkeit bzw. auf ihre innere Logik hin untersuchen

Glossar

Abdämmung
(traditionelle) Form der Landgewinnung, bei der man in dem vom Meer abgedämmten Bereich zunächst die Deiche baut und dann die so neu umgrenzten Polder früher mit Windpumpen, später auch mit dampf- oder motorbetriebenen Pumpen leer pumpt (z. B. in den Niederlanden).

Ablagerung
(traditionelle) Form der Landgewinnung mit einem System aus -> Buhnen und -> Lahnungen angelegt, um das Wasser zu beruhigen und ein Abfließen der im Wasser mitgetragenen Schwebteilchen bei Ebbe zu verzögern. Im ruhigen Wasser setzen sich diese als Sedimente oder Schlick auf dem Meeresboden ab.

Abwrackprämie
staatliche finanzielle Entschädigung für das Verschrotten eines Fahrzeugs.

Albedo
Anteil der Sonnenstrahlung, der von einer Oberfläche in den Weltraum reflektiert oder gestreut wird.

Aquaponik
Verfahren, das Aquakultur (Aufzucht von Wassertieren wie Fischen, Krebsen, Schnecken oder Garnelen in Becken) mit Hydroponik (Kultivierung von Nutzpflanzen im Wasser, z. B. Gemüse oder Kräuter) koppelt.

arid
Gebiete, in denen in zehn bis zwölf Monaten die Verdunstung die Niederschlagsmenge übersteigt.

Arktis
Erdregion um den Nordpol: die nördliche Polkappe, das großenteils von Eis bedeckte Nordpolarmeer und die nördlichen Ausläufer der Kontinente Nordamerika, Asien und Europa. Die genaue Abgrenzung erfolgt heute über klimatische und vegetationsgeographische Kriterien, z. B. über die Juli-Isotherme von 10 °C oder die Baumgrenze.

ASC
Aquaculture Stewardship Council. Nachhaltigkeits- und Zertifizierungsorganisation für Aquakulturzuchtbetriebe.

Atoll
ringförmiges Korallenriff, das eine Lagune umschließt.

Ausschließliche Wirtschaftszone (AWZ)
Meeresgebiet seewärts des Küstenmeeres bis maximal zur 200-Seemeilen-Grenze (unter besonderen Umständen erweiterbar). In der AWZ hat der Küstenstaat souveräne Rechte zum Zweck der Erforschung und Ausbeutung, Erhaltung und Bewirtschaftung der lebenden und nicht lebenden Ressourcen, des Wassers, des Meeresbodens und des Untergrundes (siehe S. 33).

Beifang
in der Fischerei diejenigen Fische und andere Meerestiere, die zwar mit dem Netz oder anderen Massenfanggeräten gefangen werden, nicht aber das eigentliche Fangziel des Fischens sind.

Belt and Road Initiative -> Seidenstraßen-Initiative

Binnenmeer (siehe S. 13)

Biodiversität
Vielfalt des Lebens, beschreibbar auf drei Ebenen: Vielfalt der Ökosysteme (Lebensräume wie Wald, alpiner Raum etc.), Vielfalt der Arten (Tiere, Pflanzen, Pilze, Mikroorganismen), Vielfalt der Gene (Rassen und Sorten von wild lebenden und genutzten Arten).

Brandung
Umformung der Wellen des freien Meeres bei Annäherung an die Küste. Sie wird unter anderem dadurch hervorgerufen, dass im zunehmend flacher werdenden Wasser die Wellen immer höher werden und schließlich brechen.

Break-Even-Preis
Die Gewinnschwelle (oder der Kostendeckungspreis) ist der Punkt, an dem Erlöse und Gesamtkosten einer Produktion gleich hoch sind und somit weder Verlust noch Gewinn erwirtschaftet wird.

Bruttoinlandsprodukt
Gesamtwert aller Güter, d. h. Waren und Dienstleistungen, die innerhalb eines Jahres innerhalb der Landesgrenzen einer Volkswirtschaft hergestellt wurden, nach Abzug aller Vorleistungen. BIP ist ein Maß für die wirtschaftliche Leistung einer Volkswirtschaft. Das BIP kann entweder in den jeweiligen Marktpreisen des Erhebungsraums (nominales BIP) oder kaufpreisbereinigt errechnet werden. Hierbei wird mithilfe von Preisindizes anhand der Preise eines Basisjahres die Inflation herausgerechnet. So ist

eher eine Vergleichbarkeit über mehrere Jahre und zwischen mehreren Ländern möglich.

Bruttoraumzahl (BRZ)
dimensionsloses Raummaß für die Größe von Handelsschiffen. Hafengebühren, sowie die Gebühren für Schleusen und Kanaldurchfahrten werden anhand der Höhe der Bruttoraumzahl des Schiffes berechnet. Die Bruttoraumzahl hat die Bruttoregistertonne abgelöst, die man in älteren Texten noch findet.

Buhnen
meist rechtwinklig zum Strandverlauf in ein Meer vorgebauter errichteter Damm zur Unterbrechung des küstenparallelen Materialtransportes (Strandversetzung) und damit zur Verhinderung der Stranderosion.

Corioliskraft
eine aus der Erdrotation resultierende Scheinkraft., die Winde und Meeresströmungen auf der Nordhalbkugel nach rechts und auf der Südhalbkugel nach links ablenkt.

Deep sea (shipping)
Hochseeschifffahrt.

Elektrolyseur
Gerät zur Aufspaltung von Wasser zu Wasserstofff und Sauerstoff mithilfe elektrischen Stroms.

El Niño
kurzfristige natürliche Klimaschwankung des Klimasystems im Pazifik mit weitreichenden Auswirkungen auf das globale Klima.

Ernährungssicherheit
siehe Nahrungssicherheit.

Eutrophierung
allgemein: Anreicherung von Nährstoffen in Ökosystemen; im engeren Sinne der vom Menschen herbeigeführte, übermäßige Nährstoff-, insbesondere Stickstoff- und Phosphateintrag in terrestrische und aquatische Ökosysteme. Eutrophierung bewirkt ein verstärktes Pflanzenwachstum und führt zu einer raschen Artenselektion an den betroffenen Standorten.

Exploration
Tätigkeiten, die mit der Erkundung von Lagerstätten zusammenhängen.

Extraktion
Trennverfahren, bei dem mithilfe eines (festen, flüssigen oder gasförmigen) Extraktionsmittels eine oder mehrere Komponenten aus einem Stoffgemisch (aus festen, flüssigen oder gasförmigen Einzelstoffen bestehend), dem Extraktionsgut, herausgelöst werden.

Fangquote
festgesetzte Menge an Wassertieren (z. B. Speisefischen), die in einem abgegrenzten Gebiet während eines Zeitraumes gefangen werden dürfen. Die zulässige Gesamtfangmenge sollte kleiner oder gleich dem -> maximalen nachhaltigen Ertrag sein.

Feeder(ship)
Frachtschiff, das als Zulieferer und Verteiler für große Seeschiffe und Seehäfen tätig ist. In erster Linie wird der Begriff für Containerverkehre genutzt.

Festlandsockel
(auch Schelf, Kontinentalschelf (S. 12), Kontinentalsockel) randlicher Bereich eines Kontinentes, der von Meer bedeckt ist. Im seerechtlichen Sinne eine Meereszone mit bestimmten exklusiven Rechten des Küstenstaats (S. 33). Der Festlandsockel kann über die Ausdehnung der -> Ausschließlichen Wirtschaftszone, die auf 200 sm ab der Basislinie begrenzt ist (200-Meilen-Zone), hinausragen, wenn die geomorphologischen Verhältnisse dies rechtfertigen. Er bezieht sich ausschließlich auf den Meeresboden und -untergrund, nicht auf die darüberliegende Wasser- oder Luftsäule.

Fischereilizenz
Genehmigung, an einem bestimmten Ort (meist gewerblich) Fischfang zu betreiben.

Fischereimanagement
Maßnahmen, die negative Auswirkungen der Fischerei auf geschützte Arten und Lebensräume vermeiden, z. B. ->Fangquoten (S. 37)

Fotovoltaik
direkte Umwandlung von Lichtenergie, meist aus Sonnenlicht, in elektrische Energie mittels Solarzellen.

Freihandelsabkommen
Vertrag zur Gewährleistung des Freihandels zwischen den vertragschließenden Staaten, Verzicht auf Handelshemmnisse.

Gashydrat
in Eis gebundenes Erdgas, Bildung bei niedriger Temperatur und hohem Druck, große Lagerstätten auf dem Meeresgrund.

Global City
Städte mit einer zentralen Steuerungsfunktion innerhalb der globalisierten Weltwirtschaft.

Grabenbruch
lang gestreckte tektonische Dehnungszone, an der ein relativ schmaler Krustenbereich sich entlang von tief in die Kruste reichenden Verwerfungen absenkt.

Gravitation
auch Massenanziehung oder Gravitationskraft, ist eine der vier Grundkräfte der Physik. Sie äußert sich in der gegenseitigen Anziehung von Massen. Sie nimmt mit zunehmender Entfernung der Massen ab, besitzt aber unbegrenzte Reichweite.

Just-in-time-Zulieferung
Nach diesem Prinzip wird versucht, eine schnelle, flexible und rechtzeitige Anlieferung zwischen den Betriebsstätten ohne Lagerhaltung zu gewährleisten.

Kaverne
großer, meist künstlich geschaffener, unterirdischer Hohlraum. Größere Bedeutung haben Kavernen zur unterirdischen Speicherung von Erdgas.

Kohlenstoffsenke
natürliches Reservoir, das – in geologischen Zeitmaßstäben betrachtet – vorübergehend mehr Kohlenstoff aufnimmt und speichert, als es abgibt. Kohlenstoffsenken sind Teil des Kohlenstoffkreislaufs und haben eine große Bedeutung für das Erdklima. Im 21. Jahrhundert erlangen sie besondere Aufmerk-

samkeit, weil sie das menschengemachte ->Treibhausgas Kohlendioxid (CO_2) aus der Atmosphäre aufnehmen und damit den -> Treibhauseffekt abschwächen können.

kombinierter Verkehr (KV)
(synonym intermodaler Verkehr) mehrgliedrige Transportkette, die sich üblicherweise aus einem Vor-, Haupt- und/ oder Nachlauf zusammensetzt. Charakteristisch bildet der Hauptlauf den längsten Transportabschnitt, der mit See-, Binnenschiff oder Eisenbahn zurückgelegt wird. Der Vor- oder Nachlauf im kombinierten Verkehr wird mit Lkw durchgeführt. Die Ladeeinheit, in der die Güter transportiert werden (meist Container), bleibt während des gesamten Transports — vom Versender bis zum Endkunden — geschlossen. Das sogenannte Terminal (auch KV-Terminal) bildet die Schnittstelle zwischen den Transportabschnitten. Hier findet der Umschlag der Ladeeinheiten und der Wechsel des Verkehrsträgers statt.

Kontinentalplatte
siehe Lithosphärenplatte

Kontinentalschelf (siehe S. 12, -> Festlandsockel)

Kryosphäre
Gesamtheit der Vorkommen festen Wassers (Eis): Meereis, Schelfeis, Inlandeis, Gebirgsgletscher, Eis in Permafrostböden und Eishöhlen.

Küstenschutz
Maßnahmen, die direkt oder indirekt die Küste vor Brandungserosion und damit Abtragung schützen, um Landverluste zu vermeiden.

Lahnungen
künstlich angelegte, quadratische bis rechteckige Abgrenzungen mit Feldern unterschiedlicher Größe, konstruiert aus Rutengeflecht, Pfahlreihen, Steinreihen oder Plastikzäunen im oberen Bereich des Wattenmeeres zur Beruhigung des einströmenden Flutwassers und Förderung des Absetzens der Sedimente.

Lithosphärenplatte
Teil der Lithosphäre (oberste Schicht des Erdmantels, Erdkruste) subkontinentaler oder kontinentaler Größe (umgangssprachlich auch Kontinentalplatte).

LNG
(Liquefied Natural Gas) verflüssigtes Erdgas, das auf −161 °C bis − 164 °C abgekühlt wird. LNG weist nur etwa ein Sechshundertstel des Volumens von gasförmigem Erdgas auf.

maximal nachhaltiger Ertrag (S. 38)
(englisch Maximum Sustainable Yield, MSY) Der Begriff basiert auf zwei Erkenntnissen: Erstens kann der Bestand einer Tiergruppe (hier Fischbestand) in einem Ökosystem eine maximale Größe erreichen. Zweitens ist das Nettowachstum des Bestands, das sich aus der Produktion von Nachwuchs und der Größen- und Gewichtszunahme der Individuen ergibt, bei 30 bis 50 Prozent der maximalen Bestandsgröße am höchsten. Bei dieser Bestandsgröße kann man also auf Dauer den maximalen Ertrag ernten. Eine solche maximale Entnahmemenge erreicht

man aber nur dann, wenn man die maximale Bestandsgröße und die Wachstumsrate zuvor genau bestimmt hat. Außerdem muss man wissen, welche Größe der Bestand momentan hat. Wäre der Bestand bereits kleiner als die 30 bis 50 Prozent der Maximalgröße, würde man den Bestand überfischen.

Mittelmeer (siehe S. 13)

mittelozeanische Rücken (siehe S. 12)

Mondtag
Dauer zwischen zwei Zeitpunkten, zu denen der Mond an einem bestimmten Ort in genau südlicher Richtung am Himmel steht.

Monsun
großräumige Luftzirkulation der unteren Troposphäre im Gebiet der Tropen und Subtropen im Einflussbereich der Passatwinde.

Nachhaltigkeit
ursprünglich aus der Forstwirtschaft stammender Begriff, der dort bedeutet, dass nicht mehr Bäume gefällt werden sollen als nachwachsen. Heute wird darunter verstanden, dass überall so gewirtschaftet und gehandelt wird, dass die nachfolgenden Generationen die gleichen Möglichkeiten haben wie die heutige Generation.

Nahrungssicherheit
Nahrungssicherheit ist gemäß einer Definition der Weltbank ein Zustand, bei dem die gesamte Bevölkerung eines Landes jederzeit Zugang zu der für ein aktives und gesundes Leben notwendigen Nahrung hat. Die Verfügbarkeit, der Zugang, die Nutzung und die Stabilität sind die vier Säulen der Nahrungssicherheit. Der Begriff „Ernährungssicherheit" (der manchmal auch synonym verwendet wird) schließt in der Weltbank-Definition darüber hinaus auch die gesundheitliche Versorgung v. a. von Frauen und Kindern und Umweltfaktoren mit ein.

Nationalpark
großräumig abgegrenztes (in Deutschland mindestens 1000 ha großes) Naturschutzgebiet, das besonders schöne oder seltene Naturlandschaften oder naturnahe Kulturlandschaften umfasst, in dem strenge Schutzbestimmungen gelten, um die Vielfalt von Flora und Fauna in ihrem natürlichen Lebensraum zu erhalten und vor anthropogenen Eingriffen zu schützen.

Nebenmeer (siehe S. 13)

offshore
vor der Küste.

Pandemie
sich weit ausbreitende, ganze Landstriche/ Länder erfassende Krankheit.

Passatzirkulation
geschlossene tropische Luftzirkulation. Am Äquator steigen warme Luftmassen auf, kühlen ab und strömen in großer Höhe polwärts. Im Bereich der Wendekreise sinken sie zu Boden und strömen als Passate zum Äquator zurück.

Pegel
Höhe der Wasserlinie eines Gewässers.

Phytoplankton
pflanzliche Organismen, die im Wasser frei schwebend sowohl marin als auch im Süßwasser vorkommen. Das sauerstoffproduzierende Phytoplankton steht am Beginn der Nahrungskette.

Plattentektonik
Modellvorstellung, nach der die Erdkruste zusammen mit der oberen Schicht des Erdmantels in unterschiedlich große und unterschiedlich mächtige Platten gegliedert ist, die durch Energie aus dem Erdinneren angetrieben werden und auseinanderdriften, zusammenprallen und aneinander vorbeischrammen können.

Priel
natürlicher, oftmals mäandrierender Wasserlauf im Watt, der sich bis in die Salzwiesen hineinziehen kann, in dem sich auch bei Ebbe noch Wasser befindet.

Primärproduktion
Nettoproduktion und Biomassenbildung der Pflanzen; die durch fotosynthetische CO_2-Assimilation gebildete organische Substanz von Pflanzen, Algen und fotosynthetischen Bakterien (Fotosynthese).

Randmeer (siehe S. 13)

Reserven
(bezogen auf Rohstoffe) nachgewiesene, zu heutigen Preisen und mit heutiger Technik wirtschaftlich gewinnbare Rohstoffe.

Ressourcen
allgemein Rohstoffe; im Gegensatz zu -> Reserven: nachgewiesene, aber derzeit technisch-wirtschaftlich und/oder wirtschaftlich nicht gewinnbare sowie nicht nachgewiesene Rohstoffe, aber geologisch mögliche, künftig gewinnbare Rohstoffe.

Riff
lang gestreckte, meist bis zur Wasseroberfläche reichende Aufragung des Meeresbodens, wobei grundsätzlich zwischen Riffen bestehend aus Fels (Felsriff), der Akkumulation klastischer Sedimente (Sandriff) und Korallenriffen zu unterscheiden ist.

Roll-on/Roll-off
Verfahren des Gütertransports, bei dem die Ladung an Bord gefahren wird.

Saumriff
schmales, küstenparalleles -> Riff in direkter Küstennähe an der Niedrigwassergrenze.

schwarze Raucher
hydrothermale Quelle am Grund der Tiefsee, aus der heißes Wasser austritt, das verschiedene Stoffe in Lösung enthält. Dabei scheiden sich gelöste Stoffe ab zu röhrenförmigen mineralischen Gebilden und bilden als feine Partikel je nach Zusammensetzung Wolken. So entsteht der Eindruck einer Rauchwolke, die aus dem röhren- oder kegelförmigen Gebilde quillt, das daher auch als Schornstein bezeichnet wird.

seabed warefare
unterseeische Kriegsführung, die auf oder in Bezug auf den Meeresboden stattfindet. Ziel der Meeresbodenkriegsführung ist die auf dem Meeresboden befindliche Infrastruktur wie Strom- und Telekommunikationskabel oder Systeme zur Gewinnung von Bodenschätzen.

Seafloor-Spreading
Prozess der -> Plattentektonik, bei dem die Ausbreitung des Meeresbodens durch horizontales Wachstum der -> Lithosphärenplatten des Tiefseebodens erfolgt. Ursache des Seafloor-Spreading ist das Aufsteigen von Magma. Durch Spreizen des Tiefseebodens bildet sich ein Graben, zugleich verbunden mit einem Aufwölben der Grabenränder und somit der Bildung der mittelozeanischen Rücken.

Sediment/Sedimentation
Vom Wasser, Eis und/oder Wind in Schichten abgelagerte Verwitterungsprodukte (Sedimentation = Prozess, der zur Bildung von Sedimenten führt).

Seidenstraße-Initiative
(auch „Belt and Road Initiative", BRI) Projekt Chinas zum Auf- und Ausbau internationaler Handels- und Infrastrukturnetze zwischen der Volksrepublik und über 60 weiteren Ländern seit 2013. Teil der Initiative ist die maritime Seidenstraße, die Seewege nach Westasien, Ostafrika und Europa beinhaltet.

Sharing-Economy
gemeinsame Nutzung von Ressourcen (teilen, tauschen, leihen, mieten).

Short sea (shipping)
Kurzstreckenseeverkehr.

Skaleneffekt
Kostenvorteile, die einem Unternehmen durch entsprechend niedrige bzw. sinkende Kosten pro hergestelltem Produkt entstehen. Positiv beeinflusst wird die Entwicklung der hier relevanten Stückkosten etwa durch eine Erhöhung der Produktions- und Bestellmenge.

Sperrwerk
Querbauwerke in einem Tidefluss, also einem Fluss, dessen Wasserstand aufgrund der Gezeiten stark schwankt. Diese Querbauwerke haben Öffnungen, die bei Bedarf geschlossen werden können, um das dahinterliegende Binnenland vor Überflutungen zu schützen.

SSP (sozioökonomisches Entwicklungsszenario)
(engl.: Shared Socioeconomic Pathway) Szenario der projizierten sozioökonomischen globalen Veränderungen bis zum Jahr 2100. Es wird zur Ableitung von Szenarien für Treibhausgasemissionen bei unterschiedlichen klimapolitischen Maßnahmen verwendet.

Subduktion
Vorgang in der → Plattentektonik, bei dem eine → Lithosphärenplatte unter eine andere taucht und eingeschmolzen wird.

Subvention
Begünstigungen (z. B. direkte Geldleistungen), die ein Staat einem Unternehmen oder einem Wirtschaftszweig ohne marktwirtschaftliche Gegenleistung zukommen lässt.

Sustainable Development Goals (SDG)
Am 25. September 2015 haben 193 Staaten die Agenda 2030 für nachhaltige Entwicklung auf einer Generalversammlung der Vereinten Nationen in New York beschlossen. Grundlage der Agenda 2030 sind 17 Ziele für nachhaltige

Entwicklung. Diese Ziele sind gleichermaßen gültig sowohl für Entwicklungsländer als auch für (Post-)Industrieländer. Der Zeithorizont für die Umsetzung der Ziele ist auf 15 Jahre festgesetzt. Die Fortschritte bei der Erfüllung dieser Ziele lassen sich dafür heranziehen, differenziert den Entwicklungsstatus von Ländern zu kennzeichnen.

Tektonik
-> Plattentektonik

TEU/Twenty-foot Equivalent Unit
Standardcontainer, international standardisierte Maßeinheit im Containerverkehr (20-Fuß-Container 6,10 m x 2,44 m x 2,59 m)

Tidenhub
Höhenunterschied zwischen Hochwasser und Niedrigwasser.

Tight Oil
Erdöl, das in kleinen Poren in einem undurchdringlichen Untergrundgestein vorkommt und durch Aufbrechen des Gesteins mittels Fracking gefördert werden kann.

Treibhauseffekt
Erwärmungseffekt der Atmosphäre. Er resultiert daraus, dass kurzwellige Sonnenstrahlung an der Erdoberfläche in langwellige Wärmestrahlung umgewandelt wird. Diese wird nach Abstrahlung in Richtung Weltraum bevorzugt von Wasserdampf- und Kohlendioxidmolekülen (->Treibhausgase) in der Atmosphäre auf die Erde zurückreflektiert. Dadurch wird die globale Mitteltemperatur in Bodennähe auf 15 °C angehoben (natürlicher Treibhauseffekt). Werden die Treibhausgase durch den Menschen vermehrt, sodass die Temperatur weiter ansteigt, wird dies als anthropogener Treibhauseffekt bezeichnet.

Treibhausgas
Gase in der Erdatmosphäre, die die Wärmestrahlung der Erde aufnehmen und wieder zur Erde abstrahlen, anstatt sie in den Weltraum entweichen zu lassen (z. B. Wasserdampf, CO_2 und Methan). Sie tragen so zur Erwärmung der Atmosphäre und der Erdoberfläche bei. Die Treibhausgase können natürlichen oder anthropogenen Ursprungs sein.

unkonventionelles Erdöl
Überbegriff für Erdöl, das mit Mitteln gefördert werden muss, die nicht den Kriterien einer konventionellen Förderung entsprechen (Ölschiefer, Ölsande, Bitumen, Schwerstöl etc.). Dies ist Öl, das aufgrund der geologischen Formationen seiner Lagerstätten fortschrittliche Fördermethoden erfordert und/oder schwer ist und nicht von selbst fließt.

Upstream-Sektor
Suche nach potenziellen unterirdischen oder Unterwasser-Erdöl- und Erdgasfeldern, Erkundungsbohrungen und der anschließende Betrieb der Bohrungen, die das Rohöl oder Rohgas fördern und an die Oberfläche bringen.

Wärmekapazität
Vermögen eines Körpers, Energie in Form von thermischer Energie zu speichern.

Zyklon
tropischer Wirbelsturm im Indischen Ozean und im Südpazifik.

Quellenverzeichnis

(Texte ohne Quellenangabe unter Text)

S. 4: La Paloma (Ein Wind weht aus Süd) Text: Helmut Käutner, Copyright Universal/MCA Music Publishing GmbH, Berlin

S. 35 M 11: Unsere Einschätzung zum aktuellen SOFIA-Report. Utrecht: Aquaculture Stewardship Council Foundation 2022

S. 37 M 12: Deutsche Flagge 17.11.2021 Bonn: Bundesministerium für Digitales und Verkehr; Bundesministerium für Ernährung und Landwirtschaft im Format Pressemitteilung Nr. 159/2021 Berlin 12.10.2021, Morten Hübbe: Der Dorsch verschwindet. Katapult 22.11.2022

S. 47 M 8: Henning Kraudzun: Einzigartige und fragile Ökosysteme schützen. Die Bundesregierung 24.1.2023

S. 48 M 3: Heena Nazir: VAE setzen auf neue Projekte zur Wassergewinnung. GTAI 22.11.2022

S. 61 M 11: Rainer Hank: Der nützliche Fluch des Erfolgs. Frankfurter Allgemeine Sonntagszeitung 23.7.2023

S. 69 M 10: Ulf Lippitz: Öko-Hotelier auf den Malediven: „Nachhaltigkeit füllt keine Zimmer" Der Standard 3.12.2019

S. 83 M 9: Anne Poulsen: Starke Stimmen einer sinkenden Nation. Good Impact, 8.9.2021; Lena Bodewein: Der sterbende Südseestaat Kiribati. Deutschlandfunk 12.12.2019

S. 87 M 8: Gregor Delvaux de Fenffe: Umweltverschmutzung – Watt in Gefahr? Planet Wissen, SWR 16.3.2021

S. 87 M 11: Elena Weidt: Artenvielfalt des Wattenmeers gefährdet. SWR Wissen 15.12.2022

S. 91 M 5: Felix Heiduk, Gudrun Wacker: Vom Asien-Pazifik zum Indo-Pazifik. SWP-Studie 2020/S 09, 25.5.2020

Bildnachweis